U0534421

——————— 国家自然科学基金项目
——————— 云南省"万人计划"教学名师潘玉君工作室
——————— 国家级一流本科课程、云南省博士生优质课程

地理学思想史

空间秩序识别与划分通史

下册

潘玉君 刘 化 等著

中国社会科学出版社

下册目录

第六章　空间秩序：公元 1980—1989 年 ……………………（203）
 第一节　"中国综合自然地理区划"中的空间秩序 ……………（203）
 第二节　《中国农业地理总论》中的空间秩序 …………………（203）
 第三节　《中国自然地理图集》中的空间秩序 …………………（221）
 第四节　《中国植被》中的空间秩序 ……………………………（223）
 第五节　"中国自然保护区"中的空间秩序 ……………………（228）
 第六节　《关于考古学文化的区系类型问题》中的空间秩序 …（230）
 第七节　《青藏高原科学考察丛书》中的空间秩序 ……………（231）
 第八节　《中国气候区划新探》中的空间秩序 …………………（232）
 第九节　"世界哺乳动物区系"中的空间秩序 …………………（234）
 第十节　"中国综合自然地理区划的一个新方案"中的
    空间秩序 ……………………………………………（235）
 第十一节　《西藏农业地理》中的空间秩序 ……………………（236）
 第十二节　《中国自然区划概要》中的空间秩序 ………………（238）
 第十三节　"苏联天然草原区划"中的空间秩序 ………………（240）
 第十四节　《古代中国考古学》中的空间秩序 …………………（240）
 第十五节　《全国农业综合自然区划的一个方案》中的
     空间秩序 …………………………………………（241）
 第十六节　《世界自然地理》中的空间秩序 ……………………（243）
 第十七节　《中国农业资源与区划要览》中的空间秩序 ………（248）
 第十八节　《中国史前文化的统一性与多样性》中的空间
     秩序 ………………………………………………（255）

第十九节 "中国农业气候区划"中的空间秩序 …………………… （256）

第二十节 《对我国年径流地区分布规律的认识》中的

空间秩序 ……………………………………………… （259）

第二十一节 《西藏植被》中的空间秩序 ……………………… （262）

第二十二节 "中国农业自然区划"中的空间秩序 …………… （262）

第二十三节 《中国的贫困地区类型及开发》中的空间秩序 …… （264）

第二十四节 《论中国植被分区的原则、依据和系统单位》

中的空间秩序 ……………………………………… （266）

第二十五节 《云南植被》中的空间秩序 ……………………… （268）

第二十六节 《中国自然保护地图集》中的空间秩序 ………… （270）

第二十七节 中国"六五"计划中的空间秩序 ………………… （276）

第二十八节 中国"七五"计划中的空间秩序 ………………… （277）

第七章 空间秩序：公元1990—1999年 ……………………………… （279）

第一节 《中国生活饮用水地图集》中的空间秩序 …………… （279）

第二节 《中国大百科全书·地理学》中的空间秩序 ………… （280）

第三节 《世界自然地理通论》中的空间秩序 ………………… （287）

第四节 《中国土地区划图》中的空间秩序 …………………… （289）

第五节 《中国地震烈度区划图》中的空间秩序 ……………… （290）

第六节 中国"八五"计划中的空间秩序 ……………………… （291）

第七节 《中国农村经济区划：中国农村经济区域发展研究》

中的空间秩序 ……………………………………… （293）

第八节 《中国新石器时代文化区系的划分与三次重新组合》

中的空间秩序 ……………………………………… （293）

第九节 《中国农业气候资源》中的空间秩序 ………………… （296）

第十节 《中国土地利用》中的空间秩序 ……………………… （297）

第十一节 中国农业气候区划中的空间秩序 ………………… （298）

第十二节 《中国生态环境区划初探》中的空间秩序 ………… （299）

第十三节 中国"九五"计划中的空间秩序 …………………… （299）

第十四节　《中国土壤侵蚀类型区划》中的空间秩序 ……………（300）
第十五节　《中华文化通志·科学技术典地学志》中的
　　　　　空间秩序 ……………………………………………（302）
第十六节　《地球系统科学中国进展·世纪展望》中的
　　　　　空间秩序 ……………………………………………（303）
第十七节　《中国生物多样性的生态地理区划》中的空间
　　　　　秩序 …………………………………………………（305）
第十八节　《关于中国国家自然地图集中的中国植被区划图》
　　　　　中的空间秩序 ………………………………………（306）
第十九节　中国气候区划中的空间秩序 ……………………（311）
第二十节　中国生态地理动物群分布中的空间秩序 ………（313）
第二十一节　《中国水文区划》中的空间秩序 ………………（313）
第二十二节　《中国(综合)生态区划的新方案》中的
　　　　　　空间秩序 …………………………………………（316）
第二十三节　中国植物区系分区中的空间秩序 ……………（319）
第二十四节　《中国生态区划研究》(1999)中的空间秩序 …（320）
第二十五节　《中国区域发展报告》中的空间秩序 …………（323）

第八章　空间秩序:公元2000—2009年 ……………………（325）

第一节　《世界农业地理总论》中的空间秩序 ………………（325）
第二节　中国传统民居建筑气候区划中的空间秩序 ………（343）
第三节　"中国环境敏感性区划的新方案"中的空间秩序 …（344）
第四节　农业自然灾害区划中的空间秩序 …………………（345）
第五节　中国"十五"计划中的空间秩序 ……………………（346）
第六节　《中国生态环境胁迫过程区划研究》中的空间秩序 …（347）
第七节　《中国生态区划方案》中的空间秩序 ………………（348）
第八节　《长江防洪地图集》中的空间秩序 …………………（351）
第九节　《新的国家地震区划图》中的空间秩序 ……………（354）
第十节　生态区域地图中的空间秩序 ………………………（355）

第十一节	《中国大百科全书·世界地理卷》中的空间秩序	(355)
第十二节	《中国陆地表层系统分区初探》中的空间秩序	(368)
第十三节	《中国生物地理区划研究》中的空间秩序	(369)
第十四节	《全国林业生态建设与治理模式》中的空间秩序	(374)
第十五节	《中国区域发展的理论与实践》中的空间秩序	(379)
第十六节	《中国西部开发重点区域规划前期研究》中的空间秩序	(381)
第十七节	《中国土地利用与生态特征区划》中的空间秩序	(384)
第十八节	《中国自然灾害系统地图集》中的空间秩序	(389)
第十九节	《中国重大自然灾害与社会地图集》中的空间秩序	(390)
第二十节	高中《地理》湘教版教材中的空间秩序	(391)
第二十一节	高中《地理》中图版教材中的空间秩序	(392)
第二十二节	高中《地理》鲁教版教材中的空间秩序	(392)
第二十三节	《陆地表层综合地域系统划分的探讨——以青藏高原为例》中的空间秩序	(392)
第二十四节	《中国生态系统》中的空间秩序	(395)
第二十五节	《区域教育发展及其差距实证研究》中的空间秩序	(396)
第二十六节	《中国自然地理总论》中的空间秩序	(397)
第二十七节	中国"十一五"规划中的空间秩序	(398)
第二十八节	《中国自然灾害风险综合评估初步研究》中的空间秩序	(399)
第二十九节	《中国生态地理区域系统研究》中的空间秩序	(399)
第三十节	《全国生态功能区划》中的空间秩序	(402)
第三十一节	《中国土地资源图集》中的空间秩序	(410)
第三十二节	《中国省域村镇建筑综合自然区划与建筑体系研究》中的空间秩序	(410)

第三十三节 《中国省域村镇建筑综合自然区划与建筑体系
研究——江苏、贵州和河北三省的理论与实践》
中的空间秩序 …………………………………… (411)

第三十四节 《南北极地图集》中的空间秩序 ……………… (413)

第三十五节 《中国文化地理概述》(第三版)中的空间
秩序 ……………………………………………… (414)

第三十六节 《中国行政区划概论》中的空间秩序 ………… (415)

第九章 空间秩序:公元2010年至今 ……………………………… (416)

第一节 《世界文化地理》中的空间秩序 …………………… (416)

第二节 《中国气候区划新方案》中的空间秩序 …………… (423)

第三节 《中国气候变化区划(1961—2010年)》中的
空间秩序 ………………………………………… (425)

第四节 中国"十二五"规划中的空间秩序 ………………… (426)

第五节 《中国湖泊的数量、面积与空间分布》中的空间
秩序 ……………………………………………… (427)

第六节 初中《地理》教材中的空间秩序 …………………… (428)

第七节 《中国地貌区划新论》中的空间秩序 ……………… (428)

第八节 《中国生态区划研究》中的空间秩序 ……………… (430)

第九节 "一带一路"中的空间秩序 ………………………… (432)

第十节 《中国自然保护综合地理区划》中的空间秩序 …… (433)

第十一节 《义务教育区域均衡发展监测、评价与预警》中的
空间秩序 ………………………………………… (438)

第十二节 《中国水文地理》中的空间秩序 ………………… (443)

第十三节 《中国民族地理》中的空间秩序 ………………… (444)

第十四节 《教育地理区划研究——云南省义务教育地理区划
实证与方案》中的空间秩序 …………………… (450)

第十五节 《中国新型城镇化综合区划》中的空间秩序 …… (452)

第十六节 中国"十三五"规划中的空间秩序 ……………… (455)

第十七节　世界陆地哺乳动物地区划分中的空间秩序 …………(456)

第十八节　《长江经济带发展规划纲要》中的空间秩序 ………(457)

第十九节　"美丽中国"中的空间秩序 …………………………(458)

第二十节　哈巴边区地表水区划中的空间秩序 ………………(459)

第二十一节　鲁教版高中《地理》(2019)教材中的空间
　　　　　　秩序 …………………………………………………(459)

第二十二节　湘教版高中《地理》(2019)教材中的空间
　　　　　　秩序 …………………………………………………(460)

第二十三节　《世界昆虫分布格局的聚类分析及地理区划》
　　　　　　中的空间秩序 ………………………………………(460)

第二十四节　"国土空间规划"中的空间秩序 …………………(461)

第二十五节　《国土空间规划背景下的新疆国土空间综合
　　　　　　发展区划》中的空间秩序 …………………………(465)

第二十六节　中国"十四五"规划中的空间秩序 ………………(467)

第二十七节　中国陆域综合功能及其划分方案中的
　　　　　　空间秩序 ……………………………………………(468)

第二十八节　《中国地理纲要》的空间秩序 ……………………(474)

第二十九节　《黄河流域生态保护和高质量发展规划纲要》
　　　　　　中的空间秩序 ………………………………………(487)

第三十节　《全国重要生态系统保护和修复重大工程总体规划
　　　　　(2021—2035年)》中的空间秩序 …………………(489)

参考文献 ……………………………………………………………(493)

第六章
空间秩序：公元 1980—1989 年

第一节 "中国综合自然地理区划"中的空间秩序

1980 年，全国农业自然资源调查和农业区划委员会为了向"中国综合农业区划"提供基础资料，再一次进行了全国综合自然区划工作。该方案继承了过去的优良传统，首先把全国划分为三大区域：东部季风区域、西北干旱区域和青藏高寒区域；再按温度带，划分东部季风区域为 9 个带（寒温带、中温带、暖温带、北亚热带、中亚热带、南亚热带、边缘热带、中热带、赤道热带），西北干旱区域为 2 个带（干旱中温带、干旱暖温带），青藏高寒区域为 2 个带（高原寒带、高原温带）；然后根据地貌条件划分全国为 37 个区（东部季风区域 21 个区，西北干旱区域 12 个区，青藏高寒区域 4 个区）。

第二节 《中国农业地理总论》中的空间秩序

《中国农业地理总论》中主要包括了中国农业地理区划、东北平原区农业区划、华北平原区农业区划、黄土高原区农业区划、长江中下游区农业区划、西南区农业区划、华南区农业区划、蒙新区农业区划、青藏高原区农业区划、南方稻谷集中产区区划、小麦类型区、轮作方式区划、商品粮基地分区、棉花分区、花生分区、芝麻分区、甘蔗分区、甜菜分区、牧区分区等，具体如下：

1. 中国农业地理区划

农业生产带有强烈的地域性和综合性的特点。因此，1980年为了比较全面地探讨农业生产的发展和布局问题，除了按部门进行分别探讨，还必须以地区为单位，综合地探讨不同地区农业生产的发展条件、各部门相互联系的特点和问题，生产发展的主要方向和增产途径。吴传均等众多科研学者从全国范围着眼，按照农业自然条件和经济条件大的地域组合的类似性，以及农业基本特点、发展方向和发展途径的类似性，进行初步的地区综合，并参考过去的农业区划方案，将全国初步划分为8个大农业区，分区探讨具有全国性意义和跨省（区）性意义的特点和问题。各区的划分保持着一定级别行政区的完整性，相关研究学者考虑到《中国农业地理丛书》各省区农业地理的分工，大区下面不再划分二、三级区，因而各区之间大都有明显的过渡性，分区界线大都具有假定性质，但各区的基本特点却是非常明显的。根据上述划分原则与方法，将我国初步划分为八大农业区，具体区划系统如表6-1。

表6-1　　　　　　　　　　　全国农业区划

分区	范围
东北区	辽宁、吉林、黑龙江3省东部的农、林区
华北平原区	位于黄河中下游、海河流域和淮河流域，行政上包括河北省大部分（除坝上6县外）、河南省大部分（除南阳、信阳2地区外），山东省全部和苏皖2省淮北部分（包括徐州、淮阴、宿县、阜阳4个地区和响水、滨海2县），以及北京、天津2市
黄土高原区	位于太行山以西、青海湖以东、长城以南和秦岭以北的黄河中游地区。在行政上包括山西省，陕西的关中和陕北，甘肃的陇东和陇中，宁夏南部山区和青海的东部
长江中下游区	位于淮河以南，大巴山、武陵山以东，南岭以北，行政上包括湖南、江西、浙江3省及上海市，湖北（除恩施、郧阳地区外）、江苏、安徽3省大部，以及河南（南阳、信阳地区）、福建（建阳、宁德、三明地区）2省的一小部分
西南区	位于我国西南部，包括贵州省全部，四川省（除甘孜、阿坝两州和木里县外），云南省大部以及陇南、陕南、鄂西

续表

分区	范围
华南区	位于我国南部，包括广东、广西、台湾3省（区）全部和福建、云南2省南部，大部分处于南亚热带和热带范围
蒙新区	位于我国西北部和北部，有绵长的边境线与苏联及蒙古国分界，在东部和南部和国内的东北、华北、黄土高原及青藏高原等区毗邻。行政上包括：新疆维吾尔自治区和内蒙古自治区的全部、青海省的海西自治州（柴达木）、宁夏回族自治区除固原地区外的全部、甘肃省河西（酒泉、张掖、武威3地区，其中天祝、肃南2县属青藏高原区除外）、河北省坝上6县（张北、康保、尚义、沽源、丰宁、围场）、辽宁省的昭盟、吉林省的哲盟和白城地区西部2县旗（突泉、科右前）、黑龙江省呼盟岭西4旗2市
青藏高原区	包括西藏自治区全部，四川省甘孜、阿坝2个藏族自治州和木里县，云南省迪庆藏族自治州，甘肃省甘南藏族自治州和天祝、肃南2县，青海玉树和果洛2个藏族自治州的全部和海北、海南、黄南、海西各州的一部分

2. 东北平原区农业区划

本区包括辽宁、吉林、黑龙江3省东部的农、林区，西部牧区划入蒙新区，土地总面积约99万平方千米，占全国的10.3%。本区是个多民族地区，有汉、蒙、满、回、朝鲜、达斡尔、鄂伦春、锡伯、赫哲等民族，大多从事农业生产。区内有富饶的森林、矿产资源，山环水绕，沃野千里，海域宽广，农业自然条件甚好，潜力很大。本区是我国国民经济建设的一个重点区，中华人民共和国成立后通过20多年有计划的经济建设，自然资源得到了较大规模的开发利用，开荒耕垦，建成了一大批国营农场，工农业生产布局更趋合理，已发展成为我国工业、农业、林业与海洋渔业的重要基地之一，每年可向国家提供大量商品粮食、大豆、甜菜、亚麻、木材及海水产品等，丘陵山区的人参、鹿茸、柞蚕茧、苹果等特产，在全国占有独特地位（具体如表6-2）。

表6-2　　　　　　　　　　　东北区农业区划

区划类型	区域描述
山地地区	小兴安岭、长白山及千山丘陵所环抱，一般海拔1000—1500米，是我国最重要的天然森林区，林副产品资源丰富多彩，大兴安岭林区还是鄂伦春族的狩猎区
平原地区	中西部和东北部分布着松嫩、松辽和三江三大平原，平均海拔50—200米，地面起伏平缓，土层深厚，极宜于使用大型农业机械作业，是我国主要耕作业基地之一
过渡地带	四周为缓坡漫岗丘陵地到山地的过渡地带，以林业、矿业为主，但一些山间河谷盆地，水源便利，土壤肥沃，是山区农业的主要基础

3. 华北平原区农业区划

华北区处于我国中纬度（33°N—41°N）暖温带，北部、西部和西南部燕山、太行山、伏牛山和大别山等山地环抱，东部开阔，濒临黄、渤两海，除山东和苏北有局部丘陵山地外，平原坦荡辽阔。这一特定的地理位置，对华北地区自然特点的形成和农业生产的影响都十分显著。本区地域范围较大，虽以平原为主，但由于局部条件的差异，仍存在较大的区域差异，可分为以下4个基本生产类型，具体区划如表6-3。

表6-3　　　　　　　　　　华北平原区农业区划

区划类型	区域描述
海河平原	位于本区北部，北起燕山南麓，西至太行山东麓，东至山东半岛，南抵黄河。是一个以两年三熟为主的旱作区。随着海河治理，一年二熟不断推广，粮食生产水平有显著增长。水利建设发展较快，灌溉面积不断扩大（1973年，水浇地面积约占耕地面积的45%左右），为华北灌溉最发达的地区，但本区年降水量较南部和东部少、变率大，旱涝频率高；再由于部分地区排灌和水土配套不够完善，土壤次生盐渍化比较严重，因此，旱、涝、碱仍是本类型农业生产发展的主要问题。这里是我国北方最主要的集中产棉区，很多县棉田比重达30%，但单产水平较低，仅40—50斤，粮棉矛盾比较突出，这也是亟须解决的问题

续表

区划类型	区域描述
黄淮平原	位于淮河与黄河之间，西起豫西山地，东迄渤、黄海，即农业发展《纲要》规定的粮食500斤指标地区，水、热条件较好，可一年两熟。年降水量600—800毫米，但变率也大，且多暴雨，强度大，旱涝危害与海河平原基本相同。熟制以二年三熟和三年五熟旱作为主，复种指数为华北区各类型最高，进一步发展潜力仍很大。作物以小麦为主，其次是大豆和玉米。近10年来，沿淮及湖洼地区进行了大面积旱改水，水稻面积有所扩大。经济作物种类很多，是我国烤烟、芝麻的生产基地，棉花、花生也占有重要地位，畜牧业和果品生产也有较好基础。目前农作物单产水平还不稳不高，农业结构也较单一
山东丘陵	包括山东的泰安、临沂、昌潍、烟台4个地区及济南、青岛、淄博、枣庄等市，自然条件较好，气候受海洋影响较为显著，降水和相对湿度较华北其他地区为大。冬季温和，作物生长期250天。基本上没有洪涝、盐渍为患，目前熟制以两年三熟为主，平原及河谷地带水浇地一年两熟，农业精耕细作，生产水平较高。粮食作物以小麦、玉米、甘薯为主；经济作物以花生最为重要，是全国首要产区，其次是棉花、红麻和烤烟，这里也是温带水果和柞蚕丝的重要产地；三面环海，海域辽阔，海洋渔业和海产养殖业发达。本区农林牧副渔五业发展比较全面，是一个粮油渔果商品生产基地
冀鲁豫山地	包括燕山、太行山、豫西山地以及山东泰沂山地丘陵，共约105个县，山区气温低、无霜期短（180—215天）；降水较多，但多暴雨山洪、水土流失、冰雹和干旱等自然灾害。热量、水分条件及土壤植被特征具有明显的垂直变化。山地有较广的植被，以次生林和半旱生灌木为主。中华人民共和国成立后，大力开展了荒山造林及封山育林，林业有所发展，但原有基础差，远远不能满足需要；童山秃岭分布广泛，据估算本区尚有宜林荒山荒地约4000万亩。山区耕地狭小而分散，垦殖指数一般在15%—20%。较高山坡大多实行一年一作，以玉米、谷子为主，丘陵谷地多实行二年三熟，种植小麦较多。由于土壤瘠薄易受干旱影响，劳力较少，耕作粗放，生产水平较低。但山区经济林木、干鲜果树、药材等相当丰富，林副产收益较高，山场广阔，饲料充足，林牧副业发展潜力较大

4. 黄土高原区农业区划

（1）概况

本区位于太行山以西、青海湖以东、长城以南和秦岭以北的黄河中游地区。在行政上包括山西全省、陕西的关中和陕北、甘肃的陇东和陇中、宁夏南部山区和青海的东部，共计23个地区、211个县、15个市。土地总面积45.22万平方千米，约占全国的4.7%，1971年农业人口6956万，约占全国的9.8%，耕地面积16062.5万亩，占全国的10.0%。除少数陡峭石山外，绝大部分地区为黄土或黄土冲积物所覆盖，土层深厚、土质肥沃，土地资源丰富，有利于农林牧和多种经营的发展。

本区是全国八大农业区中面积最小，也是当时农业生产条件较差的一个农业区。水土流失和干旱等自然灾害严重，农业广种薄收，经营落后，产量低而不稳，是全国主要低产区之一。中华人民共和国成立后，广泛开展治山治水，加强水土保持工作，努力改善农业生产条件，不断涌现出许多先进高产典型，正说明本区生产潜力很大，关键问题是要落实政策，调动社员的积极性，进一步用科学的办法治山治水，搞好水土保持，全面发展农林牧生产。

（2）结果

黄土高原从东南向西北不论在土、热、水等自然条件和农业生产方面都有明显的差异。首先在地形上是从平川到塬地到丘陵沟壑和沙漠地区的过渡。土壤的演化趋势是从垆土到黄垆土、黑垆土、黑麻土和灰麻土、栗垆土和棕钙土，最后到流动沙丘，土壤的质地是从西北的沙状、粉沙状到东南的粘状。在降水方面从东南向西北的变化趋势是：800、900—500—400—300、200毫米；年平均气温的变化是从14℃—12℃—10℃—8℃。同这些自然条件变化相适应的农业地带变化是：从东南的农业区到农牧交错区，到西北半荒漠牧区。如将水平农业地带与垂直农业地带结合起来看，可以概括为5种农业类型，具体区划如表6-4。

表6-4　　　　　　　　　　黄土高原区农业区划

区划类型	区域描述
河谷川地农业类型	海拔在1000米以下,包括关中平原、汾河中下游谷地和黄河各较大支流(如沁河、清水河、洪河、大夏河、大通河、湟水)所形成的川地。川区地势平坦、耕地连片、土地肥沃、气候温和、雨量较多、水源丰富、灌溉便利、开发历史悠久、人烟稠密、交通发达,发展农业条件优越,生产基础好,精耕细作程度较高、虽然川区总面积不到本区总面积的20%,但集中了全区农业的精华。如汾渭平原是全国重要的粮棉产区。
塬地农业类型	海拔1000米左右,包括陇东的董志塬、屯子塬、平泉塬、早胜塬、陇中的白草塬、陕西的渭北高原、洛川塬、白鹿塬和宁南的长城塬等,其中以董志塬为最典型,地势平坦、塬面开阔、林渠纵横,有"甘肃粮仓"之称。塬地发展农业的条件仅次于川区,只要发展灌溉、注意改土培肥,就能高产稳产
黄土丘陵农牧业类型	海拔1000—1500米,包括陕北、晋西、陇东和宁南及青海东部部分地区,沟深坡陡、地形破碎并有黄土喀斯特出现。农业生产的最大威胁是水土流失,但在水土保持较好的沟坝地、川坪盆垴和水平梯田可以高产稳产。仍以坡地耕地占绝对优势,广种薄收,粗放经营,林、牧业薄弱,农、林、牧矛盾突出。解决的办法是从水土保持入手、合理利用土地,做到农、林、牧多种经营全面发展
土石山地农、林业类型	海拔在1500—2000米以上,呈孤岛状分布或带状分布,包括太行山、五台山、吕梁山、恒山、西秦岭、子午岭、六盘山和华家岭等。地势高寒,雨量较多,山峻坡陡,土薄石厚,人烟稀少,耕作粗放,历史上刀耕火种现象较严重。但因交通闭塞、开垦较晚,不少山上植被覆盖率仍然较高,天然次生林面积较大,发展林、牧业的条件较好,农业集中在缓坡和少量坪、台地
半荒漠牧业类型	分布在长城沿线沙漠边缘,风沙危害,滩地广布,气候干旱,雨量稀少,沙丘起伏、林草缺乏,地广人稀、耕作粗放。畜牧业比重大,耕地集中在水量较丰富的滩区。只要解决防风固沙、农田防护、引水拉沙和水利灌溉等问题,可以大大提高畜牧业和农业生产水平

5. 长江中下游区农业区划

本区位于淮河以南,大巴山、武陵山以东,南岭以北,行政上包括湖南、江西、浙江3省及上海市全部，湖北（除恩施、郧阳地区和神农架林区外）、江苏（除徐州、淮阴地区以及盐城地区的响水、滨海2县外）、安徽（除宿州、阜阳地区）3省大部，以及河南（南阳、信阳地区）、福建（建阳、宁德、三明3个地区）2省的一小部分。土地总面积约91.03万平方千米，占全国土地总面积的9.5%。根据本区农业生产条件的地域差异，大致可分为以下几个不同类型地区，具体区划如表6-5。

表6-5　　　　　　　　长江中下游区农业区划

区划类型	区域描述
江淮丘陵低地	包括长江以北，淮河以南，武当山、荆山以东的大洪山、伏牛山、桐柏山、大别山、淮阳山等低山丘陵区。一般海拔在1000米以下，个别达到2000米。西部有一系列山间盆地，其中以南襄盆地为最大。盆地中堆积的第三纪红色岩系和第四纪红土，经河流切断或为小丘和阶地，当地称为"岗地"。这些丘陵岗地被覆盖率低，沟蚀、片蚀作用强烈。唐白河流经南襄盆地，在水利条件较差情况下，往往形成水患。江淮丘陵低地经常干旱，发展灌溉是稳定农业生产的关键。鄂北丹江口水库和引丹渠道工程以及安徽的淠史杭灌区建设对岗地农业生产起巨大的保证作用。沿淮冲积平原一般地势低平，水源较好，农业发达，但应注意防洪排涝，要因地制宜，进行旱改水。低山地带地势起伏较大，土层较薄，应以发展经济林和用材林为主
长江中下游平原	包括长江两岸平原、洞庭湖平原、江汉平原、鄱阳湖平原、巢湖、青弋江、水阳江平原和长江三角洲平原等。海拔在50米以下，是我国主要粮、棉、油、水产业生产基地。长江中游地形比较和缓，河道曲折，沙洲众多，汛期南北河流汇水入湖，易造成洪、涝、渍威胁，是农业生产中主要不利因素。冬季北方冷气团长期滞留，绝对最低气温有时可达-5℃至-3℃；长江三角洲平原北部地形开敞，寒潮直接灌注，冬季远较同纬度的长江中上游偏冷，冬季也较长。春温不稳定和秋寒的早临对早稻育秧、棉花播种和双季晚稻安全齐穗均产生不利影响。春夏之交阴雨连绵，不利于小麦的成熟和收割。长江中下游沿江平原边缘，广泛分布高出平原20—30米的阶地，一般水利设施较差，缺水易旱，应强调蓄水和合理引水、提水

续表

区划类型	区域描述
江南丘陵	包括长江以南的广大地区,主要是一系列低山丘陵与间山盆地。森林(包括竹林)资源丰富,是我国的杉、松、竹等用材林基地。间山盆地水热条件好,农业生产发达,是粮食生产集中产区。江南丘陵属中亚热带湿润气候,但最热期间,正是雨少季节,而且变率较大,是其一大缺点,应选择有利地形,筑塘修库,提高抗旱能力。江南丘陵红、黄壤肥力低,水土流失严重,利用很不充分,要注意改良利用,做好水土保持工作,发展农林业生产

6. 西南区农业区划

本区位于我国的西南部,98°E—111°30′E、22°30′N—34°30′N 之间,地域比较辽阔,土地总面积约 91.22 万平方千米,占全国土地总面积的 9.5%,行政上包括贵州省全部、四川省(除甘孜、阿坝两州和木里县外)、云南省大部以及陇南、陕南、鄂西。区内地形复杂,气候温和,资源丰富,具有农林牧副渔综合发展的优越条件。根据本区农业生产条件的地域差异,大致可分为以下几个类型(具体区划如表 6-6)。

表 6-6 西南区农业区划

区划类型	区域描述
秦岭大巴山区	包括川北山区、鄂西、陕南、陇南。属北亚热带,中山为主,森林面积广阔,主要有白龙江、秦巴、神农架、小陇山等林区。山区土特产丰富。发展方向以林业为主,积极开展多种经营。农业活动在 2000 米以下进行,坝子、盆地是主要粮食、经济作物产区,但面积小(汉中盆地最大,约 2000 平方千米),坡耕地比重大。要做好水土保持工作,进行坡改梯,发展水利灌溉事业,夺取农业丰收

续表

区划类型	区域描述
四川盆地丘陵区	除成都平原外，大部分被分割成起伏不大的方山丘陵。由于北部有山地屏障，冬季寒潮不易入侵，夏季有焚风效应，因此冬温夏热。亚热带植物的生长发育繁茂，甚至热带的龙眼、荔枝在川南、长江河谷也可生长。稻谷年可两熟，农林牧副渔产品丰富，素称"天府之国"。农业生产上不利因素主要是云雾太多，日光不足，春季雨水短缺，秋季较多，有碍春耕和秋收。发展方向以种植业为主，农林牧副渔全面发展。搞好农田基本建设，发展水利灌溉事业，创造条件，改造冬水田，变革耕作制度，进一步提高农业生产水平
云贵高原山地区	包括四川南部山地，云岭南端哀牢山以东的广大地区。这是我国从西部高山到东部低山间的一个过渡地带，习惯上称"云贵高原"，蕴藏着丰富的森林资源，林业生产大有可为。坝子种植业很发达。山区土壤一般都很贫瘠，坡地多，大部分无灌溉设施，旱灾较严重。有的陡坡垦殖造成严重的水土流失，需加强水利建设和水土保持工作。至于地处高寒、风大水缺的高原和梁顶，一般以利用草场发展放牧业为宜
川滇横断山峡谷区	海拔多在2000—3000米以上，若干高山超过4000—5000米山岭多呈南北向平行排列，谷底与山岭间的相对高度常超过1000米，河谷中有带状阶地平原。气候垂直差异极为明显。这里蕴藏着大片的原始森林，红杉、冷杉、云杉、华山松等针叶树占据优势。森林分布上限止于4400米，林线以上为广阔的天然牧场。今后发展应以林业为主，林、牧并重，并大力加强山区交通建设，充分合理开发利用森林资源和各种生物资源

7. 华南区农业区划

本区位于我国南部，包括广东、广西、台湾3省（区）全部和福建、云南2省南部，大部分处于南亚热带和热带范围。全区土地总面积61万余平方千米，占全国的6.4%，农业人口8449万，约占全国的11.7%。地域较广，水资源丰富；海岸线长，居全国各大农业区的首位。区内地形以山地丘陵为主，约占土地总面积的90%，平原仅占10%，各种土地类型交错分布。耕地集中分布在平原、盆地、台地上；山区丘陵垂直变化比较显著，宜于发展林果业和畜牧业；沿海港湾岛屿众多，渔场辽阔，有利于发展渔、盐业和海洋运输事业。由于垦殖历史、地形、气候、土壤、水利和劳力等条件不同，区内农业生产具有显著差异，具体区划如表6-7。

表6-7　　　　　　　　　华南区农业区划

区划类型	区域描述
北部地带	包括福建中部和两广的北部，属于中亚热带，山丘起伏，山脉与谷盆相间，年≥10℃的积温有5500℃—6600℃，最冷月气温2℃—10℃，冬季常受南下寒潮影响，极端最低温度可达零下4℃—10℃。双季稻安全生育期185—208天，为全区生产季节最短的地区。全年降雨一般均在1500毫米以上，多集中在春夏两季，春末夏初多梅雨，夏季多暴雨和雷雨，易形成山洪暴发，造成水土流失和洪涝灾害。秋雨少，旱情较重，平均旱期可达50—60天。台风影响较小。区内山多田少，耕地主要分布于河谷平原，为稻谷集中产地，冬季作物以小麦、油菜为主，实行稻—稻—麦，稻—稻—油菜三熟制。山地耕作粗放，低产田面积大，以单造为主。林业是本区重要生产部门，是全国杉、松、毛竹、油茶、油桐、柑橘、板栗、茶等重要生产基地。区内山场广阔，宜林荒地较多，林牧业发展潜力均较大
中部地带	包括福建南部和两广的中部，是亚热带向热带的过渡地带。年≥10℃的积温有6700℃—7200℃，无霜期300天左右，水稻安全生育期210—240天。年雨量一般在1600毫米左右，但春秋降雨变幅较大，冬春干旱较北部地区为重，10月上中旬常因寒露风导致晚稻减产。本类型兼有南北自然条件和生产特点。开垦历史悠久，农业发展水平较高，多种经营比较发达，是华南区水田面积最大、人口最稠、经济作物集中的老双季稻区，粮经矛盾比较突出，扩大改制十分迫切，是全区今后农业生产重点建设地区。耕作制度以稻—稻—麦和稻—稻—薯三熟制为主，之后发展了稻—稻—油（油菜）

续表

区划类型	区域描述
南部地带	包括海南岛、雷州半岛、云南南部的河口、西双版纳以及台湾南部，除高山外，均属热带。本类型是我国热量资源最丰富的地区，年≥10℃的积温有7500℃—9000℃，全年无霜冻，水稻安全生育期达270—351天，年可三熟，甘薯年可四熟。年降雨量1000—2500毫米，但地区分布很不平衡。区内高温期与多雨期，低温期与少雨期相一致，形成湿热和干凉明显季节差异的气候特点，特别是滇南地区尤为显著，80%以上的降雨量集中在5—10月，且多雷暴雨。在东部沿海地区夏秋季节多台风暴雨，易造成洪涝，因此夏末、秋初防洪排涝是夺取晚稻稳产高产的重要措施。11月至来年4月为旱季，多数地区降雨量都低于作物需水量，影响冬种和春耕，需采取蓄水、引水、提水灌溉的措施。总的来说，本类型在多雨汛期洪涝是主要矛盾，少雨枯水期，干旱则是主要矛盾，因此，抗洪和防旱必须兼顾。本类型是全国热带作物重点集中产区，垦殖历史较短，由于地处海防或边疆、少数民族地区，原有农业生产基础薄弱，随着橡胶、甘蔗及其他热带作物大规模发展，外来人口大量增加，粮食及副食品供应跟不上发展需要。由于缺水少肥、耕作粗放等原因，作物单产水平和复种指数是全区最低，因此，提高单产和扩大复种都有很大潜力

8. 蒙新区农业区划

蒙新区位于我国西北部和北部，有绵长的边境线与苏联及蒙古国分界，在东部和南部和国内的东北、华北、黄土高原及青藏高原等区毗邻。行政上包括：新疆维吾尔自治区和内蒙古自治区的全部、青海省的海西自治州（柴达木）、宁夏回族自治区除固原地区外的全部、甘肃省河西（即酒泉、张掖、武威3地区，其中天祝、肃南2县属青藏高原区除外）、河北省坝上6县（张北、康保、尚义、沽源、丰宁、围场）、辽宁省的昭盟、吉林省的哲盟和白城地区西部2县旗（突泉、科右前）、黑龙江省呼盟岭西4旗2市。土地面积约320万平方千米，占全国土地总面积的1/3。1971年农牧业人口2400万，仅占全国的3.4%。区内少数民族多，其中维吾尔族和回族主要从事农业，蒙古族、哈萨克族、柯尔克孜族、塔吉克族、裕固族等，以放养牲畜为主要生产活动，全区牧业人口估计占农业总人口的6%上下,是我国与青藏高原区并列的两大放牧业基地,在本区农业生产总收入中,牧业收入占有较大比重(如新疆、内蒙古、柴达木等地区牧业比重各占25%—40%)。

随着气候条件的地带性差异,特别是降水量由东向西递减,天然植被和土壤乃至整个生物生态环境,也都呈现东西地带性差异,大体上可分为下列不同地带(如表6-8)。

表6-8　　　　　　　　　　蒙新区农业区划

区划类型	区划描述
东部和东南部的白城地区西北部、哲盟、昭盟和坝上地区	气候较湿润,年降雨400—500毫米,年≥10℃的积温有1600℃—2500℃,无霜期110—150天。在丘陵低山的阴坡为樟子松树林和蒙古松、桦等阔叶林及灌丛,阳坡及广大高平原均为草甸草原,生长大针茅、羊草等高禾草,覆盖度可达50%,草高可达50厘米,亩产鲜草600—800斤,适于牧放牛、马等大牲畜。土壤以暗栗钙土为主,腐殖质层厚达40厘米,有机质含量可达4%—5%,是本区肥力最高的土壤。区内缓坡与低地均已开辟为农田,主要作物有春麦、谷子、高粱、玉米、大豆、油菜和少量甜菜。春季能抓苗,除山地有霜冻影响外,一般旱作能够稳产
中部百灵庙—包头一线以东的呼盟岭西、锡盟、乌盟、坝上以及伊盟东部	典型草原淡栗钙土地带,草类以禾本科为主,还有菊科、莎草科和豆科等,覆盖度30%—40%,草高30厘米,亩产鲜草400斤上下。土壤腐殖质层厚20多厘米,有机质含量3%上下。在低洼处有草甸土、沼泽土和盐渍土。这里偏北地区以牧为主,偏南地区以农为主。区内由东向西积温(2000℃—3250℃)、无霜期(150—160天)、蒸发量、降水变率(16%—20%),以及干燥度都呈增长趋势,而降水量(400—500毫米)和农业生产稳定性则逐步降低。农作物构成也有地区差别,东南部除春麦外可种玉米、高粱、谷子、大豆,西南部主要种春麦、糜谷、莜麦、马铃薯、胡麻和油菜。由于春旱而多风沙,种秋收作物比夏收作物有利,农作物产量年变率在20%—25%上下。这里既是我国主要春麦种植地带,又有好的天然草场,农区和牧区交错分布,但农牧之间缺乏有机联系和合理结合,与其称为"半农半牧"区,不如称为"农牧交错"区较确切。区内的牧业有一部分已发展为定居定牧。对役畜和猪、禽采取舍饲方式,有较好的圈棚与饮水设施,饲料来源较可靠,牲畜增殖率高于一般牧区

续表

区划类型	区划描述
中部百灵庙—包头一线以西、贺兰山以东的伊盟西部、巴盟和宁夏东部	荒漠棕钙土地带，草类以小针茅、隐子草、小艾菊、冷蒿为主，远较东部稀疏，覆盖度10%—15%，草高15厘米上下，亩产鲜草150斤，只适于放小牲畜。土壤发育程度和肥力亦较东部明显下降。这里的气候冬冷、夏干，降水量年变率达25%—30%，10年中有7年闹旱，少数旱地种植春麦、糜谷、莜麦，产量年变率可达35%，只有依靠人工灌溉，产量才较稳定，因此农业主要集中在黄河灌区（宁夏及内蒙古前套、后套），除春麦和杂粮外，还种少量的冬麦、水稻、大豆、甜菜。其余广大地区以牧为主，贺兰山地有小片云杉、油松和山杨林，有小规模林业经营
贺兰山以西的宁夏和甘肃西部、柴达木、南疆和北疆盆地	灰棕荒漠土地带，气候十分干旱，高平原面饱受风沙侵蚀，有大面积的沙漠和戈壁，零星分布着一些盐碱湖泊。本区土壤贫瘠，腐殖质含量仅0.5%，表层有结皮，其下有石膏积聚层。天然植被以半灌木和小灌木为主，还有少量沙生蒿类，适于牧放耐粗饲的骆驼。在地下水位较高的洼地则分布着较厚的盐渍化土壤，生长着胡杨树林和柽柳灌丛以及较高的草类，可作为放牧场所。农业的发展全赖引用高山雪水灌溉。在山脚形成块状分布的沃洲。只有在天山山区西部的伊犁河谷地，水湿条件较好，又分布着农业生产性能较好的灰钙土，有少量旱地，实行轮歇种植，但也难以保收。这里的人口分布形成鲜明的对比：农业人口大量集中在小块沃洲内，每平方千米密度可达100人上下；而牧业人口则分散在广大沙漠边缘的草原上，如额济纳旗平均每平方千米不及0.1人
西部高山山区	气候和植被、土壤均呈垂直地带分异，成为突出于高平原之上的特殊景观，自山顶向下为：永久积雪带、高山草甸带、针叶林带、混交林带、阔叶林带、山麓草原带、山脚荒漠带，土壤分布自上而下相应为：亚高山草甸土、山地灰褐色森林土、山地黑钙土、山地栗钙土、山地棕钙土等带。其中，天山南坡、昆仑山和阿尔金山北坡则由于气候干旱，垂直分带层次较少使这些高山地区半山以上有绵延呈带状分布的天然林，林带上有高山草场，林带下有山坡草场，林业和牧业的经营都有广阔天地，是林牧交错区

9. 青藏高原区农业区划

本区位于我国西南部，包括西藏自治区全部，四川省甘孜、阿坝2个藏族自治州和木里县，云南省迪庆藏族自治州，甘肃省甘南藏族自治州和天祝、肃南2县，青海省玉树和果洛2个藏族自治州的全部和海北、海南、黄南、海西各州的一部，共跨5个省、区，19个自治州和地区，140个县、市，土地面积200.64万平方千米，占全国土地总面积的20.9%。1973年农业人口3393万，占全国农业人口总数4.5%，大小牲畜4607万头（只），占全国牲畜总数9.1%，耕地1071万亩，占全国耕地总面积0.7%，粮食产量20.6亿斤，占全国粮食总产量0.4%，木材蓄积量23.4亿立方米，占全国木材总蓄积量29%以上。

根据各地自然条件和农业生产的差异特征，青藏高原大致可分为以下3类地区，具体区划如表6-9。

表6-9　　　　　　　　　青藏高原区农业区划

区划类型		区域描述
西部和北部牧区	四川西部、甘肃南部、青海南部（玉树）和西藏东北半湿润地区	年雨量500—900毫米，地表多湿生和中生植被，以草甸为主，一般以莎草科各类嵩草（矮嵩草、小嵩草、藏嵩草）占优势，并有一定数量的苔草，禾本科的早熟禾、藏异燕麦，某些蓼科、菊科牧草和大量杂类草。各类嵩草营养成分高，适口性强，覆盖度大，产草量高，为优良草场
	西藏西北部、青海中西部半干旱或干旱地区	年雨量500毫米以下，大部地区少于300毫米甚至200毫米，由草甸逐渐过渡到草原或荒漠草原，以禾本科各种针茅占优势，还有芨芨草、白草、早熟禾、鹅冠草以及小嵩草等草类。与草甸相比，这类草场耐牧性较差，容易退化，覆盖度也较低，很多地区不到20%，青草产量每亩可低到数十斤

续表

区划类型		区域描述
中南部、东部和西南部农牧区		分布在牧区的外侧，是广阔的高原农区和农牧过渡区。其中海拔较低的部分，主包括雅鲁藏布江中游河段及其支流年楚河、拉萨河、尼洋河各河谷，以昌都为中心的三个江中游若干局部河谷，川西雅砻江中游及大渡河上游若干局部河谷，青海黄河局部河谷等。一般年平均气温3℃—8℃左右，最高月平均气温12℃—16℃，年≥10℃的积温有1000℃—2200℃，持续期100—150天，年25℃持续期可达6—7个月。拉萨可作为该地区热量条件的代表，其活动积温虽已达到水稻、玉米栽培所需要的最低限度，但夏温偏低，不能满足水稻灌浆和成熟的要求；早熟玉米虽可种植，却不稳定，仍以小麦和青稞为主。冬小麦越冬条件良好，但在3月上旬返青后，因春温回升缓慢，至拔节阶段需要2个月以上的时间；生长后期（抽穗至成熟）也因夏温偏低而长达2个月左右，前后两段都比我国东部地区延长1/2以上，致使冬小麦全生育期超过300天，小麦收获后只有约1个月的气温在5℃以上，不能进行复种。至于春播作物，一般4月播种，9月收获，也是一年一熟，除小麦、青稞以外，其他作物亦以耐寒的豌豆和油菜为主，因此形成以青稞、小麦、豌豆、油菜4大作物为主的一熟制高原农业
东南部农林区		在上述农牧区的东侧和南侧，也就是大致沿合作、松潘、马尔康、康定、川藏公路（南线），经雅鲁藏布江大拐弯处的北边，接连喜马拉雅山一线的东部和南部，实际上是一条连续延绵的高山地带，其主要特点是山高谷深，地形破碎，相对高差大，生物气候的垂直变化异常明显。以雅鲁藏布江大拐弯处为例，海拔1100米以下为低山热带雨林和季雨林，1100—2300米为山地亚热带常绿阔叶林，2300—2900米为山地暖温带针阔叶混交林，2900—3700米为山地寒温带暗针叶林，3700—4200米为高山寒带灌丛草甸，4200米以上为高山寒冻风化带和冰雪带。由墨脱南部至南迦巴瓦峰的短短百余千米内，上述生物气候带无不具备。喜马拉雅山南坡，除局部河谷地区（如樟木、吉隆）伸入山地亚热带内以外，一般都以山地暖温带和寒温带为基带。在昌都和川西地区，大多以山地暖温带为基带

10. 南方稻谷集中产区区划

1980年，南方稻谷集中产区按栽培制度和品种类型可分为：华南双季籼稻区，长江中下游单、双季稻区，云贵高原水稻区和四川盆地丘陵水稻区。

11. 小麦类型区

1980年，中国科学院地理研究所经济地理研究室按照耕作制度、栽培方法和品种不同，将我国小麦分为三个类型区：春小麦区，北方冬麦区和南方冬麦区。

12. 轮作方式区划

1980年，中国科学院地理研究所经济地理研究室综合考虑我国各地区自然条件和社会经济条件的复杂多样，各地区作物结构差异性很大，从而形成了适应于各地区不同条件特点的多种轮作方式：南方以水田稻谷为主体的轮作区，华北平原和黄土高原东南部冬麦为主体的轮作区，东北大豆、玉米、高粱、春麦轮作区，长城内外和黄土高原西北部春麦、谷子、薯类轮作区，西北春麦、玉米、谷子轮作区和青藏高原青稞、春麦、豌豆轮作区。

13. 商品粮基地分区

1980年，生产水平较高的南方商品粮基地为：苏南地区、杭嘉湖平原、两湖平原、鄱阳湖平原、都江堰灌区、珠江三角洲；生产水平较低的北方商品粮基地为：松嫩平原、吉林中部平原、三江平原、后套灌区、宁夏灌区、河西走廊、关中平原；新商品粮基地包括淮北平原、黑龙港平原；边远省区新商品粮基地包括伊犁河流域、柴达木盆地和雅鲁藏布江中游谷地；低产缺粮区包括：鲁西北平原和陕北黄土高原。

14. 棉花分区

我国棉花地区分布具有普遍而集中的特点。按照自然条件的类似性、植棉发展历史和栽培管理技术特点，可将全国棉花生产划分为黄河流域棉区、长江流域棉区、西北内陆棉区、辽河流域棉区和华南棉区等。

15. 花生分区

我国花生产区可以分为集中产区、一般产区及零星分散产区三类。

全国最主要的花生集中产区有二：一是山东半岛、辽东半岛和辽西走廊及冀东滦河下游地区；二是华南闽、粤、桂、台丘陵及沿海地区。花生一般产区主要包括黄淮海平原的冀中南、豫东豫北及鲁西北地区，长江中下游各省区如苏北、皖中、赣南、鄂东、湘南等地区，四川盆地的川中丘陵，云南南部及贵州东北部等地区。花生零星分散产区主要有陕西渭南地区、山西运城地区、新疆吐鲁番盆地及天山南北麓少数县、吉林省中部、黑龙江嫩江平原中部等地区。

16. 芝麻分区

全国芝麻主要集中分布区有三：（1）淮河流域，主要包括洪泽湖以西的淮河沿岸及豫东南皖北的淮北平原，尤以沙河以南地区，特别是洪河、南汝河流域最为集中。按行政区划最集中的主要是河南驻马店地区、周口地区和安徽阜阳地区。（2）汉水流域及江汉平原，主要包括陕西安康以下的汉水中下游流域及其支流唐白河流域和江汉之间的平原，按行政区划最集中的主要是湖北襄阳地区、荆州地区及河南南阳地区。（3）江西鄱阳湖滨及赣江下游地区。

17. 甘蔗分区

根据我国甘蔗种植条件和生产分布特点，全国可以分为集中产区（甘蔗面积一般占农作物播种面积的3%—10%），如两广、云南、四川、福建等省（区）；一般产区（占1%—3%），如浙江、江西、湖南、贵州等省；分散产区（占1.0%—0.1%以下），如湖北、安徽、江苏、河南省。

18. 甜菜分区

根据甜菜种植条件、集中程度、生产特点，全国可分为集中产区（甜菜面积占农作物总播种面积的1%—2%）和分散产区（占0.1%以下）两类。甜菜集中产区有：东北甜菜产区、内蒙古甜菜产区、新疆甜菜产区。

19. 牧区分区

根据家畜生态环境与畜牧业生产条件、畜群种类品种及其特征、生产问题及主要矛盾、发展方向和主要措施的异同，将我国牧区分为草原区、荒漠区、高寒草甸区、高寒草原区4个大区。

第三节 《中国自然地理图集》中的空间秩序

《中国自然地理图集》由中国地图出版社出版，主编刘明光。该图集集中阐述了中国植被区划、中国土壤区划，具体如下：

1. 中国植被区划

由中国科学院昆明植物研究所吴征镒1980年划分的中国植被区划，从植物区系成分和各地优势植被的区系组成进行详细分析和对比的结果，将我国分为2个植物区，7个亚区和22个地区（具体如表6-10）。

表6-10　　　　　　　　　中国植被区划

区域	亚区域
寒温带针叶林区域Ⅰ	
温带针阔叶混交林区域Ⅱ	
暖温带落叶阔叶林区域Ⅲ	
亚热带常绿阔叶林区域Ⅳ	东部（湿润）常绿阔叶林亚区域ⅣA
	西部（湿润）常绿阔叶林亚区域ⅣB
热带季雨林、雨林区域Ⅴ	东部季雨林、雨林区域ⅤA
	西部季雨林、雨林区域ⅤA
	南海珊瑚岛植被亚区域ⅤC
温带草原区域Ⅵ	东部草原亚区域ⅥA
	西部草原亚区域ⅥB
温带荒漠区域Ⅶ	西部荒漠亚区域ⅦA
	东部荒漠亚区域ⅦB
青藏高原高寒植被区域Ⅷ	高原东南部山地寒温性针叶林亚区域ⅧA
	高原东部高寒灌丛、草甸亚区域ⅧB
	高原中部草原亚区域ⅧC
	高原西北部荒漠亚区域ⅧD

2. 中国土壤区划

中华人民共和国成立以后，推动我国土壤科学的发展，已初步了解我国土壤资源的概况，编制了各种不同小比例尺的全国土壤图，研究了我国主要土壤发生和分布的规律，以及主要土壤的基本性质，土壤培肥和土壤改良试验研究也取得一些成果。中国科学院南京土壤研究所于1980年绘制了1∶1600万的中国土壤类型图，该区划将我国土壤划分为8大类、41个小类，具体如表6-11。

表6-11　　　　　　　　中国土壤区划（1980）

大类	小类
森林土壤	1. 漂灰土（棕色针叶林土）
	2. 暗棕壤（暗棕色森林土）
	3. 灰色森林土
	4. 棕壤
	5. 褐土
	6. 黄棕壤
	7. 黄棕壤
	8. 黄壤
	9. 红壤
	10. 赤红壤（砖红壤性红壤）
	11. 砖红壤
	12. 燥红土
草原土壤	13. 黑土
	14. 黑钙土
	15. 栗钙土
	16. 棕钙土
	17. 灰钙土
荒漠土壤	18. 灰漠土
	19. 灰棕漠土
	20. 棕漠土
水成土壤	21. 白浆土
	22. 草甸土
	23. 沼泽土

续表

大类	小类
盐成土壤	24. 盐土
	25. 碱土
岩成土壤	26. 风沙土
	27. 紫色土
	28. 石灰土
	29. 磷质石灰土
山地土壤	30. 亚高山草甸土（黑毡土）
	31. 高山草甸土（草毡土）
	32. 亚高山草原土（巴嘎土）
	33. 高山草原土（沙嘎土）
	34. 寒漠土
	35. 高山漠土
耕作土壤	36. 潮土
	37. 绵土
	38. 塿土
	39. 黑垆土
	40. 灌淤土
	41. 水稻土

第四节 《中国植被》中的空间秩序

中国植被编委会在《中国植被》一书中研究和阐述了老第三纪（始新世）植被示意图、新第三纪（中新世）植被示意图、中国植被区划等[1]，具体如下：

1. 老第三纪（始新世）植被示意图

中国新生代的植被，与中生代末期的比较，在组成上被子植物种类繁多，占有绝对优势；其中裸子植物和蕨类植物从中生代的繁茂景象，

---

[1] 中国植被编辑委员会：《中国植被》，科学出版社1980年版，第65—70页。

变得贫乏起来。在老第三纪，组成中的被子植物原始类型占有较大的比例，而且绝大多数属于乔木灌木，草本植物较少。

这个时代的植被地带性分异，随着板块的位移所带来的一系列自然地理变化，在中生代末期的基础上步步深化，愈接近现今面貌。在老第三纪，除了南部有些植被类型性质属于热带，全国基本上属于亚热带类型。在此广阔的亚热带植被分布的范围内，西部为大陆性的亚热带旱生植被；东部则属海洋性的亚热带森林，从北到南又有所分化。植被的区域性分异，因限于资料，还不十分清楚，有待进一步工作。1980年，从北到南大致分为：（1）东北—华北暖温带—北亚热带常绿—落叶阔叶—针叶林区；（2）东部中亚热带半干旱疏林区；（3）华东近海中亚热带落叶—常绿阔叶混交林和针叶林区；（4）华南南亚热带常绿—落叶阔叶混交林—热带红树林区；（5）西部北—中亚热带干旱疏林半荒漠区；（6）藏滇热带—南亚热带常绿阔叶林区，具体如表6-12。

表6-12   中国始新世后期植被类型区

名称	地区
东北—华北暖温带—北亚热带落叶阔叶林—针叶林区	东北、内蒙古东部和华北地区
东部中亚热带半干旱疏林区	陕南、华中、华东和华南的内陆地区
华东近海地区中亚热带落叶—常绿阔叶混交林和针叶林区	华东沿海地区
华南南亚热带常绿—落叶阔叶混交林和热带红树林区	广东、福建和广西所辖地区
西部北、中亚热带干旱疏林半荒漠区	新疆—青海柴达木盆地、甘肃西部和宁夏西部地区
藏滇热带—南亚热带常绿阔叶林区	西藏、青海南部和云南

2. 新第三纪（中新世）植被示意图

到了新第三纪，原始的乔灌木种类逐渐减少，新兴的属种日见增多；草本植物的种属已经繁杂起来。到了第四纪，原始的木本类型数量降低，它们的分布区也较前期大为收缩；草本植物更加繁衍滋生。这个时期的被子植物的属种，绝大多数与现代的相同。

随着地理的分化和气候的变迁，1980年的新第三纪植被的区域性分异比较清楚，植被类型也较前复杂，逐渐向近代化的方向发展，即在北部和西部温带性质的植被类型得到明显的发展。在东部地区出现：(1) 东北—华北温带—暖温带落叶阔叶林和森林草原区；(2) 华中—华东亚热带落叶—常绿阔叶混交林区；(3) 华南南亚热带常绿阔叶林和热带稀树草原及红树林区。在西部地区有：(1) 西北温带—暖温带疏林草原及荒漠草原区；(2) 川西—云南—西藏亚热带常绿阔叶林区。到第四纪，中国植被的区域轮廓大致与现代的接近，具体如表6–13。

表6–13　　　　　　　　中国中新世后期植被类型区

名称	地区
东北—华北温带—暖温带落叶阔叶林和森林草原区	大致东北、华北的秦岭以北的我国广大北部地区
华中—华东亚热带常绿—落叶阔叶混交林区	华中、华东地区
华南南亚热带常绿阔叶林—热带稀树草原及滨海红树林区	广东、广西和福建的沿海以及台湾地区
西北温带—暖温带疏林草原及荒漠草原区	新疆、甘肃西部（河西走廊和阿拉善高地）、宁夏和青海的柴达木地区
川西—云南—西藏亚热带常绿、落叶阔叶林区	川西、云南和西藏

3. 中国植被区划

(1) 概况

陆地上的植被，不仅可以根据其植物种类组成、群落结构以及对环境的适应关系等进行系统的分类，划分为各种植被类型，还有必要进一步按照这些植被类型的区域特征——空间分布及其组合，划分为若干植被区域或植被地带——进行植被区划。

植被区划是地植物学中最重要的理论性问题和实际任务之一。它是关于地区植被地理规律性的总结和反映，是在研究区域性植被分类、分析植物区系、研究植物与环境之间的生态关系以及植被的历史发展和演替趋势的基础上，进一步归纳植被的空间结构和地理特征。因此，植被区划实际上是对地区植被研究成果的概括，从而体现出各地植被的特点及其与世界植被的联系。由于植被是自然地理景观中最能综合反映各种自然地理要素的、最敏感和明显的组成部分，是生物圈及其基本单位——生态系统的核心和功能部分。因此，植被区划对于综合自然区划和生物圈的研究也具有重大意义。

植被区划又是地植物学为生产实践服务的重要手段。为了加速实现把我国建设成为伟大的社会主义现代化强国，必须调动一切积极因素，动员全部的生产力和充分利用资源。在这方面，我国各地区植被的生物生产力和资源的估计，具有不可缺少的、日益重要的作用。植被区划不仅可以提供出植被资源空间分布及其生产潜力的基本资料，对各区的植被资源及其生态条件做出确切的评价，因地制宜地制定出利用和改造植被的合理措施，并且是合理布局和利用植被来保护环境、防止风沙水旱等灾害的改造自然方案，以及制订农林牧副业生产规划所必需的科学依据和基本资料之一。

（2）结果

按照1980年中国植被区划的原则和单位，可将我国划分为8个植被区域（包括13个植被亚区域）、24个植被地带（包括8个植被亚地带）和85个植被区。现按从高级单位到低级单位、从北到南和从东到西的顺序，排列全国的植被区划单位系统如表6-14所示。

表6-14　　　　　　　　　　中国植被区划系统

植被区域	植被亚区域	植被地带	植被亚地带
Ⅰ. 寒温带针叶林区域		Ⅰi. 南寒温带落叶针叶林地带	

续表

植被区域	植被亚区域	植被地带	植被亚地带
Ⅱ. 温带针阔叶混交林区域		Ⅱi. 温带针阔叶混交林地带	Ⅱiia. 温带北部针阔叶混交林亚地带
			Ⅱiib. 温带南部针阔叶混交林亚地带
Ⅲ. 暖温带落叶阔叶林区域		Ⅲi. 暖温带落叶阔叶林地带	Ⅲia. 暖温带北部落叶栎叶林亚地带
			Ⅲib. 暖温带南部落叶栎叶林亚地带
Ⅳ. 亚热带常绿阔叶林区域	ⅣA. 东部（湿润）常绿阔叶林亚区域	ⅣAi. 北亚热带常绿落叶阔叶混交林地带	
		ⅣAii. 中亚热带常绿阔叶林地带	ⅣAiia. 中亚热带常绿阔叶林北部亚地带
			ⅣAiib. 中亚热带常绿阔叶林南部亚地带
		ⅣAiii. 南亚热带季风常绿阔叶林地带	
	ⅣB. 西部（半湿润）常绿阔叶林亚区域	ⅣBi. 中亚热带常绿阔叶林地带	
		ⅣBii. 南亚热带季风常绿阔叶林地带	
Ⅴ. 热带季雨林、雨林区域	ⅤA. 东部（偏湿性）季雨林、雨林亚区域	ⅤAi. 北热带半常绿季雨林、湿润雨林地带	
		ⅤAii. 南热带季雨林、湿润雨林地带	
	ⅤB. 西部（偏干性）季雨林、雨林亚区域	ⅤBi. 北热带季节雨林、半常绿季雨林地带	
	ⅤC. 南海珊瑚岛植被亚区域	ⅤCi. 季风热带珊瑚岛植被地带	
		ⅤCii. 赤道热带珊瑚岛植被地带	

续表

植被区域	植被亚区域	植被地带	植被亚地带
Ⅵ. 温带草原区域	ⅥA. 东部草原亚区域	ⅥAi. 温带草原地带	ⅥAia. 温带北部草原亚地带
			ⅥAib. 温带南部草原亚地带
	ⅥB. 西部草原亚区域	ⅥBi. 温带草原地带	
Ⅶ. 温带荒漠区域	ⅦA. 西部荒漠亚区域	ⅦAi. 温带半灌木、小乔木荒漠地带	
	ⅦB. 东部荒漠亚区域	ⅦBi. 温带半灌木、灌木荒漠地带	
		ⅦBii. 暖温带灌木、半灌木荒漠地带	
Ⅷ. 青藏高原高寒植被区域	ⅧA. 高原东南部山地寒温性针叶林亚区域	ⅧAi. 山地寒温性针叶林地带	
	ⅧB. 高原东部高寒灌丛、草甸亚区域	ⅧBi. 高寒灌丛、草甸地带	
	ⅧC. 高原中部草原亚区域	ⅧCi. 高寒草原地带	
		ⅧCii. 温性草原地带	
	ⅧD. 高原西北部荒漠亚区域	ⅧDi. 高寒荒漠地带	
		ⅧDii. 温性荒漠地带	

第五节 "中国自然保护区"中的空间秩序

建立自然保护区是保护自然资源的重要手段之一。自然保护区是在一定的自然景观带或大的自然区域内，划定一定的地区将国家自然历史遗产保护起来的场所，是保护自然资源的具体表现。这个场所是一个活的自然博物馆，是自然资源的仓库，是观察研究生态系统的发展规律，保护和发展稀有的、珍贵的生物资源，引种驯化有价值的生物种类的良好基地；也是宣传唯物辩证法、启发爱国主义思想、普及科学、进行教学实习，提供劳动人民参观游览的天然课堂和风景区；在许多情况下，还对涵养水源，调节气候，改善人类生活环境，促进农业生产等起着重要的作用。

我国自然保护区的建设事业，自中华人民共和国成立以来得到了较大的发展。1956 年第一届人大第三次会议就提出了"提请在全国各省区划定天然森林禁伐区保护自然植被以供科学研究的需要案"，1962 年和 1963 年，国务院分别颁布了"关于积极保护和合理利用野生动植物资源的指示"和"森林保护条例"，对自然保护区的划定和管理等都做了有关规定，进一步推动了我国自然保护工作的开展。如吉林、云南、四川、贵州、甘肃、广东、黑龙江、陕西、福建等省，共划定了自然保护区 15 处，面积共约达 50 万公顷。其他有关省区也相继建立了一些自然保护区。所有这些对保护我国的典型的生态系统，保护珍贵的、稀有的生物资源等以及在水土保持、涵养水源、科研、生产、教学、旅游、疗养等方面，都起了一定的作用。但是，这些成就还远不能适应我国在 20 世纪内全面实现农业、工业、国防和科学技术的现代化需要，因此，有必要把这项工作推向一个新的高度。

我国是一个幅员辽阔、资源丰富的国家，自南而北，跨越热带、亚热带、温带和寒温带四个自然带，森林类型多种多样；从东到西又呈现森林、草原和荒漠的分布规律，西南部还有以"世界屋脊"著称的青藏高原。各个自然地带和景观是不同自然条件的综合反映，是生物界对于复杂多变的外界环境长期选择和适应的结果，是历史的产物。原始地保存较好的自然景观之所以具有特殊意义，不仅在于它保存了原有的生物种，还在于它保存着它们与自然环境之间的复杂关系。摸清了这种关系，既可展示生物与环境的原有关系，又可提供利用和改造它们的种种途径。因此，在各自然地带以不同植被类型作标志，根据不同情况和实际需要，建立一个或若干个自然保护区是完全必要的。现如今，我国只在东部森林地区建立了一些自然保护区，还需扩大和加强管理；在西部的草原、荒漠和山地森林中还没有正式建立，应该选择适宜地段迅速地建立起来，以适应国民经济建设迫切的需要。

第六节 《关于考古学文化的区系类型问题》中的空间秩序

1981年，苏秉琦《关于考古学文化的区系类型问题》一文发表，全面系统地阐述了考古学文化区系类型的基本思想和内容，奠定了我国考古学文化谱系研究的基础。其将古代中国以先秦时期为主的人口密集地区，分为6个大的文化区，分别为陕豫晋宁地区、山东及邻省一部分地区、湖北和邻近地区、长江下游地区、以鄱阳湖—珠江三角洲为中轴的南方地区和以长城地带为重心的北方地区，并对每个地区的文化特征进行了详细论述。依其各自与境外的地理人文联系，各区之上又可分为"面向亚洲腹地"和"面向海洋"的两大块，各区之下又可分为若干个区域类型，区划系统具体如表6–15。

表6–15 中国考古学文化的区系类型区（1981）

	区系类型区	区域类型
面向亚洲腹地的西北部地区	陕豫晋邻地区（中原区）	宝鸡—陕县区、洛阳—郑州区等
	以长城地带为中心的北方地区	昭盟中心区、河套区、甘青宁区
	山东以及邻省一部分地区（东方区）	胶东区、鲁西南区、鲁东北区
面向海洋的东南部地区	长江中下游地区（东南区）	宁镇区、太湖区、宁绍区
	以鄱阳湖—珠江三角洲为中轴的南方地区	赣北区、北江流域区、珠江三角洲区
	湖北和邻近地区（西南区）	汉水中游区、鄂西区、鄂东区

第七节 《青藏高原科学考察丛书》中的空间秩序

1982年,《青藏高原科学考察丛书》出版,这本书是西藏野外考察和室内工作的广大科学工作者的心血结晶。书中提出的西藏综合自然区划的制定采用比较各项自然地理要素分布特征的地理相关法,并着重考虑气候、生物、土壤的相互关系及其在农业生产上的意义。区划等级单位系统采用:自然地域或自然带—自然地带—自然区。根据各项原则、指标,该书将西藏划分为7个自然地带,其命名原则是:地域名称+优势的地带性植被类型+温度、水分状况组合,具体区划如表6–16。

表 6–16　　　　　　西藏综合自然区划系统

自然带	自然区
Ⅰ喜马拉雅南聚雨林与山地常绿阔叶林地带(暖热、湿润)	Ⅰ₁察隅曲流域自然区
	Ⅰ₂东喜马拉雅自然区
	Ⅰ₃中喜马拉雅自然区
Ⅱ藏东山地针叶林地带(温暖,湿润—半湿润)	Ⅱ₁东念青唐古拉南翼自然区
	Ⅱ₂三江中、上游自然区
Ⅲ那曲高山灌丛草甸地带(寒冷、半湿润)	Ⅲ₁怒江上游河源自然区
Ⅳ藏南山地灌丛草原地带(温暖、半干旱)	Ⅳ₁雅鲁藏布江中游自然区
	Ⅳ₂藏南高原湖盆自然区
	Ⅳ₃雅鲁藏布江上游自然区
Ⅴ羌塘高山草原地带(寒冷、半干旱)	Ⅴ₁南羌塘大湖自然区
	Ⅴ₂北羌塘高原自然区
Ⅵ阿里山地半荒漠与荒漠地带(温凉、干旱)	Ⅵ₁象泉河—孔雀河自然区
	Ⅵ₂狮泉河—班公错自然区
Ⅶ昆仑高山半荒漠与荒漠地带(寒冻、干旱)	

第八节 《中国气候区划新探》中的空间秩序

1. 概况

陈咸吉在对先前中国气候区划各种方案分析基础上,选用≥10℃积温及天数作指标,参照自然景观及作物分布情况,将我国划分为9个气候带;采用年干燥度系数进行气候大区的划分,从南至北共划分为18个气候大区;在同一气候带中,再依据各季热量强度的差异,划分为49个气候区。西藏高原单独划分为4个气候带、12个气候大区。

2. 结果

根据上述的分类系统和区划的指标,我国3000英尺以下共划分为9个气候带、18个气候大区、49个气候区;3000英尺以上的青藏高原共划分为4个高原气候带、12个气候大区,具体区划如表6-17。

表6-17　　　　　中国气候区划系统

气候大区 气候带	A 湿润	B 亚湿润	C 亚干旱	D 干旱	E 极干旱
Ⅰ 寒温带	Ⅰ AT$_a$ 根河区				
Ⅱ 中温带	Ⅱ AT$_b$ 小兴安岭区 Ⅱ AT$_{c-d}$ 三江—长白山区	Ⅱ BT$_{b1}$ 大兴安岭区 Ⅱ BT$_{b2}$ 陕甘宁区 Ⅱ BT$_{c-d}$ 松辽区	Ⅱ CT$_a$ 天山区 Ⅱ CT$_{a-b}$ 西宁—民和区 Ⅱ CT$_b$ 蒙东区 Ⅱ CT$_{c1}$ 蒙中区 Ⅱ CT$_{c2}$ 阿尔泰山区 Ⅱ CT$_{c-d1}$ 松辽上游区 Ⅱ CT$_{c-d2}$ 伊宁区	Ⅱ DT$_{b1}$ 乌恰—阿合奇区 Ⅱ DT$_{b2}$ 和布克赛尔区 Ⅱ DT$_{c1}$ 塔城区 Ⅱ DT$_{c2}$ 额尔齐斯—乌伦古河区 Ⅱ DT$_d$ 蒙西宁夏河西走廊区 Ⅱ DT$_{e-f}$ 准噶尔盆地	Ⅱ ET$_a$ 柴达木盆地 Ⅱ ET$_{e-f}$ 巴丹吉林—腾格里沙漠区

续表

气候大区 气候带 气候区	A 湿润	B 亚湿润	C 亚干旱	D 干旱	E 极干旱
Ⅲ 暖温带	Ⅲ AT_{a-b} 川滇藏区 Ⅲ AT_{b-c} 川滇黔区	Ⅲ BT_{d-e} 晋陕甘区 Ⅲ AT_e 燕山辽东山东半岛区 Ⅲ AT_f 黄淮海渭河区		Ⅲ DT_d 黄河上游河谷区	Ⅲ ET_{e-f} 塔里木盆地区
Ⅳ 北亚热带	Ⅳ AT_b 滇北区 Ⅲ AT_{d-e} 贵州区 Ⅲ AT_{e-f} 汉水上游区 Ⅲ AT_g 长江中下游区				
Ⅴ 中亚热带	Ⅴ AT_e 滇中区 Ⅴ AT_{f1} 川鄂湘黔区 Ⅴ AT_{f2} 四川盆地区 Ⅴ AT_{g1} 长江上游河谷区 Ⅴ AT_{g2} 江南区				
Ⅵ 南亚热带	Ⅵ AT_d 滇南区 Ⅵ AT_{e-f} 桂西区 Ⅵ AT_{g1} 闽南珠江区 Ⅵ AT_{g2} 台北区	Ⅵ BT_g 金沙江河谷区			

续表

气候大区 气候区 气候带	A 湿润	B 亚湿润	C 亚干旱	D 干旱	E 极干旱
Ⅶ 边缘热带	Ⅶ AT$_{e1}$ 藏东南区 Ⅶ AT$_{e2}$ 西双版纳区 Ⅶ AT$_{e3}$ 德宏区 Ⅶ AT$_f$ 河口区 Ⅶ AT$_{g1}$ 雷琼区 Ⅶ AT$_{g2}$ 台南区	Ⅶ BT$_{g1}$ 元江区 Ⅶ BT$_{g2}$ 琼西区			
Ⅷ 中热带	Ⅷ AT$_g$ 西沙中沙群岛区				
Ⅸ 赤道热带	Ⅸ AT$_g$ 南沙群岛区				
HⅠ 高原寒带				HⅠD 北羌塘区	
HⅡ 高原亚寒带	HⅡA 黄河河曲区	HⅡB 海南区	HⅡC$_1$ 南羌塘区 HⅡC$_2$ 海北区		
HⅢ 高原亚温带	HⅢA 川西区	HⅢB$_1$ 藏东区 HⅢB$_2$ 甘南区	HⅢC$_1$ 藏南区 HⅢC$_2$ 青海湖区		
HⅣ 高原温带		HⅣB 横断山脉区	HⅣC 雅鲁藏布江区		

第九节 "世界哺乳动物区系"中的空间秩序

1983 年，西肯塔基大学的查尔斯·H. 史密斯以种群层面的分布信息作为数据库，通过选择哺乳动物分布数据和动物区系关联的适当度量制定了世界哺乳动物区系系统图。具体区划为：Neartic、Palearctic、Neotropical、Argentine、Mediterranean、Ethiopian、Oriental、Australian、West Indian、Madagascan。

第十节 "中国综合自然地理区划的一个新方案"中的空间秩序

1. 概况

1983 年，赵松乔根据自然区划研究的新成果、新进展，总结了国内历次区划方案的长处，吸收了国外方法的优点，提出了"中国综合自然区划的一个新方案"，该方案产生了很大影响，是我国近年来被引用最多的地理学文献之一。

2. 结果

赵松乔按照气候—生物—土壤等地带性因素和地貌—地面组成物质—水文地质等非地带性因素的综合分异指标，将全国划分为 3 大自然区、7 个自然地区、33 个自然区，较好地反映了合理土地利用和改造自然的方向。具体区划如表 6 – 18。

表 6 – 18　　　　　　　　中国自然地理区域（1983）

区域	地区	区
东部季风区域 I	东北湿润、半湿润温带地区（Ⅰ）	1. 大兴安岭针叶林区
		2. 东北东部山地针叶阔叶混交林区
		3. 东北平原森林草原区
	华北湿润、半湿润暖温带地区（Ⅱ）	4. 辽东、山东半岛落叶阔叶林区
		5. 华北平原半旱生落叶阔叶林区
		6. 冀晋山地半旱生落叶阔叶林、森林草原区
		7. 黄土高原森林草原、干草原区

续表

区域	地区	区
	华中、华南湿润亚热带地区（Ⅲ）	8. 北亚热带长江中下游平原混交林区
		9. 北亚热带秦岭、大巴山混交林区
		10. 中亚热带浙闽沿海山地常绿阔叶林区
		11. 中亚热带长江南岸丘陵盆地常绿阔叶林区
		12. 中亚热带四川盆地常绿阔叶林区
		13. 中亚热带贵州高原常绿阔叶林区
		14. 中亚热带云南高原常绿阔叶林区
		15. 南亚热带岭南丘陵常绿阔叶林区
		16. 南亚热带、热带台湾岛常绿阔叶林和季雨林区
	华南热带湿润地区（Ⅳ）	17. 琼雷热带雨林、季雨林区
		18. 滇南热带季雨林区
		19. 南海诸岛热带雨林区
西北干旱区域Ⅱ	内蒙古温带草原地区（Ⅴ）	20. 西辽河流域干草原区
		21. 内蒙古高原干草原、荒漠草原区
		22. 鄂尔多斯高原干草原、荒漠草原区
	西北温带及暖温带荒漠地区（Ⅵ）	23. 阿拉善高原温带荒漠区
		24. 准噶尔盆地温带荒漠区
		25. 阿尔泰山山地草原及针叶林区
		26. 天山山地草原和针叶林区
		27. 塔里木盆地暖温带荒漠区
青藏高寒区域Ⅲ	青藏高原地区（Ⅶ）	28. 喜马拉雅山南翼山地热带、亚带森林区
		29. 藏东、川西切割山地针叶林、高山草甸区
		30. 藏南山地灌丛草原区
		31. 羌塘高原、青南山地高寒草原、山地草原区
		32. 柴达木盆地及昆仑山北坡荒漠区
		33. 阿里—昆仑山地高寒荒漠与荒漠草原区

第十一节 《西藏农业地理》中的空间秩序

1984年，《西藏农业地理》中提出的农业分区参照其他省区的经验，结合西藏的实际情况，把西藏划分为8个农业区，分别是藏东北牧区、藏西北牧区、藏西农牧区、藏南农牧区、藏中农区、藏东南农林区、藏东农林牧区和藏南边境农林区。参照其他省区的经验，结合西藏的实际情况，该书从以下几个方面考虑西藏农业区的划分。

第一，从西藏全局出发，突出区域特色，发挥区域优势。实现区域化与专业化生产，是使农业有计划、按比例和高速度发展的有效途径，也是农业分区的主要目的。由于地貌、热量和水分三者有规律地结合，西藏农业自然资源和自然条件在地域上各有特色，农业生产和土地利用也大多形成或具有潜在优势，为农业分区提供了良好的自然和经济基础。因此，需要在全藏范围内，根据农业区域化和专业化的要求，进行农业分区。为了使农业分区体现区域特色和优势，首先是要确定各农业区的主导发展部门，一个或一些主导部门必须是最能适应当地环境条件，最有资源潜力和发展前途，并且有全局性经济意义的部门。主导部门与区内其他部门相结合，成为具有特色的区域化生产；同其他农业区相比较，成为专业化生产的优势。一般说来，任何农业区都有已经形成的主导部门，在多数情况下，已经形成的主导部门就是适合当地条件并有发展潜力和前途的部门，但是也有可能在几个不同的部门中，需要从全局出发，进行权衡比较，确定轻重缓急。

第二，在类型的基础上分区，保持农业区的地域连续性和完整性。为了促进农业区域化生产，农业区不仅需要尽可能地域连片，而且要使各区特色鲜明、互有区别，不宜琐碎或重复。根据这个要求，把农业类型和土地利用两者加以综合，划分农业区。至于分区的界线，一般都保持了县属区的完整，如果县属区内部个别公社与邻区类型一致，也可以划归邻区。

第三，照顾已有的分区习惯。有的地区，由于历史原因或地理位置的特殊性，在习惯上自成单元，进行农业分区时应充分照顾，因为它们的形成已说明区域结合的客观需要。

第四，简化区数，简化层次，简化区名，避免烦琐。由于西藏地广人稀，自然环境的区域差异有明显规律性，相同农业类型在广大地域分布集中，没有必要划分过多的农业区。为了简化层次、便于利用，也不采用大区套小区的多级分区方法。为了通俗易懂，称谓简明，完全采用区位命名。

第十二节 《中国自然区划概要》中的空间秩序

1984 年，席承藩等为满足当时规划和指导农业生产的需要而完成的《中国自然区划概要》，重点对自然区的自然特点、农业现状、生产潜力和发展方向等作了论述。该区划是在我国以往自然区划工作的基础上，根据国家经济建设的发展要求，从全国自然条件与自然资源的中和特点，划分综合自然单元，论证各不同单元的特征，提供农业现代化建设参考。根据综合因素与主导因素相结合原则、相似性与差异性原则和重视与农业生产密切相关的自然因素原则进行区划。

该方案首先把全国划分为 3 大自然区域（东部季风区域、西北干旱区域和青藏高寒区域），再按温度状况把 3 个自然区域依次划分为 9 个、2 个、3 个自然带，共 14 个带，然后根据干湿状况、大地形特征、土壤类型及水文状况将全国划分为 44 个自然区。该方案强调为农业服务，与 1959 年黄秉维方案比，部分更新了资料，简化了区划系统。三大区域的划分与赵松乔方案互为借鉴，并被普遍沿用至今。具体区划系统如表 6-19：

表 6-19　　　　　　　　　　中国自然区划（1984）

自然区域	自然带	自然区
Ⅰ 东部季风区域	Ⅰ₁ 寒温带	Ⅰ$_{1(1)}$ 大兴安岭北端区
	Ⅰ₂ 中温带	Ⅰ$_{2(2)}$ 兴安岭—长白山区
		Ⅰ$_{2(3)}$ 三江平原区
		Ⅰ$_{2(4)}$ 松辽平原区
	Ⅰ₃ 暖温带	Ⅰ$_{3(5)}$ 辽东—山东半岛区
		Ⅰ$_{3(6)}$ 黄淮海平原区
		Ⅰ$_{3(7)}$ 华北山地区
		Ⅰ$_{3(8)}$ 黄土高原区
		Ⅰ$_{3(9)}$ 汾渭谷地区
	Ⅰ₄ 北亚热带	Ⅰ$_{4(10)}$ 长江中下游区
		Ⅰ$_{4(11)}$ 汉江中下游区

续表

自然区域	自然带	自然区
	I_5 中亚热带	$I_{5(12)}$ 江南山地区
		$I_{5(13)}$ 江南丘陵区
		$I_{5(14)}$ 贵州高原—鄂西山地区
		$I_{5(15)}$ 四川盆地区
		$I_{5(16)}$ 云南高原—察隅区
		$I_{5(17)}$ 桂北—黔南岩溶区
	I_6 南亚热带	$I_{6(18)}$ 台北、台中区
		$I_{6(19)}$ 华南丘陵区
		$I_{6(20)}$ 滇南山原区
	I_7 边缘热带	$I_{7(21)}$ 台南区
		$I_{7(22)}$ 琼雷区
		$I_{7(23)}$ 滇南河谷坝区
	I_8 中热带	$I_{8(24)}$ 琼南—西、中、东沙群岛区
	I_9 赤道热带	$I_{9(25)}$ 南沙群岛区
II 西部干旱区域	II_{10} 干旱中温带	$II_{10(26)}$ 内蒙古高原东部区
		$II_{10(27)}$ 内蒙古高原西部区
		$II_{10(28)}$ 河套灌区
		$II_{10(29)}$ 阿拉善高原区
		$II_{10(30)}$ 阿尔泰山—准噶尔西部山地区
		$II_{10(31)}$ 准噶尔盆地区
		$II_{10(32)}$ 天山北坡区
	II_{11} 干旱暖温带	$II_{11(33)}$ 天山南坡区
		$II_{11(34)}$ 塔里木盆地区
		$II_{11(35)}$ 河西走廊区
		$II_{11(36)}$ 昆仑山—祁连山区
III 青藏高寒区域	III_{12} 高原寒带	$III_{12(37)}$ 北羌塘高原区
	III_{13} 高原亚寒带	$III_{13(38)}$ 江河源头区
		$III_{13(39)}$ 南羌塘高原区
	III_{14} 高原温带	$III_{14(40)}$ 柴达木盆地区
		$III_{14(41)}$ 青海东部区
		$III_{14(42)}$ 藏东—川西区
		$III_{14(43)}$ 藏南区
		$III_{14(44)}$ 藏西区

第十三节 "苏联天然草原区划"中的空间秩序

1984年,察钦根等在"自然州是自然地区的一部分,它具有一致的自然条件和一定的草原类型组成"的原则基础上,详细参考了现有的苏联土壤区划图、地植物学区划图、地貌区划图、自然地理区划图和农业气象区划图等,使用全苏联研究所20世纪30年代进行的天然草原调查资料和各个综合考察队的资料等,把苏联划分成15个自然地区,包括:欧洲和西西伯利亚冻原和森林冻原自然地区、东西伯利亚冻原和森林冻原自然地区、楚科奇冻原和森林冻原自然地区、欧洲北部泰加林自然地区、欧洲森林草甸自然地区、西西伯利亚泰加林沼泽自然地区、中西伯利亚泰加林自然地区、东西伯利亚山地泰加林自然地区、东西伯利亚山地泰加林自然地区、欧洲森林草原和草原自然地区、西伯利亚森林草原和草原自然地区、里海沿岸和中亚半荒漠—荒漠自然地区、南欧山地自然地区、中亚山地自然地区和具有呈岛状分布的草原的南西伯利亚山地自然地区。

第十四节 《古代中国考古学》中的空间秩序

著名华裔考古学家、人类学家张光直先生于1986年在新版《古代中国考古学》中提出了相互作用圈理论,并否定了中原地区文化一枝独秀的学说。即约公元前4000年起在中国大地上形成了一个北自辽河流域,南到台湾和珠江三角洲,东自海岸,西至甘肃、青海、四川的"中国相互作用圈",从而形成了"最初的中国",他把从公元前4000年开始还没有迈过国家门槛的中国相互作用圈分为内蒙古长城地带的兴隆洼文化、仰韶文化、大汶口文化、大溪文化、太湖长三角洲文化、大坌坑文化等多个文化圈,并指出这些区域文化在相当长时间内相互作用,并固定了最早的中国历史文明的地理舞台;且每个区域的文化在文化上和社会上都越来越复杂、越分歧、越分层,最终导致了这些区域产生了文明的基础。具体区划结果如表 6-20。

表 6-20　　　　　中国相互作用圈下的文化圈（1986）

文化圈	地域范围	典型遗址
兴隆洼文化	内蒙古长城地带	兴隆洼、红山遗址群等
大汶口文化、山东龙山文化	山东	梁山青堌堆、泗水尹家城、潍坊姚官庄、平度岳石村等
良渚文化、马家浜文化	长江下游	吴县张陵山和草鞋山、苏州越城、常州寺墩等
仰韶文化、庙底沟二期文化、地区性龙山文化	黄河中游（河南、山西、陕西）	豫东类型、豫北—冀南类型、豫中西部类型、晋南类型、陕西类型
齐家文化	甘肃	齐家坪、永靖大何庄和秦魏家、武威皇娘娘台、乐都柳湾遗址
青龙泉三期文化	长江中游	青龙泉、湖北、豫南和湘北遗址
东南沿海地区文化	福建、台湾、香港、广东	昙石山、凤鼻头、深湾、石峡

第十五节　《全国农业综合自然区划的一个方案》中的空间秩序

1986 年，丘宝剑以黄秉维主编的《中国综合自然区划（初稿）》和黄先生后来几次有关方案和意见为基础，参考他人的方案和意见，根据热量、水分、植被和土壤等指标，主张全国农业综合自然区划按三级划分，一级 3 个自然区域，二级 14 个自然带，三级 38 个自然区。根据相关方法、原则、指标，具体的区划系统如表 6-21。

表 6-21　　　　　　　　全国农业综合自然区划

自然区域	自然带	自然区
Ⅰ 东部区域	Ⅰ1 寒温带	Ⅰ1A 大兴安岭北部区
	Ⅰ2 中温带	Ⅰ2A$_1$ 三江平原区
		Ⅰ2A$_2$ 小兴安岭—长白山区
		Ⅰ2B 松辽平原区
	Ⅰ3 暖温带	Ⅰ3A 辽东—山东半岛区
		Ⅰ3B$_1$ 华北平原区
		Ⅰ3B$_2$ 华北山地区
		Ⅰ3B$_3$ 黄土高原区
	Ⅰ4 北亚热带	Ⅰ4A$_1$ 长江中下游区
		Ⅰ4A$_2$ 汉江上中游区
	Ⅰ5 中亚热带	Ⅰ5A$_1$ 江南丘陵区
		Ⅰ5A$_2$ 贵州高原区
		Ⅰ5A$_3$ 四川盆地区
		Ⅰ5A$_4$ 云南高原区
		Ⅰ5A$_5$ 喜马拉雅山南翼区
	Ⅰ6 南亚热带	Ⅰ6A$_1$ 台北区
		Ⅰ6A$_2$ 闽粤丘陵区
		Ⅰ6A$_3$ 滇南山原区
	Ⅰ7 边缘热带	Ⅰ7A$_1$ 台南区
		Ⅰ7A$_2$ 琼雷区
		Ⅰ7A$_3$ 滇南河谷坝区
	Ⅰ8 中热带	Ⅰ8A$_1$ 海南南部区
		Ⅰ8A$_2$ 东、中、西沙群岛区
	Ⅰ9 赤道热带	Ⅰ9A 南沙群岛区
Ⅱ 蒙新区域	Ⅱ10 干旱中温带	Ⅱ10C$_1$ 内蒙古东部区
		Ⅱ10C$_2$ 北疆西部山地区
		Ⅱ10D$_1$ 内蒙古中部区
		Ⅱ10D$_2$ 内蒙古西部区
		Ⅱ10D$_3$ 北疆区
	Ⅱ11 干旱暖温带	Ⅱ11D$_1$ 河西走廊区
		Ⅱ11D$_2$ 南疆区

续表

自然区域	自然带	自然区
Ⅲ青藏区域	Ⅲ12 高原寒带	Ⅲ12D 羌塘北区
	Ⅲ13 高原亚寒带	Ⅲ13C 羌塘南区
	Ⅲ14 高原温带	Ⅲ14B 川西—藏东区
		Ⅲ14C$_1$ 青海区
		Ⅲ14C$_2$ 藏南区
		Ⅲ14D$_1$ 柴达木盆地区
		Ⅲ14D$_2$ 藏西区

第十六节 《世界自然地理》中的空间秩序

1. 概况

刘德生对地球表面形态及其演化、世界气候的分布规律、世界自然带及其演变，以及地理环境结构与区域分域规律进行了阐述。同时阐明了各大洲地理环境的整体性、各大洲内的区域差异性、各大自然区的相对一致性与各副区的区域特征；世界自然地理的研究对象是各大洲和各大洋的自然地理环境的结构。所谓自然地理环境的结构是自然地理环境各组成要素相互联系、相互制约并通过历史过程而形成的，它包含着有联系的两个方面，即自然地理环境的整体性和差异性。世界自然地理属于区域自然地理学，它的研究既要运用普通自然地理学和部门自然地理学的一般原理，更要突出区域自然地理环境的整体性、差异性和区域分异规律。

运用地理资料的分析、综合和归纳概括、区域对比和类型对比、野外考察、现代化技术手段的应用等自然地理的研究方法对世界主要区域的自然地理进行了研究，同时努力探讨实际存在于区域自然地理环境中的自然辩证法的规律，这方面主要包括以下内容：整体性与差异性的辩证法，纬向地带性与非纬向地带性的辩证法，相互作用与主导因素的辩证法，生成着和消逝着的辩证法，人类利用自然和改造自然的辩证法。

该区划遵循自然地理区域分异规律对世界自然地理区域进行划分，

具体如下：①纬向地带性分异规律。从地理环境结构纬向地带性差异的现象分析中可以看到，纬向地带性规律是指地理环境各组成要素和它们所形成的自然综合体，具有大致沿纬线方向东西延伸成一定宽度的带状，而按经线方向有规律地南北更替、循序排列的变异性，这种变异性常简称纬向地带性规律。②非纬向地带性分异规律。所谓非纬向地带性是指地理环境随地质构造、地形、海陆分布、洋流以及大气环流的某些特性等非纬向地带性因素的影响而发生变化的规律性。地质构造以及同它有密切联系的地形对自然过程有重大的影响。现代地表形态与地质发展史、地质构造存在着深刻的联系，使地表分异为具有不同构造、不同时代和不同地表形态的各种形态构造单位——山汇、山脉、高原、平原等，这些不同的形态构造特征，通过水热条件的变化对自然过程起着积极的作用。③垂直地带性规律。这是一种独立的地理规律，它与纬向地带性规律和非纬向地带性规律既有联系，又有区别，是从两者派生出来的地域分异规律。平坦地表从赤道到两极纬向自然带的水平分布，随着山地海拔高度的变化而转化为山地垂直自然带结构。山地垂直自然带的变化梯度，远比纬向地带性急剧，山地高度相差数百米即可出现垂直分带，而平地纬向地带性的变化则往往以百千米计。

2. 结果

各大洲、大洋作为全球第一级分异出来的自然综合体，都可以根据地域分异规律进行进一步区划。由于各大洲、大洋的具体情况有所不同，因而各大洲、大洋的地理环境结构也有差异。全球七大洲共可划分出自然地理大区 30 个、自然地理副区 101 个，具体区划系统如表 6-22。

表 6-22　　　　　　　各大洲自然地理区域分异表

大洲	大区	副区
亚洲	Ⅰ. 北亚区	1. 西西伯利亚平原区 2. 中西伯利亚高原区 3. 苏联远东山地区

续表

大洲	大区	副区
	Ⅱ. 中亚区	4. 哈萨克丘陵和图兰平原区
		5. 帕米尔高原区
		6. 蒙古高原区
		7. 内蒙古新疆高原区
		8. 青藏高原区
	Ⅲ. 东亚区	9. 中国东部季风区
		10. 朝鲜半岛区
		11. 日本群岛区
	Ⅳ. 东南亚区	12. 中南半岛区
		13. 东南亚岛屿区
	Ⅴ. 南亚区	14. 印度半岛区
		15. 斯里兰卡岛区
	Ⅵ. 西南亚区	16. 伊朗高原区
		17. 阿拉伯半岛区
		18. 美索不达米亚平原区
		19. 地中海东岸区
		20. 小亚细亚高原和亚美尼亚火山高原区
		21. 高加索山地区
欧洲	Ⅰ. 东欧区	1. 东欧平原区
		2. 乌拉尔区
	Ⅱ. 北欧区	3. 芬诺斯堪的亚区
		4. 冰岛区
	Ⅲ. 西欧区	5. 不列颠群岛区
		6. 法兰西平原—丘陵区
		7. 北海低地区
	Ⅳ. 中欧区	8. 德波平原区
		9. 中欧海西山地区
		10. 阿尔卑斯区
		11. 喀尔巴阡区
	Ⅴ. 南欧区	12. 伊比利亚半岛区
		13. 亚平宁半岛区
		14. 巴尔干半岛区

续表

大洲	大区	副区
非洲	Ⅰ．阿特拉斯山区	1. 阿特拉斯沿海区
		2. 阿特拉斯山间高原区
		3. 阿特拉斯南部山地区
	Ⅱ．撒哈拉沙漠区	4. 西部撒哈拉区
		5. 中部撒哈拉区
		6. 东部撒哈拉区
	Ⅲ．苏丹区	7. 东部苏丹区
		8. 中部苏丹区
		9. 西部苏丹区
	Ⅳ．几内亚高原与刚果盆地区	10. 上几内亚地台和沿海平原区
		11. 下几内亚高原和沿海带状平原区
		12. 刚果盆地地区
		13. 隆达—加丹加高原区
		14. 刚果盆地东部山地区
		15. 中非—阿达马瓦高地区
		16. 喀麦隆火山山地区
	Ⅴ．东非裂谷高原区	17. 埃塞俄比亚熔岩高原区
		18. 索马里台地区
		19. 中部湖群高原区
		20. 马拉维山地高原区
	Ⅵ．南部非洲高原区	21. 东岸斜坡区
		22. 东部高地区
		23. 上卡罗·大卡罗区
		24. 卡拉哈里区
		25. 西部高地和沿岸区
	Ⅶ．开普山地区	26. 南非南部亚热带沿岸和开普山地区
	Ⅷ．马达加斯加岛区	27. 马达加斯加岛区
北美洲	Ⅰ．极地岛屿区	1. 格陵兰岛区
		2. 北极岛群区

续表

大洲	大区	副区
	Ⅱ．东部地区	3. 苔原带沿海平原区
		4. 北中部针叶林区
		5. 大湖区和圣劳伦斯谷地区
		6. 阿巴拉契亚山地区
		7. 内陆低平原区
		8. 大平原区
		9. 大西洋和墨西哥湾沿岸平原区
	Ⅲ．西部科迪勒拉区	10. 亚寒带科迪勒拉区
		11. 温带科迪勒拉区
		12. 亚热带科迪勒拉区
		13. 热带科迪勒拉区
	Ⅳ．中美区	14. 中美地峡区
		15. 西印度群岛区
南美洲	Ⅰ．东部区	1. 奥里诺科低地区
		2. 圭亚那高原与沿海低地区
		3. 亚马孙平原区
		4. 巴西高原区
		5. 格兰查科平原区
		6. 潘帕斯平原区
		7. 科迪勒拉前山和干盆地区
		8. 巴塔哥尼亚高原区
	Ⅱ．西部区	9. 北段安第斯山区
		10. 中段安第斯山区
		11. 南段安第斯山区
		12. 西岸热带荒漠区
大洋洲	Ⅰ．澳大利亚区	1. 北部夏雨区
		2. 中部干旱平原区
		3. 西部荒漠区
		4. 西南部冬雨区
		5. 东部湿润山地区

续表

大洲	大区	副区
	Ⅱ. 新西兰区	6. 北岛区
		7. 南岛区
	Ⅲ. 新几内亚岛区	8. 新几内亚岛区
	Ⅳ. 太平洋诸岛区	9. 美拉尼西亚区
		10. 波利尼西亚区
		11. 密克罗尼西亚区
南极洲	Ⅰ. 南极洲	1. 南极洲区

第十七节 《中国农业资源与区划要览》中的空间秩序

张巧玲在1987年出版的《中国农业资源与区划要览》中研究和阐述了中国综合农业区划、中国农业水利区划、中国种植业区划、中国畜牧业综合区划、中国渔业区划等，具体如下。

1. 中国综合农业区划

在我国广大领土上，发展农业生产的各种自然条件、社会经济条件，农林牧副渔各部门的发展和布局，各种农业技术改革措施，无不具有鲜明的地域差异性，但所有这些条件、部门和措施，却又不是互不相干、各自独立存在的，而是同时并存于一些地区，并且互相联系、互相影响，从而形成各地区不同的农业结构和鲜明的农业特点。为了因地制宜地指导和规划农业生产和建设，除了要用分析的方式逐项研究发展农业的各种条件、部门和措施，还必须在这个基础上，统筹兼顾所有这些条件、部门和措施，按照他们客观存在的联系，以地区为单位，对农业生产的发展进行综合性的研究。为了以地区为单位进行综合研究，首先必须按照农业生产地域分异的客观规律，科学地划分农业区，从而科学地揭示和反映农业生产的区间差异性和区内一致性。每个农业区内部都要有相对一致的条件、特点和问题，并同其他农业区有着明显的差异。这种农业生产的区间差异性和区内一致性，在范围大小不同的地区各有不同的概括程度，从而形成一个由普遍到特殊、由大同到小异的不同等级的农业区划系统。根据上述区划原则和依据，可将全国陆地部分划分为9个一级农业区和38个二级农业区。具体结果如表6-23。

表6-23　　　　　　　　中国综合农业区划

一级区	二级区
东北区 I	兴安岭林区 I 1
	松嫩三江平原农业区 I 2
	长白山地林农区 I 3
	辽宁平原丘陵农林区 II 4
内蒙古及长城沿线区 II	内蒙古北部牧区 II 1
	内蒙古中南部牧农区 II 2
	长城沿线农牧林区 II 3
黄淮海区 III	燕山太行山山麓平原农业区 III 1
	冀鲁豫低洼平原农业区 III 2
	黄淮平原农业区 III 3
	山东丘陵农林区 III 4
黄土高原区 IV	晋东豫西丘陵山地农林牧区 IV 1
	汾渭谷地农业区 IV 2
	晋陕甘黄土丘陵沟谷牧林农区 IV 3
	陇中青东丘陵农牧区 IV 4
长江中下游区 V	长江下游平原丘陵农蓄水产区 V 1
	豫鄂皖低山平原农林区 V 2
	长江中游平原农业水产区 V 3
	江南丘陵山地农林区 V 4
	浙闽丘陵山地林农区 V 5
	南岭丘陵山地林农区 V 6
西南区 VI	秦岭大巴山林农区 VI 1
	四川盆地农林区 VI 2
	川鄂湘黔边境山地林农区 VI 3
	黔桂高原山地林农牧区 VI 4
	川滇高原山地农林牧区 VI 5

续表

一级区	二级区
华南区Ⅶ	闽南粤中农林水产区Ⅶ1
	粤西桂南农林区Ⅶ2
	滇南农林区Ⅶ3
	琼雷及南海诸岛农林区Ⅶ4
	台湾农林区Ⅶ5
甘新区Ⅷ	蒙宁甘农牧区Ⅷ1
	北疆农牧林区Ⅷ2
	南疆农牧区Ⅷ3
青藏区Ⅸ	藏南农牧区Ⅸ1
	川藏林农牧区Ⅸ2
	青甘牧农区Ⅸ3
	青藏高寒牧区Ⅸ4
海洋水产区Ⅹ	

2. 中国农业水利区划

水利区划是农业区划的一个组成部分。为了能够因地制宜地指导水利建设，在制定水利区划时，除了认真总结经验，收集并分析各种必要的资料，还必须统筹兼顾各个部门的情况和要求，如农业布局、工业布局，农业、工业生产发展方向等。全国农业水利区划分区的基本依据有三个方面：发展农业的自然地理条件和水资源开发利用条件基本相同或相似；水旱灾害的一般规律、水利化的特点和发展方向基本相同或相似；适当保持县级行政单位、流域界线和已有水利设施的完整性。区划的原则主要是要求保持在同一区内的水利条件和措施基本相同或相似，而在两区之间则有明显的差别。根据上述原则和因素，全国划分为10个一级区、82个二级区、252个三级区，三级区以下还划分有四级区。

3. 中国种植业区划

我国农业历史悠久，地区间发展种植业的自然条件、社会经济条件、生产技术水平和人们的习惯要求等都极为复杂多样，由此而形成的种植业特点也明显不同。为了合理利用农业资源，必须综合研究各个地区的条件和特点，进行全国种植业区划。通过分析研究，我国种植业划分为东北、北部高原、西北、青藏、黄淮海、长江中下游、南方丘陵、川陕盆地、云贵高原、华南等10个一级区、31个二级区。具体结果如表6-24。

表6-24 中国种植业区划

一级区	二级区	优势
东北大豆春麦玉米甜菜区	1. 大小兴安岭区 2. 三江平原区 3. 松嫩平原区 4. 长白山区 5. 辽宁平原丘陵区 6. 黑吉西部区	高纬度或高海拔地带，热量较低，一年一熟
北部高原小杂粮甜菜区	1. 内蒙古北部区 2. 长城沿线区 3. 黄土高原区	
西北绿洲麦棉甜菜葡萄区	1. 蒙宁甘青北疆区 2. 南疆区	
青藏高原青稞小麦油菜区	1. 藏东南川西区 2. 藏北青南区	
黄淮海麦棉油烟果区	1. 燕山太行山山麓平原区 2. 冀鲁豫低洼平原区 3. 黄淮平原区 4. 山东丘陵区 5. 汾渭谷地、豫西丘陵区	属暖温带，平原多，海拔低，热量比较充足，以两年三熟或一年两熟为主
长江中下游稻棉油桑茶区	1. 长江下游平原区 2. 鄂豫皖丘陵山地区 3. 长江中游平原区	亚热带，热、水资源都很丰富，一年两熟或三熟
南方丘陵双季稻茶柑橘区	1. 江南平原区 2. 南岭山地丘陵区	
川陕盆地稻玉米薯类柑橘桑区	1. 秦岭大巴山区 2. 四川盆地	
云贵高原稻玉米烟草区	1. 湘西黔东区 2. 黔西云南中北部区	

续表

一级区	二级区	优势
华南双季稻热带作物甘蔗区	1. 闽粤桂南部区 2. 云南南部区 3. 海南岛雷州半岛区 4. 台湾区	属南亚热带，四季长青，一年多熟，是我国唯一适宜种植热带经济作物的地区，也是我国主要的双季稻和甘蔗生产基地

4. 中国畜牧业综合区划

我国地域辽阔、自然条件多样，地区间差异很大，畜牧业资源分布很不均匀。为加速畜牧的生产建设，因地制宜地发挥各地区的优势，根据自然环境、饲料资源、饲养技术、社会需要四个因素，初步将全国划分为 7 个大区，该方案主要区划结果如表 6-25。

表 6-25　　　　　　　　中国畜牧业综合区划

大区	范围	土地面积（万平方千米）	可利用天然草地面积在本区土地面积中的占比	发展优势	发展方向
青藏高原区	西藏自治区的全部，青海省的大部和四川、甘肃两省的一部分	215.04	52.28%	本区光能资源丰富，草地资源雄厚，有适应于高寒地区的特有家畜，尤其以牦牛、绵羊占绝对优势，是中国历史悠久的畜牧业基地之一	要以发展适合当地条件的草食性家畜和选育提高本地品种为主，改良畜种，一定要在改善生产条件的前提下进行

续表

大区	范围	土地面积（万平方千米）	可利用天然草地面积在本区土地面积中的占比	发展优势	发展方向
蒙新高原区	内蒙古、新疆两自治区的全部，甘肃和河北两省的一部分	308.32	36.04%	草地面积大、类型多样，牧草种类繁多。畜禽品种较齐全，骆驼是本区特有的家畜，其次是绵羊、马等，数量很多。本区历来是我国毛、皮等畜产品以及役畜、种畜的重要产地	大力发展以绵羊为主的草食性家畜，适当控制马的数量，同时抓紧猪、禽生产，继续巩固和发展本区作为全国毛皮、肉、耕役畜和种畜的基地
黄土高原区	山西省和宁夏回族自治区的全部，青海、甘肃、陕西、河南和河北省的一部分	68.16	31.76%	农牧业具有悠久的历史，曾经是气候适宜、草丰林茂、畜牧业十分发达的地区	种草养畜，大力发展绵羊、黄牛、驴等草食性家畜，同时抓紧猪、禽的生产，马、骡可根据市场和生产的需要稳步发展
西南山地区	云南、贵州两省的全部，四川、甘肃、陕西、湖北、湖南省和广西壮族自治区的一部分	110.2	26.21%	亚热带山区，气候温暖湿润，水热条件好，牧草繁茂，总覆盖率达60%—90%，动植物饲料充足，畜禽品种资源丰富，并且数量多、品质优，尤其养猪业在本区占有重要地位	在继续抓好养猪生产的同时，大力发展草食性家畜，把本区建设成为中国的草食性家畜的商品基地

续表

大区	范围	土地面积（万平方千米）	可利用天然草地面积在本区土地面积中的占比	发展优势	发展方向
东北区	辽宁、吉林、黑龙江三省的全部	79.3	20.18%	水热条件较好，土层深厚，土壤肥沃，水草丰茂，野生牧草达400多种，发展农业，以大量农副产物养育着各种畜禽	农牧并举，充分利用丰富的饲草资源，大力发展抗寒性能好的草食性家畜，稳定发展猪、牛，积极发展兔、蜂和鹿、貂等经济动物
黄淮海区	北京、天津两市和山东省的全部，河北、河南两省的大部分，以及安徽、江苏两省的一部分	48.96	6.5%	本区实行农牧结合，重视草山草坡、滩涂草地的合理开发利用，发挥饲草、饲料后备资源好，蛋白质饲料资源丰富，自然条件优越	在保证养猪稳步增产的同时，积极发展羊、牛、兔等食草家畜，注意发挥本区技术进步的优势，努力提高饲料转化率，提高饲养畜禽的经济效益，逐步向社会化、商品化、专业化方向发展
东南区	上海市和浙江、福建、台湾、广东、江西五省的全部，广西壮族自治区、湖南、湖北、江苏、安徽省的大部分，以及河南省的一部分	130.08	10.54%	气候条件优越，土地肥沃，粮食单产较高，水产资源丰富，饲草饲料潜力很大，是畜牧业发达的地区	稳步发展养猪生产，积极发展食草家畜和家禽生产，有条件地区发展瘦肉型猪、肉用仔鸡、肉用黄牛、长毛兔生产，继续提高出栏率、出肉率和畜产品产量、质量，努力提高畜产品的商品率

5. 中国渔业区划

渔业是以水生动植物资源为生产对象,以水域为生产场所的产业。水域的类型及其特点是影响渔业区划的主要因子。根据渔业区划原则和对影响因子的分析,渔业区划分为内陆渔业、浅海滩涂渔业和海洋渔业三个部分。每一部分又以水域类型为主要因素,辅以生产作业方式或资源特点划分为若干区,其中海洋渔业分为13个区,浅海滩涂分为6个区,内陆渔业分为7个区,共为26个区,该方案主要区划结果如表6-26。

表6-26　　　　　　　　中国渔业区划

一级区	二级区
海洋渔业区划	(13个区) 渤海资源增殖区,黄海沿岸定置渔业区,黄海近海围、流网渔业区,东海沿岸张网渔业区,东海近海围网渔业区,东海外海拖网、围网渔业区,台湾以东流、钓渔业区,南海沿岸小型流动渔业区,南海近海拖网、围网渔业区,南海外海拖网渔业区,南海深海拖、刺、钓渔业区,西、中沙综合渔业区,南沙钓渔业区
浅海滩涂渔业区划	(6个区) 渤海近岸鱼虾养殖区,北黄海浅海贝、藻类养殖区,南黄海滩涂文蛤护养区,东海浅海滩涂鱼虾贝藻养殖区,台湾近岸鱼、虾类养殖区,南海浅海鱼虾贝藻类和特产品种养殖区
内陆渔业区划	(7个区) 东北河流、湖泊、水库增养区,北方水库、洼淀放养区,长江中下游河湖塘库渔业重点发展区,云贵高原湖泊捕捞渔业增殖保护区,华南池塘精养区,蒙新碱湖水库养捕区,青藏高原湖泊待开发区

第十八节 《中国史前文化的统一性与多样性》中的空间秩序

1987年,著名考古学家严文明教授在新石器时代的三大经济文化区的基础上,按照考古学的文化特征进行综合考察,把中国的新石器文化划分为许多较小的文化区,分别为中原文化区、山东文化区、燕辽文化区、甘青文化区、江浙文化区和长江中游区。其认为后五个文化区都紧邻和围绕着中原文化区,很像一个巨大的花朵,五个文化区是花瓣,中原文化区是花芯。在文明的发生和形成的整个过程中，中原都起着领先和突出的作用的同时，也强调中国早期文明不是在一个地区一次发生，而是在许多地区先后发生的，是在这一广大地区中的许多文化中心相互作用和激发的结果。早期文明的起源地区应包括整个华北和长江中下游，为中国文化起源是多元的提供重要参考和依据。

严文明还认为中原文化区是新石器时代中国文化区的第一个层次，它周围的五个文化区是第二个层次。除上述外，最外层也还有许多别的文化区，可以算作第三个层次，例如：福建的昙石山文化、台湾的大坌坑文化、广东的石峡文化，以及云南宾川白羊村、西藏昌都卡若、黑龙江新开流和昂昂溪、从内蒙古到新疆的诸细石器文化，等等。由于目前对这些文化遗存还研究得不够深入，少数有明确边界的可以自成一个文化区，但大多数的文化区还亟须研究。这些第三层次的文化区同第二层次的文化区关系密切相连，是中原文化区的"第二重的花瓣"，而整个中国的新石器文化就是一个巨大的重瓣花朵，体现了中国新石器时代文化的多样性和层次性。具体结果如表6-27。

表6-27　　中国新石器的文化分区及其典型遗址（1987）

文化分区	范围	典型遗址
中原文化区	陕西、山西、河北、河南全境	老官台、磁山、仰韶、龙山、二里头、后岗二期
山东文化区	山东丘陵及其附近平原地区	北辛、大汶口、龙山、岳石
燕辽文化区	辽河和大凌河流域	兴隆洼、红山、小河沿、夏家店下层
甘青文化区	甘肃和青海东北部地区	拉乙亥、马家窑、齐家
江浙文化区	长江下游	河姆渡、马家浜、良渚、薛家岗
长江中游区	长江中游	城背溪、大溪、屈家岭、石家河

第十九节 "中国农业气候区划"中的空间秩序

中国农业气候区划是反映全国农业生产与气候关系的区域划分。区划的主要目的是为实现农业区域化、专业化、现代化而制定的农业区划和规划提供农业气候的依据。其任务在于揭示农业气候的地域差异，分区阐述农业气候资源和农业气象灾害，本着发挥农业气候资源优势，避免和克服不利气候条件，以及因地制宜、适当集中的原则，着重对合理调整大农业结构，建立各类农业生产基地，确立适宜种植制度，调整作物布局，以及农业发展方向和农业技术措施等问题，从农业气候角度提出建议和论证。

1987 年，李世奎等人根据上述原则及要求将中国农业气候划分为三个等级，依次为农业气候大区、农业气候带、农业气候区。第一级区包括 3 个农业气候大区（东部季风农业气候大区、西北干旱农业气候大区、青藏高寒农业气候大区），主要根据光热水组合类型和气候生产潜力的显著差异而确定大农业部门发展方向。第二级区包括 15 个农业气候带，主要为确定种植制度和发展典型热量带果木林的界线提供依据。第三级区包括 55 个农业气候区，为反映具有地方农业气候特征的非地带性，分区指标具有较强的地区特点，多针对一些农业气候问题。依据相关原则和方法，具体区划系统如表 6-28。

表 6-28　　　　　　　中国农业气候区划（1987）

农业气候大区	农业气候带	农业气候区
Ⅰ　东部季风农业气候	Ⅰ₁北温带	Ⅰ₁₍₁₎大兴安岭北部区
	Ⅰ₂中温带	Ⅰ₂₍₂₎博克图—呼玛区
		Ⅰ₂₍₃₎嫩江—小兴安岭区
		Ⅰ₂₍₄₎松花江—牡丹江区
		Ⅰ₂₍₅₎松辽平原区
		Ⅰ₂₍₆₎长白山区
		Ⅰ₂₍₇₎辽西—辽南区
		Ⅰ₂₍₈₎长城沿线区
	Ⅰ₃南温带	Ⅰ₃₍₉₎北京—唐山—大连区
		Ⅰ₃₍₁₀₎黄—海平原区
		Ⅰ₃₍₁₁₎黄河下游南部区
		Ⅰ₃₍₁₂₎淮北—鲁东区
		Ⅰ₃₍₁₃₎黄土高原区
		Ⅰ₃₍₁₄₎关中平原区

续表

农业气候大区	农业气候带	农业气候区
	I_4 北亚热带	$I_{4(15)}$ 长江中、下游区
		$I_{4(16)}$ 汉江中、下游区
	I_5 中亚热带	$I_{5(17)}$ 江南丘陵区
		$I_{5(18)}$ 南岭—武夷山区
		$I_{5(19)}$ 四川盆地区
		$I_{5(20)}$ 湘西—黔东区
		$I_{5(21)}$ 黔中高原区
		$I_{5(22)}$ 黔西—滇东高原区
		$I_{5(23)}$ 滇中—川西南高原区
	I_6 南亚热带	$I_{6(24)}$ 台北—台中区
		$I_{6(25)}$ 粤中南—闽南区
		$I_{6(26)}$ 粤西—桂东南区
		$I_{6(27)}$ 桂中南区
		$I_{6(28)}$ 桂西南区
		$I_{6(29)}$ 滇南高原区
	I_7 藏南亚热带	$I_{7(30)}$ 藏南—滇西北区
	I_8 北热带	$I_{8(31)}$ 台南区
		$I_{8(32)}$ 琼雷区
		$I_{8(33)}$ 西双版纳—河口区
		$I_{8(34)}$ 藏东南边境区
	I_9 中热带	$I_{9(35)}$ 琼南—西、中、东沙群岛
	I_{10} 南热带	$I_{10(36)}$ 南沙群岛区
II 西部干旱区域	II_{11} 干旱中温带	$II_{11(37)}$ 科尔沁区
		$II_{11(38)}$ 呼伦贝尔—锡林郭勒高原区
		$II_{11(39)}$ 东胜—兰州区
		$II_{11(40)}$ 二连区
		$II_{11(41)}$ 河套—河西区
		$II_{11(42)}$ 阿拉善高原区
		$II_{11(43)}$ 阿勒泰—塔城区
		$II_{11(44)}$ 准噶尔盆地区
		$II_{11(45)}$ 天山区
	II_{12} 干旱南温带	$II_{12(46)}$ 塔里木—哈密盆地区

续表

农业气候大区	农业气候带	农业气候区
Ⅲ 青藏高寒区域	Ⅲ$_{13}$ 高原寒带	Ⅲ$_{13(47)}$ 昆仑山—北羌塘高原区
	Ⅲ$_{14}$ 高原亚寒带	Ⅲ$_{14(48)}$ 东青南高原区
		Ⅲ$_{14(49)}$ 西青南高原区
		Ⅲ$_{14(50)}$ 南羌塘高原区
	Ⅲ$_{15}$ 高原温带	Ⅲ$_{15(51)}$ 柴达木盆地区
		Ⅲ$_{15(52)}$ 青海湖盆地—祁连山区
		Ⅲ$_{15(53)}$ 川西—藏东区
		Ⅲ$_{15(54)}$ 藏南高原—喜马拉雅山区
		Ⅲ$_{15(55)}$ 藏西狮泉河区

第二十节 《对我国年径流地区分布规律的认识》中的空间秩序

陈满祥在科学认识降水量及下垫面条件是影响我国年径流分布的主要因素的基础上，结合我国所处的地理位置，总结出决定降水量分布的基本特征为各风系所在位置及其相对应的海陆分布、水汽来源、距海远近以及下垫面的相对阻力等条件，以此将我国径流分布带划分为了丰水带、多水带、过渡带、少水带、贫水带、干涸带。

1. 丰水带：年径流深大于 800 毫米。分界线北起浙江四明山、天目山，安徽黄山、九华山，南至广西十万大山，包括东南沿海地区、台湾、海南岛以及云南南部、西南部及藏东南边陲地区。年径流深最大值在台湾中央山地，达 4000 毫米以上，藏东南雅鲁藏布江下游靠近中印边界一带可达 5000 毫米。东南沿海山地最高可达 1600—2000 毫米，年径流系数一般在 0.5 以上，部分山地可达 0.8 以上。丰水带在全国气候区划中大部分属南亚热带湿润气候区，少部分属于中亚热带湿润气候区，雷州半岛、海南岛、台湾岛南部及滇南部分河谷地区属北热带湿润区，为季风常绿阔叶林及季雨林常绿阔叶林气候。农作物一年三熟，其南部为我国热带经济作物及林果的主要发展地区。

2. 多水带：年径流深在 300—800 毫米之间。包括长江流域大部、淮河流域南部、西江上游、云南大部、西藏东南部及黄河中上游一小部分地区。部分山地年径流深可达 1000—2000 毫米，如四川盆地西缘山地达 1200—1600 毫米以上，湘西北山地达 1200—1400 毫米。年径流系数一般为 0.4—0.6，青藏高原高山地区可达 0.8 以上。本带大部分地区属北亚热带及中亚热带气候类型，西藏东南部属高原南缘湿润气候，为季风落叶、常绿阔叶林气候带。农作物大部地区可麦稻二季或杂稻、稻三季，为我国主要农业区之一。

3. 过渡带：地处多水带与少水带之间，正处于我国气候分界线淮河、秦岭一线的两侧，其西部则从山岭的西延段向西南经玉树至拉萨，直抵喜马拉雅山北麓；东部包括山东半岛及东北部山地。年径流深大部在 200—300 毫米之间，部分山地可达 400—600 毫米。径流系数 0.2—0.3，山地超过 0.4。由于本带的过渡性质，南北分布较窄，其北部处于山地向平原的过渡地带，径流深急剧减小。气候分区上介于北亚热带和南温带的交界地区，为季风落叶阔叶林气候。农作物则以稻麦混作或南稻北麦的过渡，其供水条件亦由南向北呈现明显的不足。

4. 少水带：年径流深在 50—200 毫米之间，包括松嫩平原一部分，大兴安岭、三江平原、辽河下游、华北平原大部、淮河流域北部、燕山太行山地、青藏高原中段及我国西部诸山地。在平原地区，年径流大部为 50—100 毫米，山地一般为 100—200 毫米，部分高山地可达 200—700 毫米。年径流系数平原地区 0.1 左右，山地 0.2—0.4，西部高山区较大。此带是我国北方主要农业区，也是我国经济最发达的地区之一。由于工农业用水的增加，除东北北部地区外，辽河下游、黄淮海平原、山西等地区水资源短缺越趋严重。

5. 贫水带：年径流深在 5—50 毫米之间，包括松辽平原中部辽河上游地区、内蒙古高原南缘、黄土高原大部，以及新疆南部部分山地、藏北羌塘高原。本带内平原地区年径流深一般为 5—25 毫米，黄土高原 10—50 毫米，部分山地可达 50—100 毫米。年径流系数一般为 0.05—0.1，不少地区小于 0.05，山地暂缺。对于西部地区，此带正处在高山区和山麓洪积扇之间的过渡带内，一般为一条很窄的低山丘陵地带。本带内，自产水资源十分贫乏，在它的西部边缘一带，尚处在风沙线上，沙漠化程度愈来愈严重，广阔的黄土高原丘陵严重缺水，不少地区年径流深只有 10—25 毫米，由于植被的破坏，水土流失十分严重，在有限的水资源中，夏季暴雨高含沙洪水约占一半，给水资源的开发利用造成很大的困难。在黄河中上游地区一些多沙支流及渭河、泾河、北洛河上游地区，尚存在大面积的苦水地带，不少河水矿化度大于 2 克/升，甚至高达 5—10 克/升，人们饮水困难。西辽河上游地区也是我国水资源贫乏和水土流失及风沙侵袭的严重地区之一。

6. 干涸带：年径流深小于 5 毫米。在水资源评价中，不计算地表水资源量。本区包括锡林郭勒盟、乌兰察布盟、伊克昭盟的大部，及阿拉善盟、河西走廊、柴达木盆地、沙珠玉盆地、准噶尔盆地、塔里木盆地、哈密吐鲁番盆地等。从地貌上看，分布有干燥剥蚀丘陵山地、戈壁沙漠、山前细土平原等类型，而以戈壁沙漠地貌类型居多。我国西部绿洲农业大多分布于此区山前河流两岸细土平原和冲积平原地带。本区除过境河流外，河网极不发育，多只有间歇性流水道，偶有夏季暴雨洪水发生，但流程短、径流量小，旋即潜没于地下，而成为此区降雨入渗补给地下水的主要形式。在剥蚀山丘地区径流深一般小于 5 毫米，径流系数在 0.03 以下，甚至小于 0.01。在广阔的沙漠腹地，基本无地表径流，但分布有不少湿地（地下水埋深较浅）及小海子（淖儿），这是由沙漠地下水聚集出露的结果，也是沙漠地区地表水资源的一种重要表现形式，对荒漠地区牧业的发展有重要意义。

我国山地众多，地形十分复杂。据统计，山地面积占全国土地面积的 33%，丘陵占 10%，高原面积占 26%。在山地中有一系列的高大山体，这对全国的降水和径流的分布影响极大，从东北小兴安岭、长白山脉，经山东半岛至华南沿海一带，分布有靠近西太平洋的第一条纵向山系，构成对东南水汽输入大陆的第一道屏障。北起大兴安岭经太行山、吕梁山，南至湘、黔、川交界一带主要山地，构成第二道屏障。在东西向山脉中，南岭构成对南来水汽的主要屏障，而大别山、桐柏山、伏牛山、秦岭一线又构成东西向的第二道屏障,水汽每经一道屏障就削减一次,降水、径流也随之减少一次。

我国西部,近于东西走向的喜马拉雅山脉对西南来的水汽首当其冲,并与近于南北走向的横断山脉构成直角形的第一道屏障;冈底斯山与念青唐古拉山脉构成了第二道屏障,使得青藏高原成为低径流带、藏北羌塘高原极为干燥贫水。昆仑山脉横贯东西,使得北部径流进一步减少,成为广阔的无流区。

新疆境内,近于东西走向的天山、阿尔泰山与其西侧的帕米尔高原、天山南支、阿拉套山等构成屏障,使塔里木盆地、准噶尔盆地成为十分干旱的闭塞盆地。北疆西段尚有一些缺口输入水汽,使其较南边更为湿润。

第二十一节 《西藏植被》中的空间秩序

《西藏植被》是在野外考察的大量第一手资料的基础上,经过分析、归纳、概括而编写的有关西藏植被比较全面系统的一部专著,并于1988年由科学出版社出版。书中根据植被本身所具有的特点及其地理分布规律来进行植被区划,也就是考虑到植被分布的纬向地带性、经向地带性和垂直分带性,提出植被地带—植被地区—植被区—植被小区的分区等级,其中包括热带植被地带和亚热带植被地带两个植被地带。

第二十二节 "中国农业自然区划"中的空间秩序

侯学煜以植被分布的地域差异为基础进行了全国自然生态区划,并与农业的发展相结合进行了探讨。他认为任何自然生态区的划分单位都是长期以来历史自然发展形成的产物,是客观存在的现象,不受人为活动或人们意志而转移的区域。

侯学煜在1988年以植被分布的地域差异为基础进行了全国自然生态区划,将全国划分为20个自然生态区及若干小区,其目的是要根据自然生态的规律性,合理地开发、利用、保护自然资源,从各地自然生态因素考虑因地制宜、扬长避短,合理规划地区发展农林牧渔多种经营的方向、布局和国土整治问题,具有很强的实践指导价值。农业自然区划依次将我国国土按热量、水分、植被和土壤等进行划分,区划结果如表6-29。

表6-29　　　　　　中国农业自然区划（1988）

自然区域	自然带	自然区	亚区
I 东部区域	1. 寒温带	A 湿润区	（1）大兴安岭北部区
	2. 中温带	A 湿润区	（2）三江平原区
			（3）小兴安岭—长白山区
		B 半湿润区	（4）松辽平原区
	3. 暖温带	A 湿润区	（5）辽东—山东半岛区
		B 半湿润区	（6）华北平原区
			（7）华北山地区
			（8）黄土高原区
	4. 北亚热带	A 湿润区	（9）长江中下游区
			（10）汉江中上游区
	5. 中亚热带	A 湿润区	（11）江南丘陵区
			（12）贵州高原区
			（13）四川盆地区
			（14）云南高原区
			（15）喜马拉雅山南翼区
	6. 南亚热带	A 湿润区	（16）台北区
			（17）闽粤丘陵区
			（18）滇南山原区
	7. 边缘热带	A 湿润区	（19）台南区
			（20）琼雷区
			（21）滇南河谷坝区
	8. 中热带	A 湿润区	（22）海南岛南部区
			（23）东、中、西沙群岛区
	9. 赤道热带	A 湿润区	（24）南沙群岛区

续表

自然区域	自然带	自然区	亚区
Ⅱ蒙新区域	10. 干旱中温带	C 半干旱区	（25）内蒙古东部区
			（26）北疆西北山地区
		D 干旱区	（27）内蒙古中部区
			（28）内蒙古西部区
			（29）北疆区
	11. 干旱暖温带	D 干旱区	（30）河西走廊区
			（31）南疆区
Ⅲ青藏区域	12. 高原温带	B 半湿润区	（32）川西—藏东区
		C 半干旱区	（33）青海区
			（34）藏南区
		D 干旱区	（35）柴达木盆地区
			（36）藏西区
	13. 高原亚寒带	C 半干旱区	（37）羌塘南部区
	14. 高原寒带	D 干旱区	（38）羌塘北部区

第二十三节 《中国的贫困地区类型及开发》中的空间秩序

中国科学院姜德华等人1989年按照一定原则将全国贫困地区划分为6个大类、21个亚类（或叫做区）。

第一，考虑大的自然、社会经济条件地域组合的类似性。大的自然条件应考虑大的水热变化、地貌单元、地势和海拔以及自然资源的大的地域差异等；社会经济条件，主要考虑民族特点、人口数量与素质、社会经济发展水平、交通运输和地区开发程度等，同时要将自然与社会经济条件两者综合起来权衡利弊，防止片面。

第二，考虑具有决定意义的主导因素。在全面评价自然和社会经济特点的基础上，抓住其中一些关键性的因素，就此考虑分类划片。例如蒙新贫困类型主要是干旱缺水，黄土高原贫困类型主要是水土流失，西南地区贫困类型主要是岩溶地貌发育因素等。这种把主导因素放到类型命名中去的做法，使分类更加带有特色。

第三，考虑发展方向、途径和主要措施上的一致。这样既考虑了贫困类型的基础，又考虑了工作的目的性。因为发展方向的确定，离不开地域内自然和社会经济基础，必须针对存在的主要问题，确定方向途径和重大战略措施，才能达到脱贫致富这一目的。

第四，以664个低收入县（旗或市）为基本地域组织单元，并考虑已经形成的"十八片"贫困区的现状来进行分类连片，以便于应用。在分类连片时，适当照顾省、区（或自治州）的完整。

具体区划结果如表6-30。

表6-30　　　　　　　　全国贫困地区类型区

大类	亚类
黄土高原丘陵沟壑区贫困类型	陇中、东部旱原丘陵沟壑贫困类型
	宁南山区贫困类型
	陕北黄土丘陵沟壑贫困类型
	吕梁土石山区贫困类型
东西部平原与山地接壤带贫困类型	坝上高原风沙带贫困类型
	太行土石山区贫困类型
	秦岭、大巴山区贫困类型
	武陵山区贫困类型
西南喀斯特山区贫困类型	乌蒙山区贫困类型
	九万大山区贫困类型
	桂西北山区贫困类型
	滇东南山区贫困类型
	横断山区贫困类型
东部丘陵山区贫困类型	沂蒙山区贫困类型
	大别山区贫困类型
	湘赣丘陵山区贫困类型
	闽粤丘陵山区贫困类型
青藏高原贫困类型	西藏高寒山区贫困类型
	青海高寒山区贫困类型
蒙新干旱地区贫困类型	内蒙古高原沙化带贫困类型
	新疆西部干旱地区贫困类型

第二十四节 《论中国植被分区的原则、依据和系统单位》中的空间秩序

1. 概况

1960年，侯学煜在1959年植被区划基础上，将全国分为3个地带，10个植被区，若干植被带、植被亚带、植被省和植被州等。1979年，进行调整，将全国分为13个植被区和22个植被带。该方案曾在国内得到广泛应用，影响了后来的植被学研究。

侯学煜在1964年区别植物（植物分类）、植物间及其与环境的相互关系（植被分类），并掌握国内各种植物和植被分类单位的空间分布规律性，按照区域特征，加以系统化，将中国植被分为植被区、植被带、植被省和植被州等单位，并在1989年以植被分布的地域差异为基础进行了全国自然生态区划，并与农业的发展政策相结合进行了探讨。他认为任何自然生态区的划分单位都是长期以来历史自然发展形成的产物，是客观存在的现象，不受人为活动或人们意志而转移的区域。

2. 结果

依据上述植被区划的原则，1964年该区划将我国划分为8个植被区、4个植被亚区、16个植被地带、4个植被亚地带；1989年，该区划将我国划分为13个植被区。区划系统如表6-31。

表6-31　　　　　　　　中国植被分区（1989）

区	亚区	地带	亚地带
Ⅰ大兴安岭北部落叶针叶林区（植被省1）			

续表

区	亚区	地带	亚地带
II 东北、华北落叶阔叶林区		1. 有针叶树成分的落叶阔叶林地带（植被省2—3）	
		2. 落叶阔叶林地带	（1）典型落叶阔叶林亚地带
			（2）有亚热带成分的落叶阔叶林亚地带
III 华中、西南常绿阔叶林区	IIIA 东部常绿阔叶林亚区	1. 有常绿乔木和灌木的落叶阔叶林地带（植被省8—9）	
		2. 常绿阔叶林地带	（1）典型常绿阔叶林亚地带（植被省10—12）
			（2）有热带成分的常绿阔叶林亚地带（13—14）
	IIIB 西部常绿阔叶林亚区（植被省15—16）		
IV 华南、西南热带雨林区	IVA 东部热带雨林区	1. 热带雨林性常绿阔叶林地带（植被省17—19）	
		2. 热带常绿阔叶雨林地带（植被省20—23）	
	IVB 西部热带雨林区	1. 热带雨林性常绿阔叶林地带（植被省24）	
		2. 热带常绿阔叶雨林地带（植被省25）	
V 内蒙古、东北草原区		1. 森林、草原地带（植被省26—28）	
		2. 草原地带（植被省29—30）	
VI 新、蒙、青荒漠区		1. 半荒漠地带（植被省31—32）	
		2. 荒漠地带（植被省33—37）	

续表

区	亚区	地带	亚地带
Ⅶ青藏东南部高寒草甸、草原区		1. 高寒森林草甸地带（植被省38—39）	
		2. 高寒草原地带（植被省40—41）	
Ⅷ藏西高寒荒漠区		1. 高寒半荒漠地带（植被省42）	
		2. 高寒荒漠地带（植被省43）	

第二十五节 《云南植被》中的空间秩序

1987年，吴征镒等在研究云南植被地域分异的基础上，划分全省植被为5个植被地带、9个植被区，其中对6个植被区又区分为17个植被亚区。云南省的这5个植被区分别属于中国植被的3个区域，热带雨林区域、亚热带常绿阔叶林区域、青藏高原高寒植被区域，区划系统如表6-32。

表6-32　　　　　　　　云南植被区划

植被地带	植被区		植被亚区
热带季雨林、雨林区域	西部（偏干性）季雨林、雨林亚区域	季风热带北缘季节雨林、半常绿季雨林地带	滇南、滇西南间山盆地季节雨林、半常绿季雨林区	西双版纳南部山中盆地大药树、龙果、白榄林、高山榕、麻栎林亚区
			西双版纳北部山中盆地干果榄仁、番龙眼林、缅漆、楠木林亚区
			滇西南中山宽谷高山榕、麻栎林亚区
		滇东南峡谷中山湿润雨林、山地苔藓林区	红河、文山州南缘峡谷中山云南龙脑香、毛坡垒林、樟、茶、木兰林亚区
			文山州东南部低山河谷麻扎木、高山榕林亚区

续表

植被地带		植被区		植被亚区
亚热带常绿阔叶林区域	西部（半湿润）常绿阔叶林亚区域	高原亚热带南部季风常绿阔叶林地带	滇西南中山山原河谷季风常绿阔叶林区	澜沧江、把边江中游中山山原红锥、类林、思茅松林亚区
				临沧山原红、印烤林、刺斗石栎林亚区
				梁河、龙陵中山山原思茅、红锥、截头石栎林亚区
			滇东南岩溶山原峡谷季风常绿阔叶林区	蒙自、元江岩溶高原峡谷云南松、红木荷林、木棉、虾子花草丛亚区
				文山岩溶高原罗浮榜、大叶苞林亚区
		高原亚热带北部常绿阔叶林地带	滇中、滇东高原半湿润常绿阔叶林、云南松林区	滇中高原盆谷滇青冈林、元江栲林、云南松林亚区
				滇中、北中山峡谷云南松林、高山栎类林亚区
				滇中西北部高中山高原云南松林、云、冷杉林亚区
				滇东北高原高、中山云南松林羊草草甸亚区
			滇西横断山半湿润常绿阔叶林区	云岭、澜沧江高、中山峡谷云南松林、元江栲林、冷杉林亚区
				高黎贡山、怒江、碧罗雪山高、中山峡谷青冈、秃山林、类芦高草丛亚区
				滇西中山山原云南松林、云南铁杉林亚区
	东部（湿润）常绿阔叶林亚区域	东部（中亚热带）常绿阔叶林地带	滇东北边沿中山河谷峨眉林、包石栎林区	
			镇雄岩溶高原包石栎、峨眉、落叶栎类林区	

续表

植被地带		植被区		植被亚区
青藏高原高寒植被区域	高原东南部山地寒温性针叶林亚区域	青藏高原东南缘寒温性针叶林、草甸地带	德钦、中甸高山高原云、冷杉林、嵩草灌木草甸区	

第二十六节 《中国自然保护地图集》中的空间秩序

1989 年，由中国科学院长春地理研究所主编，科学出版社出版的《中国自然保护地图集》，包括了 100 余幅专题地图，分为三大图组：序图组、自然环境与自然资源图组、区域保护与自然保护区图组。书中主要选取以下区划方案。

1. 中国综合自然区划

该区划将全国陆地先按温度，再按干湿情况，最后按地形因素指标划分为 5 个干湿区、12 个温度带，区划系统如表 6-33。

表 6-33　　　　　　　　中国综合自然区划方案

温度带	干湿区	区域
寒温带（Ⅰ）	A 湿润地区	1. 大兴安岭北部
中温带（Ⅱ）	A 湿润地区	1. 三江平原 2. 东北东部山地 3. 东北东部山前平原
	B 亚湿润地区	1. 松辽平原中部 2. 大兴安岭中部 3. 三河丘陵平原
	C 半干旱地区	1. 松辽平原西南部 2. 大兴安岭南部 3. 内蒙古高平原东部

续表

温度带	干湿区	区域
中温带（Ⅱ）	D 干旱地区	1. 内蒙古高平原西部 2. 兰州与河西东部丘陵平原 3. 准噶尔盆地 4. 阿尔泰山地额尔齐斯流域与塔城盆地 5. 伊犁盆地
暖温带（Ⅲ）	A 湿润地区	1. 辽东胶东山地丘陵
	B 亚湿润地区	1. 鲁中山地丘陵 2. 华北平原 3. 华北山地丘陵 4. 晋南关中盆地
	C 半干旱地区	1. 晋中陕北甘东高原丘陵
	D 干旱地区	1. 塔里木盆地与吐鲁番盆地
北亚热带（Ⅳ）	A 湿润地区	1. 淮南与长江中下游 2. 汉中盆地
中亚热带（Ⅴ）	A 湿润地区	1. 江南与南岭山地丘陵 2. 贵州高原 3. 四川盆地 4. 云南高原 5. 喜马拉雅山东段南坡
南亚热带（Ⅵ）	A 湿润地区	1. 台湾中北部山地平原 2. 粤桂闽丘陵平原 3. 文山至腾冲间山地丘陵
边沿热带（Ⅶ）	A 湿润地区	1. 台湾南部低地 2. 海南中北部与雷州半岛山地丘陵 3. 云南南沿谷地丘陵
中热带（Ⅷ）	A 湿润地区	1. 寒暖南部低地与东沙、中沙、西沙诸岛
赤道热带（Ⅸ）	A 湿润地区	1. 南沙群岛
青藏高原寒带（HO）	D 干旱地区	1. 昆仑山地
青藏高原亚寒带（HI）	B 亚湿润地区	2. 阿坝那曲区
	C 半干旱地区	3. 青海南部与羌塘高原

续表

温度带	干湿区	区域
青藏高原温带（HII）	AB 湿润亚湿润地区	1. 川西藏东高山深谷
	C 半干旱地区	1. 青海东部山地高原 2. 藏南山地
	D 干旱地区	1. 柴达木盆地 2. 阿旦山地

2. 中国土壤利用区划

表 6-34　　　　　　　　　　土地利用分区

土壤利用分区	土壤类型	熟制
Ⅰ	砖红壤 红壤 水稻土	双季稻和三季稻区
Ⅱ	红壤 黄壤	双季稻区
Ⅲ	黄棕壤 水稻土	稻麦两熟区（部分三熟）
Ⅳ	棕壤 褐土 潮土 黄棉土	旱作两年三熟区
Ⅴ	暗棕壤 白浆土 黑土	旱作一年一熟区
Ⅵ	黑钙土 栗钙土 棕钙土 灰钙土	旱作一年一熟区
Ⅶ	灰漠土 棕漠土 灌淤土	旱作一年一熟区

续表

土壤利用分区	土壤类型	熟制
Ⅷ	高山和亚高山草甸土 高山和亚高山草原土	旱作一年一熟区

3. 中国土壤侵蚀类型区划

将中国土壤侵蚀划分为三大类，分别为东部流水区、西北风力侵蚀区和青藏高原冻融及冰水侵蚀区，在此基础上将全国划分为18个区。区划系统如表6-35。

表6-35　　　　　　　　　中国土壤侵蚀类型区划

土壤侵蚀分区	区域
东部流水侵蚀区（Ⅰ）	1. 东北区 2. 华北平原及边缘山地区 3. 黄土高原区 4. 秦巴山地及淮阳山地区 5. 长江中下游平原区 6. 四川盆地区 7. 华南丘陵区 8. 云贵高原区
西北风力侵蚀区（Ⅱ）	1. 内蒙古高原区 2. 阿拉善高原及河西走廊区 3. 准噶尔盆地区 4. 天山地区 5. 塔里木盆地区
青藏高原冻融及冰水侵蚀区（Ⅲ）	1. 柴达木盆地区 2. 青海东部及河源区 3. 横断山区 4. 藏北高原区 5. 藏南区

4. 中国植物区系分区

该区划将我国分为 2 个植物区、7 个亚区和 23 个地区，具体区划系统如表 6-36。

表 6-36　　　　　　　　中国植物区系分区

区	亚区	地区	亚地区
泛北极植物区（Ⅰ）	A. 欧亚森林植物亚区	1. 阿尔泰地区	
		2. 大兴安岭地区	
		3. 天山地区	
	B. 亚洲荒漠植物亚区	4. 中亚西部地区	(a) 塔城、伊犁亚地区
			(b) 准喀尔亚地区
		5. 中亚东部地区	(a) 喀什亚地区
			(b) 西、南蒙古亚地区
	C. 欧亚草原植物亚区	6. 蒙古草原地区	(a) 东蒙古亚地区
			(b) 东北平原亚地区
	D. 青藏高原植物亚区	7. 唐古拉地区	
		8. 帕米尔、昆仑，西藏地区	(a) 前、后藏亚地区
			(b) 羌塘亚地区
			(c) 帕米尔、昆仑亚地区
		9. 西喜马拉雅地区	
	E. 中国—日本森林植物亚区	10. 东北地区	
		11. 华北地区	(a) 辽东、山东半岛亚地区
			(b) 华北平原、山地亚地区
			(c) 黄土高原亚地区
		12. 华东地区	
		13. 华中地区	
		14. 华南地区	
		15. 滇、黔、桂地区	
	F. 中国—喜马拉雅森林植物亚区	16. 云南高原地区	
		17. 横断山脉地区	
		18. 东喜马拉雅地区	

续表

区	亚区	地区	亚地区
古热带植物区（Ⅱ）	G. 马来西亚植物亚区	19. 台湾地区	
		20. 南海地区	
		21. 北部湾地区	
		22. 滇、缅、泰地区	
		23. 喜马拉雅南部地区	

5. 中国鸟兽区系分区

表 6-37　　　　　　　　中国鸟兽区系分区

一级区	二级区	三级区
东部森林、森林草原喜湿与半喜湿资源动物群栖居区（Ⅰ）	A 湿润地区	1. 大兴安岭北部
中温带（Ⅱ）	A 湿润地区	1. 三江平原 2. 东北东部山地 3. 东北东部山前平原
	B 亚湿润地区	1. 松辽平原中部 2. 大兴安岭中部 3. 三河丘陵平原
	C 半干旱地区	1. 松辽平原西南部 2. 大兴安岭南部 3. 内蒙古高平原东部
	D 干旱地区	1. 内蒙古高平原西部 2. 兰州与河西东部丘陵平原 3. 准噶尔盆地 4. 阿尔泰山地额尔齐斯流域与塔城盆地 5. 伊犁盆地

续表

一级区	二级区	三级区
暖温带（Ⅲ）	A 湿润地区	1. 辽东胶东山地丘陵
	B 亚湿润地区	1. 鲁中山地丘陵 2. 华北平原 3. 华北山地丘陵 4. 晋南关中盆地
	C 半干旱地区	1. 晋中陕北甘东高原丘陵
	D 干旱地区	1. 塔里木盆地与吐鲁番盆地
北亚热带（Ⅳ）	A 湿润地区	1. 淮南与长江中下游 2. 汉中盆地
中亚热带（Ⅴ）	A 湿润地区	1. 江南与南岭山地丘陵 2. 贵州高原 3. 四川盆地 4. 云南高原 5. 喜马拉雅山东段南坡

第二十七节　中国"六五"计划中的空间秩序

第六个五年计划，即中华人民共和国1981—1985年的国民经济和社会发展计划，全称是"中华人民共和国国民经济和社会发展第六个五年计划"，简称"六五"计划。1980年2月，国务院决定重新制定中长期计划，酝酿编制"六五"计划。1982年12月，全国人大五届五次会议正式批准"六五"计划。"六五"计划是继"一五"计划后的一个比较完备的五年计划，是在调整中使国民经济走上稳步发展的健康轨道的五年计划。其所涉及的空间秩序如下：

地区经济协作：要在总结经验的基础上，有计划有步骤地开展地区经济技术协作。地区协作的主要形式有物资协作、技术协作和经济联合。开展地区间经济技术协作，加强计划管理，逐步建立全国的经济协作管理系统。

国土开发整治：编制部分地区国土开发整治规划，首先是编制以上海为中心的长江三角洲的经济区规划,以山西为中心包括内蒙古西部、陕北、宁夏、豫西的煤炭、重化工基地的经济区规划。开展对重点地区的综合考察和专题研究,进一步搞好农业资源调查和农业区划工作,抓紧一些重点地区的水土保持工作,加强水资源的管理和利用。开展海洋资源的调查和开发,做好测绘工作。加强国土的立法工作。

第二十八节 中国"七五"计划中的空间秩序

第七个五年计划,即中华人民共和国1986—1990年的国民经济和社会发展计划,全称为"中华人民共和国国民经济和社会发展第七个五年计划",简称"七五"计划。1983年,国务院即着手组织"七五"计划的起草工作,1986年,经全国人大六届四次会议审议批准。这是我国社会主义计划经济史上第一次在一个新的五年计划刚刚起步的时候就制定出来的经济和社会发展计划。其所涉及的空间秩序如下:

国土整治:编制国土开发和整治规划;开展国土资源的考察和研究;有重点地对大江大河进行综合治理;改善北方和部分沿海城市的供水状况;进一步搞好水土保持;努力提高和维护土壤的肥力;积极进行土地沙漠化的防治;加强土地管理,切实保护耕地;加速开发和利用矿产资源;加强山区的综合开发;大力种树种草,增加森林覆盖率;加强海洋资源的调查、开发和管理;加强测绘事业。

东中西分区:我国地区经济的发展,要正确处理东部沿海、中部、西部三个经济地带的关系。"七五"期间以至90年代,要加速东部沿海地带的发展,同时把能源、原材料建设的重点放到中部,并积极做好进一步开发西部地带的准备。把东部沿海的发展同中、西部的开发很好地结合起来,做到互相支持、互相促进。

经济特区:深圳、珠海、汕头、厦门经济特区要重点搞好现有基础设施的完善和利用外资项目的配套工程,集中力量建设好现已展开的区域,逐步形成以工业为主、技术先进、能出口创汇的外向型经济。14个沿海开放城市和海南岛,要根据各自的条件和特点,发挥自己的优势,积极进行外引内联。沿海开放城市兴办经济技术开发区，要坚持量力而行、逐步兴办的原则，做到开发一片、建成一片、收益一片。长江三角洲、珠江三角洲和闽南三角区等开放地区，要逐步形成贸—工—农型的生产结构，认真搞好技术引进和技术改造，努力增加出口收汇。

第七章
空间秩序：公元 1990—1999 年

第一节 《中国生活饮用水地图集》中的空间秩序

全国生活饮用水水质与水性疾病调查协作组等于 1990 年依据相关地理区划的划分依据，将我国划分为 3 个一级区域，7 个二级区域，综合阐明我国自然环境的区域差异，为宏观理解地区变化规律和认识自然界水质状况提供了科学资料。区划结果如表 7-1。

表 7-1　　　　　　　　自然地理分区

一级	二级	三级
季风区域	温带湿润半湿润地区	大兴安岭中山针叶林区
		小兴安岭、长白山中低山针阔叶混交林区
		松嫩平原森林草原区
	暖温带湿润半湿润地区	辽东、山东低山丘陵落叶阔叶林区
		黄淮海、辽河下游平原落叶阔叶林区
		晋冀中低山落叶阔叶林森林草原区
		黄土高原森林草原干草原区
	亚热带湿润地区	长江中下游平原落叶常绿阔叶混交林区
		秦岭大巴山中低山落叶常绿阔叶混交林区
		江南丘陵盆地常绿阔叶林区
		四川盆地常绿阔叶林区
		贵州高原常绿阔叶林区
		云南高原常绿阔叶林区

续表

一级	二级	三级
季风区域	亚热带湿润地区	两广、闽南低山丘陵常绿阔叶林区
		台湾常绿阔叶季雨林区
	热带湿润地区	两广南部、海南季雨林区
		滇西南季风林区
		南海诸岛季风林雨林区
干旱区域	温带半干旱、干旱地区	内蒙古高原东缘干草原
		内蒙古高原干草原荒漠草原
		鄂尔多斯高原干草原荒漠草原区
	温带、暖温带干旱地区	阿拉善高原荒漠区
		准噶尔盆地荒漠区
		阿尔泰山中山草原针叶林区
		天山高山草原针叶林区
		塔里木盆地荒漠区
高寒区域	青藏高原高寒地区	藏东南热带亚热带山地森林区
		青藏高原东南部高山针叶林、草甸区
		藏南高寒灌丛草原区
		青藏高原中部高寒草原荒漠草原区
		青藏高原北缘高寒荒漠区
		青藏高原西北部高寒荒漠区

第二节 《中国大百科全书·地理学》中的空间秩序

《中国大百科全书·地理学》由中国大百科全书总编辑委员会《地理学》编辑委员会编著，并由中国大百科全书出版社 1990 年出版发行，是我国第一部关于地理学的大型综合性百科全书，内容分为地理学综述、地理学发展史、自然地理学、人文地理学、历史地理学、区域地理学、地图学、地名学、方志学等九个部分。该书涉及的空间秩序包括以下内容：

1. 中国综合自然地理区划

自然区划是根据自然地理环境及其组成成分发展的共同性、结构的相似性和自然地理过程的统一性，将地域划分为一定等级系统的系统研究方法，全称自然地理区划。它是在研究地域分异规律的基础上，探讨自然地理环境及其组成成分的特征、变化和分布规律。它提供自然生产潜力的系统资料，是合理利用自然资源、因地制宜进行生产布局和制定各种规划的基础。自然区划既是划分，又是合并。根据地域分异规律可将等级高的自然区划单位划分成等级低的自然区划单位，又可根据区域共轭性原则将等级低的自然区划单位合并成等级高的自然区划单位。这种自上而下地划分与自下而上地合并是互相补充的，具体结果如表7–2。

表7–2　　　　　　　　中国综合自然地理区划方案

自然区域界	自然地区界	自然区界
Ⅰ 东部季风区	A 东北湿润、半湿润温带地区	1. 大兴安岭针叶林区
		2. 东北东部山地针阔叶混交林区
		3. 东北平原森林草原区
	B 华北湿润、半湿润暖温带地区	1. 辽东、山东半岛落叶阔叶林区
		2. 华北平原落叶阔叶林区
		3. 晋冀山地落叶阔叶林、森林草原区
		4. 黄土高原森林草原、干草原区
	C 华中、华南湿润亚热带地区	1. 北亚热带长江中下游平原混交林区
		2. 北亚热带秦岭、大巴山混交林区
		3. 中亚热带浙闽沿海山地常绿阔叶林区
		4. 中亚热带长江南岸丘陵盆地常绿阔叶林区
		5. 中亚热带四川盆地常绿阔叶林区
		6. 中亚热带贵州高原常绿阔叶林区
		7. 中亚热带云南高原常绿阔叶林区
		8. 南亚热带岭南丘陵常绿阔叶林区
		9. 南亚热带、热带台湾岛常绿阔叶林、季雨林区
	D 华南湿润热带地区	1. 琼雷热带雨林、季风林区
		2. 滇南热带季雨林区
		3. 南海诸岛热带雨林区

续表

自然区域界	自然地区界	自然区界
Ⅱ 西北干旱区	A 内蒙古温带草原地区	1. 西辽河流域干草原区
		2. 内蒙古高原干草原、荒漠草原区
		3. 鄂尔多斯高原干草原、荒漠草原区
	B 西北温带、暖温带荒漠地区	1. 阿拉善高原温带荒漠区
		2. 准噶尔盆地温带荒漠区
		3. 阿尔泰山山地草原、针叶林区
		4. 天山山地草原、针叶林区
		5. 塔里木盆地暖温带荒漠区
Ⅲ 青藏高寒区	A 青藏高原地区	1. 喜马拉雅山南翼热带亚热带山地森林区
		2. 藏东、川西切割山地针叶林、高山草甸区
		3. 藏南山地灌丛草原区
		4. 羌塘高原、青南山地高寒草原、山地草原区
		5. 柴达木盆地、昆仑山北坡荒漠区
		6. 阿里—昆仑山地高寒荒漠、荒漠草原区

2. 中国农业气候区划

气候区划是按气候特征的相似和差异程度，以一定的指标对某一地区范围所进行的气候区域划分，属自然区划中的部门自然区划，气候区划是气候研究成果的表达方式之一。气候的地域分异规律是进行气候区划的基础。由于太阳辐射分布的纬度差异，产生气候随纬度发生有规律变化的纬度地带性，由于海陆分布和海陆对比关系带来干湿度的差异，产生气候随干湿度发生有规律变化的干湿度地带性（经度地带性）；随山地海拔高度的增加，气温下降，产生气候随海拔高度变化的垂直地带性；气候受地方的地形起伏，以及下垫面等因素影响，也发生变化。因此，任何地方的气候都是受地带性与非地带性综合影响的结果，气候区划必须反映这些气候分布，区划系统如表 7-3。

表 7-3　　　　　　　　　　中国农业气候区划方案

区域	带和亚带	地区
I 季风区域	A 寒温带	大兴安岭北部地区
	B 中温带	1. 三江平原地区
		2. 大兴安岭—长白山地区
		3. 松辽平原地区
	C 暖温带	1. 辽东—山东半岛地区
		2. 华北平原地区
		3. 华北山地地区
		4. 黄土高原地区
	D 北亚热带	1. 长江中下游地区
		2. 汉江上中游地区
	E 中亚热带	1. 江南丘陵地区
		2. 贵州高原地区
		3. 四川盆地地区
		4. 云南高原地区
		5. 喜马拉雅山南翼地区
	F 南亚热带	1. 台北地区
		2. 闽粤丘陵地区
		3. 滇南山原地区
	G 边缘热带	1. 台南地区
		2. 琼雷地区
		3. 滇南河谷地区
	H 中热带	1. 海南南部地区
		2. 东、中、西沙群岛地区
	I 赤道热带	南沙群岛地区
II 干旱区域	A 干旱中温带	1. 内蒙古东部地区
		2. 内蒙古中部地区
		3. 内蒙古西部地区
		4. 北疆地区
		5. 北疆西部山地地区
	B 干寒暖温带	1. 河西走廊地区
		2. 南疆地区

续表

区域	带和亚带	地区
Ⅲ 高寒区域	A 高原寒带	羌塘北部地区
	B 高原亚寒带	1. 江河源头地区
		2. 羌塘南部地区
	C 高原温带	1. 柴达木盆地地区
		2. 青海地区
		3. 川西藏东地区
		4. 藏南地区
		5. 藏西地区

3. 中国土壤区划

土壤区划根据土被或土壤群体在地面组合的区域特征，按其相似性、差异性和共轭性进行地理区域上的划分，即根据各地区土被结构、分布规律、发生特性以及资源评价和生产性能，将具有相同和共轭关系的群体组合占据的区域划为一个"土区"，与相异的地域区分开，并根据差异程度大小在不同级别中予以反映，成为一个多等级的区划系统。区划的主要目的是合理规划和配置农、林、牧业生产，充分开发、利用和改良土壤资源。土壤区划既是综合自然区划的组成部分，又是农业区划的基础工作，具体结果如表7-4。

表7-4　　　　　　　　　中国土壤区划方案

区划类型	区域描述
富铝土区域	富铝土区域由南向北分为：砖红壤带，属强富铝化土壤，可种植橡胶及其他地带性经济作物；赤红壤带，适生龙眼、荔枝，局部可引种驯化热带经济作物；红、黄壤带，属中度富铝化土壤，以常绿阔叶林、柑橘、油茶、油桐为主；黄棕壤带，属弱度富铝化土壤，局部可生长茶、柑橘等
硅铝土区域	硅铝土区域由南向北分为：棕壤、褐土和黑垆土带，以旱作为主，为干鲜果类的重要产区，有水土保持问题；暗棕壤、黑土和黑钙土带，土壤富含有机质，多森林及草甸草原，盛产大豆、高粱；灰化土或漂灰土带，以落叶松林为主

续表

区划类型	区域描述
干旱土区域	干旱土区域可分为：栗钙土、棕钙土、灰钙土带，多干旱草原，以牧业为主；灰棕漠土带，多沙漠，山前多灌区；棕漠土带，多风蚀地貌、戈壁，山前多绿洲
高山（原）土区域	高山（原）土区域可分为：亚高山带，多草原及牧业；亚高山草原土带，多干草场及牧区，局部沟谷中见农区；高山草甸土带，以牧业为主；高山草原土带，多盐湖，局部牧业；高山漠土带，属高山漠境草原

4. 中国植被区划

植被区划——在一定地区依据植被类型及其地理分布特征划分出彼此有区别，但内部有相对一致性的植被组合的分区。植被分区在空间上是完整的、连续的和不重复出现的植被类型或其组合的地理单位。从理论意义来说，通过植被区划所展现的地球各地区的植被地域分异，可以指示植被地理分布的规律性及其与环境的关系，提供区域或全球的植被地理图式；还可以借以确定某一地区在植被带中的位置及其与周围分区的相应关系，从而能更深刻地认识该区的植被实质。在实践上，植被区划是综合自然区划、自然生态区划和农业区划的主要依据之一。地区植被的开发利用和经营保护，农、林、牧副业的发展也应在植被分区的基础上进行。对于区域规划来说，植被分区也应是重要的科学依据之一。具体结果如表7–5。

表7–5　　　　　　　　中国植被区划方案

区域	亚区域	地带	亚地带
Ⅰ寒温带针叶林区域		A南寒温带落叶针叶林地带	
Ⅱ温带针阔叶混交林区域		A温带针阔叶混交林地带	1. 温带北部针阔叶混交林亚地带
			2. 温带南部针阔叶混交林亚地带

续表

区域	亚区域	地带	亚地带
Ⅲ 暖温带落叶阔叶林区域		A 暖温带落叶阔叶林地带	1. 暖温带北部落叶栎林亚地带
			2. 暖温带南部落叶栎林亚地带
Ⅳ 亚热带常绿阔叶林区域	ⅣA 东部（湿润）常绿阔叶林亚区域	A 北亚热带常绿、落叶阔叶混交林地带	
		B 中亚热带常绿阔叶林地带	1. 中亚热带常绿阔叶林北部亚地带
		C 南亚热带季风常绿阔叶林地带	2. 中亚热带常绿阔叶林南部亚地带
	ⅣB 西部（半湿润）常绿阔叶林亚区域	A 中亚热带常绿阔叶林地带	
		B 南亚热带季风常绿阔叶林地带	
Ⅴ 热带季雨林、雨林区域	ⅤA 东部（偏湿性）季雨林、雨林亚区域	A 北热带半常绿季雨林、湿润雨林地带	
		B 南热带季雨林、湿润雨林地带	
	ⅤB 西部（偏干性）季雨林、雨林亚区域	A 北热带季雨林、半常绿季雨林地带	
	ⅤC 南海珊瑚岛植被亚区域	A 季风热带珊瑚岛植被地带	
		B 赤道热带珊瑚岛植被地带	
Ⅵ 温带草原区域	ⅤA 东部草原亚区域	A 温带草原地带	1. 温带北部草原亚地带
			2. 温带南部草原亚地带
	ⅤB 西部草原亚区域	A 温带草原地带	
Ⅶ 温带荒漠区域	ⅦA 西部荒漠亚区域	A 温带半灌木、小乔木荒漠地带	
	ⅦB 东部荒漠亚区域	A 温带半灌木、灌木荒漠地带	
		B 暖温带灌木、半灌木荒漠地带	

续表

区域	亚区域	地带	亚地带
Ⅷ青藏高原高寒植被区域	ⅧA 高原东南部山地寒温性针叶林亚区域	A 山地寒温性针叶林地带	
	ⅧB 高原东部高寒灌丛、草甸亚区域	A 高寒灌丛、草甸地带	
	ⅧC 高原中部草原亚区域	A 高寒草原地带	
		B 温性草原地带	
	ⅧD 高原西北部荒漠亚区域	A 高寒荒漠地带	
		B 温性荒漠地带	

第三节 《世界自然地理通论》中的空间秩序

李旭旦教授于1990年在《世界自然地理通论》一书中以欧洲为单位，根据各洲的自然地理特征，将全球大陆分为55个自然区，其中亚洲20个，欧洲5个，非洲7个，北美洲9个，南美洲8个，澳洲[①]6个，南极洲暂缺。该区划以"为各洲自然地理的教学服务"为目的，除按欧洲划分外，还适当照顾了习惯上大地理区概念，必要时也照顾到国界的完整，例如中国与苏联。依据上述生态地域划分的依据，该区划将全球大陆分为55个自然区（区划系统如表7-6）。

表7-6　　　　　各大洲大自然区划分表

大洲	分区	序号
亚洲	西部西伯利亚	A1
	中部西伯利亚	A2
	东部西伯利亚	A3
	南部西伯利亚	A4
	苏联远东区	A5
	哈萨克	A6
	中亚西亚	A7

---

① 李旭旦著，汪永泽整理：《世界自然地理通论》，江苏教育出版社1990年版。

续表

大洲	分区	序号
	中亚山地	A8
	高加索	A9
	蒙古国	A10
	蒙新	A11
	青藏	A12
	中国东部	A13
	日本、朝鲜	A14
	中南半岛	A15
	南洋群岛/马来群岛	A16
	印度半岛南部	A17
	印度半岛北部	A18
	阿拉伯半岛	A19
	小亚细亚与伊朗	A20
欧洲	东欧	B1
	北欧	B2
	西欧	B3
	中欧	B4
	南欧	B5
非洲	阿特拉斯区	C1
	撒哈拉	C2
	"苏丹"	C3
	赤道非洲	C4
	东非	C5
	南部非洲	C6
	马达加斯加岛	C7
北美洲	阿拉斯加与加拿大北部	D1
	加拿大中部	D2
	五大湖与密西西比河中上游	D3
	美国南部	D4
	阿巴拉契亚与大西洋沿岸	D5
	落基山东麓	D6
	太平洋沿岸北段	D7

续表

大洲	分区	序号
	太平洋沿岸南段	D8
	中美洲	D9
南美洲	圭亚那与奥里诺科	E1
	亚马孙河流	E2
	巴西	E3
	巴拉圭与乌拉圭河流域	E4
	巴塔哥尼亚	E5
	北安第斯	E6
	中安第斯	E7
	南安第斯	E8
澳洲	北澳	F1
	东澳	F2
	达令河区	F3
	南澳	F4
	西澳与中澳	F5
	新西兰岛	F6
南极洲	暂缺	

第四节 《中国土地区划图》中的空间秩序

席承藩、张俊民在总结以往全国土壤区划研究成果的基础上，于1990年重新制订了中国土壤区划方案，内分高级土壤区划单元和基层土壤区划单元两部分，并制定了各单元区划依据，为《中国国家自然地图集》（1996）编制了1∶1500万的《中国土地区划图》，现将高级土壤区划及基层土壤区划的划分依据综述如下：高级土壤区划、国家土壤区划采用的高级区划单元包括土壤区域、土壤带和土壤地区。按高级区划单元编图，划分一级、二级和三级3个级区。一级区为土壤区域，共计3个；二级区为土壤带，共计17个；三级区为土壤地区，共计76个，区划系统如表7-7。

表 7-7　　　　　　　　中国土壤区划（1990）

土壤区域	土壤带名称
东部湿润、半湿润土壤区域（Ⅰ）	寒棕壤、漂灰土壤带（Ⅰ1）
	暗棕壤、黑土带（Ⅰ2）
	棕壤、褐土带（Ⅰ3）
	黄棕壤、黄褐土带（Ⅰ4）
	红壤、黄壤带（Ⅰ5）
	赤红壤带（Ⅰ6）
	砖红壤带（Ⅰ7）
蒙新干旱、半干旱土壤区域（Ⅱ）	黑钙土、栗钙土带、黑垆土带（Ⅱ1）
	灰钙土、棕钙土带（Ⅱ2）
	灰漠土带（Ⅱ3）
	棕漠土带（Ⅱ4）
青藏高寒土壤区域（Ⅲ）	亚高山草甸土带（Ⅲ1）
	亚高山草原土带（Ⅲ2）
	亚高山漠土带（Ⅲ3）
	高山草甸土带（Ⅲ4）
	高山草原土带（Ⅲ5）
	高山漠土带（Ⅲ6）

第五节　《中国地震烈度区划图》中的空间秩序

　　1952年，新中国开始了第一个五年计划，苏联援助的重大工程正在加紧落实，这些工程项目建设时，也要考虑造场地的地震危险性。1957年，李善邦和徐煌坚先生主持编制了新中国第一代地震烈度区划图。遵循了两条原则，一是曾发生地震的地区，同样强度的地震还可能重演。二是地质条件相同地区，地震活动性可能相同。这两项原则其实可以概括为"重演类比原则"。该图首次全面反映了我国地震烈度分布的基本面貌，对当时的工程建设的烈度安全设防起到了积极作用。但该图不足之处在于没有赋予明确的时间概念，不少地区烈度值偏高，给建设部门使用带来了困难。

1966年邢台地震后，周恩来总理亲自关心指导地震工作，1966年到1976年又是我国地震高发的十年，促进了地震烈度区划工作的进一步发展。中国地震局牵头，各省地震局参加，于1977年完成了第二代地震区划图。第二代地震烈度区划图首先是进行地震危险区划，然后再进行地震烈度区划。所谓地震危险区划，是对未来100年内可能发生破坏性地震的地点和强度进行预测，圈定出若干不同强度水平的地震危险区。地震烈度区划则是在地震危险区划的基础上，预测未来百年内遭遇到的最大地震烈度分布。第二代地震烈度区划图有三个特点：一是明确了100年这个时间范围；二是明确了一般场地的条件；三是指遭遇到的最高地震烈度值。由于当时地震预测水平的限制，许多地方的实际地震烈度往往高于区划图的烈度值。

　　1990年颁布的第三代地震烈度区划图吸收了80年代以来积累的地震科技发展的新资料和研究成果，高文学和时振梁学习了国外关于编制地震区划图的技术和方法，最大的变化是采用了地震危险性概率分析方法。其区划图上所标示的烈度值，为今后50年内有10%可能发生的地震震级所达到的烈度值。

　　2001年，由胡聿贤、高孟潭、张培震等主编的"中国地震动参数区划图"，由《中国地震动峰值加速度区划图》《中国地震动反应谱特征周期调整表》组成，简称为"四代图"。四代图以地震动峰值加速度和地震动反应谱为指标，按设防水准为50年超越概率10%，场地条件为平坦稳定的一般（中硬）场地，将国土划分为不同抗震设防要求的区域。

第六节　中国"八五"计划中的空间秩序

　　第八个五年计划，1991—1995年中国国民经济和社会发展的计划，简称"八五"计划。1991年4月，全国人大七届四次会议审议通过国务院《关于国民经济和社会发展十年规划和第八个五年计划纲要的报告》。以1992年邓小平同志重要谈话和中共十四大为标志，"八五"期间中国改革开放和现代化建设进入新的阶段。"八五"期间成为中国改革开放推进最快的时期，确立了社会主义市场经济目标，形成了总体开放的格局。我国在"八五"计划中提出以下与空间秩序有关的内容：

促进各地区间经济协作：在全国统一规划和政策指导下，开展多领域、多层次、多形式的横向联合与协作，推动生产要素的优化组合，加快地区产业结构的合理化。在开发横向联合和协作中，要重合同、守信用。继续完善和发展区域合作，以省、区、市为基础，以跨省、区、市的横向联合为补充，发展各具特色、分工合理的经济协作区；提倡经济上较发达的沿海省、市与内地较不发达的省、区开展经济联合。巩固、完善和发展区域合作组织和各种经济网络。

国土开发整治和环境保护：编制国土开发整治规划。合理确定重点经济开发区、各经济区的主体功能和生产力布局。有重点地对大江大河大湖进行综合治理，继续修订和完成黄河、淮河、珠江、辽河、松花江、海滦河流域的整治规划。加快土地综合利用总体规划的制定，严格控制非农业建设占用耕地，有步骤地开发宜农荒地、荒滩和围垦海涂，复垦工矿废弃地。进一步搞好水土保持，努力提高土壤肥力，防止土地沙化，保护森林和草原植被。积极稳妥地推进土地使用制度改革。加强对海岸带、海岛、海域的海洋资源调查、勘探和规划，大力开展对渤海和主要海湾、河口的综合开发整治，加强海岸防护和海洋综合管理，加强海洋产业发展，提高海域的综合开发效益。加强测绘事业，逐步形成数字化测图、空间测量和快速定位等技术体系。加快自然保护区的规划和建设，建成一批国家级重点自然保护区，初步形成布局合理、类型齐全的自然保护区网络。

经济区的主体功能："八五"期间，要按照今后十年地区经济发展和生产力布局的基本原则，正确处理发挥地区优势与全国统筹规划、沿海与内地、经济发达地区与较不发达地区之间的关系，促进地区经济朝着合理分工、各展其长、优势互补、协调发展的方向前进。尽可能地利用本地区的优势（包括资源、技术、人才等各方面的优势），发展面向国内市场和国外市场的优势商品。积极扶持少数民族地区和贫困地区经济的发展，以利于逐步实现共同富裕。

第七节 《中国农村经济区划：中国农村经济区域发展研究》中的空间秩序

根据我国国民经济和农村经济发展的客观需要，全国农业资源区划办公室于 1991 年年初提出开展"中国农村经济区划"这一新课题，并委托中国科学院地理研究所进行调研，以农村地区为研究范围，以发展农村经济为目标，以协调资源开发与经济发展为原则，合理配置农村生产力的农村经济区划，将我国划分为 9 个农村经济区，分别为东北农村经济区、华北农村经济区、长江中下游农村经济区、华南农村经济区、内蒙古牧区经济区、黄河中游农村经济区、西南农村经济区、新疆农村经济区和青藏农村牧区经济区。

第八节 《中国新石器时代文化区系的划分与三次重新组合》中的空间秩序

1. 概况

新石器时代以来，随着农业的产生与不断发展，社会的分工与分化趋于成熟，中国各地区的文化特征分异显著，为文化区系的组合与重组提供了客观条件。中国现代考古学泰斗苏秉琦先生于 1991 年首次详细提出了新石器时代中国文化区系的三次重新组合过程，并分析了文化区系重组的原因。

约在公元前第 4 千纪以来，各地前后进入龙山时代，此时手工业有了显著的发展。一是铜器的发明，使神州大地上第一次出现了冶金；二是快轮制陶技术的发明，不但提高了生产率，而且使制作蛋壳黑陶那样精致的器物成为可能；三是养蚕缫丝和丝织品的出现；四是玉器工艺的大发展。此外还有漆器工业和建筑业的进步，如普遍使用石灰、土坯和夯筑技术等，所有这些都需要熟练掌握技术的匠人。一种新技术出现后必定有一个推广的过程，这种推广的过程必定伴随着一些匠人的流动和相关文化因素的传播。再者，这些手工业产品既不是每一个人甚至也不是每一个公社都能制造的,因而必然会出现较经常的商业交换;有些人不满足于一般性商业交换,干脆用武力去掠夺,所以这使武器有较大的改进,也出现了城墙等防御工事。战争固然会造成破坏,但客观上也可能促进文化的传播,这是一个大动荡大改组的时期,考古学文化分布的地图又发生了变化,这是文化区系的第三次重新组合。

2. 结果

参考相关划分依据,中国新石器时代文化区系的划分和第一、二次重新组合区划系统如图7-1以及表7-8和表7-9。

距今年代	文化分期	旱地农业经济文化区				稻作农业经济文化区				狩猎采集经济文化区		
		甘青文化区	中原文化区	山东文化区	燕辽文化区	江浙文化区	长江中游区	闽台区	粤桂区	云贵区	东北区	蒙新区	青藏区
9000	新时期早期					仙人洞遗址		仙人洞遗址				细石器遗存	细石器遗存
8000					磁山文化								
7000		老官台文化		北辛文化	兴隆洼文化	河姆渡文化	城背溪文化		甑皮岩上层		新乐下层		
6000	新时期晚期		仰韶文化		红山文化	马家浜文化	大溪文化		金兰寺下层		新开流		
				大汶口文化		崧泽文化					小珠山中层		
5000	铜石并用时期	马家窑文化			小河沿文化		屈家岭文化	县石山文化	石峡文化		小珠山上层	富河文化	卡若遗址
4000		齐家文化	中原龙山文化	龙山文化		良渚文化	石家河文化			白羊村遗址			

图7-1 中国新石器时代文化谱系图

表 7-8　　　　新石器时代中国文化区系的第一次重新组合

时间	经济文化区	文化分区
约公元前 9000—公元前 7000 年①	华中、华南的水田稻作农业经济文化区	江浙文化区、长江中游区、闽台区、粤桂区、云贵区
	华北和东北南部的旱地粟作农业经济文化区	甘青文化区、中原文化区、山东文化区、燕辽文化区
	东北北部、内蒙古高原、新疆和青藏高原的狩猎采集经济文化区	东北区、蒙新区、青藏区

表 7-9　　　　新石器时代中国文化区系的第二次重新组合

时间	名称	文化分区（调整）
约公元前 6500—公元前 5000 年②	三大经济区基础上所形成的考古文化区	河南和河北南部的磁山—裴李岗文化区
		陕西和甘肃东部的老官台文化区
		山东北辛文化区
		北京上宅文化区
		内蒙古东南和辽西的兴隆洼文化区
		沈阳新乐下层文化区
		湖北城背溪文化区
		湖南彭头山文化区
约公元前第 4 千纪③（龙山文化时期）	各地考古学文化区的边界不断拓展	甘肃文化区边界：
		公元前 4000—公元前 2800 年④到甘青边界
		公元前 3300—公元前 2200 年⑤到武威
		公元前 2200—公元前 2000 年⑥到河西走廊西端走廊
		公元前 1900 年—公元前 1400 年⑦到新疆东界

---

① 新石器时代农业起源期。
② 磁山文化时期。
③ 龙山文化时期。
④ 庙底沟期。
⑤ 马家窑期。
⑥ 马厂期。
⑦ 四坝文化期。

续表

时间	名称	文化分区（调整）
		内蒙古中南部文化区： 公元前4800—公元前4300年①少量农人垦荒 公元前4000—公元前2800年②更多农人到河套地区
		渤海湾文化区： 公元前4300—公元前2500年③农人由山东半岛移居辽东半岛
		长江流域文化区： 约公元前第4千纪以来农业的发展，与黄河流域发生密切的文化交流

第九节 《中国农业气候资源》中的空间秩序

1. 概况

侯光良、李继由、张谊光等考虑到农业气候资源类型之间的相似性，以及便于国家宏观地指导农业生产、开发资源，按照农业气候资源生产力指数的大小，于1993年将全国20个农业气候资源类型合并为5个农业气候资源类型区。

2. 结果

上述学者按照农业气候资源生产力指数的大小，将20个农业气候资源类型合并为5个农业气候资源类型区，区划系统如表7-10。

---

① 半坡文化期。
② 庙底沟期。
③ 大汶口文化期。

表 7-10　　　　　　　　中国农业气候资源类型区划分

类型区	生产力指数	包括类型	地区范围
Ⅰ	<0.1	114、123、124、134	内蒙古西部，新疆大部，甘肃、青海西部，西藏西北部
Ⅱ	0.1—0.2	213、214、223、224、312	内蒙古中东部，宁夏大部，甘肃、青海、西藏中东部，新疆天山及其西北部
Ⅲ	0.2—0.3	313、314、322、323	吉林、辽宁、黑龙江大部，内蒙古东南部，河北、山西、陕西北部，四川西部，云南西北部，西藏、青海、甘肃东部
Ⅳ	0.3—0.5	332、333	天津、山东、北京、河北、河南大部，山西南部，陕西中南部，甘肃少数地区
Ⅴ	>0.5	431、432、433、442、443	台湾、海南岛，广东、广西、福建、江西、浙江、湖南、湖北、云南、贵州、上海、四川、江苏、安徽大部，河南、陕西南部

第十节　《中国土地利用》中的空间秩序

吴传钧等经过反复分析研究，1994年发现土地利用的现状特点及地域差异特征存在着由普遍到特殊、由大同到小异的等级差异性特点。为了客观地揭示这种差异性特点，采用了分级区划的办法。一级区反映土地利用特点的普遍性，即大同；二级区则反映土地利用特点的普遍性下的特殊性，也即大同中之小异。经过反复推敲，将全国划分为4个一级区、17个二级区。一级区分别为北方区、南方区、西北区和青藏高原区，反映我国水、热条件和土地利用结构最大的地域差异。二级区分别为东北山地丘陵区、东北平原丘陵区、长城沿线区、黄土高原区、华北平原区、四川盆地和秦岭太行山区、长江中下游平原区、东南丘陵区、云贵高原区、华南滇南区、内蒙古东北区、蒙甘宁区、北疆区、南疆区、青藏高原西北部区、青川藏区和青藏高原东南部区，反映我国各地区因自然、社会经济条件及历史发展过程不同，而形成不同土地利用结构、不同利用水平等最基本的地域差异，区划系统如表7-11。

表 7-11　　　　　　　　土地利用分区区划方案

一级区	二级区
A. 北方区	a. 东北山地丘陵区
	b. 东北平原丘陵区
	c. 长城沿线区
	d. 黄土高原区
	e. 华北平原区
B. 南方区	f. 四川盆地及秦岭太行山区
	g. 长江中下游平原区
	h. 东南丘陵区
	i. 云贵高原区
	j. 华南滇南区
C. 西北区	k. 内蒙古东北区
	l. 蒙甘宁区
	m. 北疆区
	n. 南疆区
D. 青藏高原区	o. 青藏高原西北部区
	p. 青川藏区
	q. 青藏高原东南部区

第十一节　中国农业气候区划中的空间秩序

1. 概况

中国气象局在 1994 年根据农业的气候特征将我国划分成了 3 个农业气候大区、15 个农业气候带。

2. 结果

依据相关划分方法，一级划分季风、干旱、高寒三大区域。高寒区域之所谓高，海拔在 3000 米以上，之所谓寒，最暖月气温在 18℃ 以下，即以此为指标和季风区域与干旱区域分界。干旱区域以干旱为其特征，除某些山地外，年降水量不足 400 毫米，即以此为指标和季风区域分界。二级划分 15 个带：季风区 10 个带，干旱区域 2 个带，高寒区域 3 个带。三级以降水量和温度以及地形、水文、土壤、植被等为指标，将全国划分为 46 个地区。

第十二节 《中国生态环境区划初探》中的空间秩序

高密来在科学认识中国各地区自然条件及人们的社会经济活动对生态环境作用过程的方式和强度存在着明显的地域差异，以生态潜力和资源需求影响为依据，根据生态环境的区划原则，于 1995 年划分出 9 个生态环境区，分别为：冀、鲁、豫（包括京津）区，晋陕甘宁区，辽吉黑区，苏皖鄂区（包括沪），浙湘赣区，闽粤桂琼区，川滇黔区，蒙新区，青藏区。

第十三节 中国"九五"计划中的空间秩序

第九个五年计划，1996—2000 年中国国民经济和社会发展的计划，简称"九五"计划。1996 年 3 月，全国人大八届四次会议通过了《国民经济和社会发展"九五"计划和 2010 年远景目标纲要》。这是中国社会主义市场经济条件下的第一个中长期计划，是一个跨世纪的发展规划。"九五"期间国民经济和社会发展的主要奋斗目标确定为"全面完成现代化建设的第二步战略部署"。我国在"九五"计划中提出以下与空间秩序有关的内容：

区域经济协调发展：进一步发挥各地区的优势，发展各具特色的优势产业。东部地区要充分利用有利条件，发展外向型经济。中西部地区，要积极适应发展市场经济的要求，发挥资源优势，积极发展优势产业和产品，提高加工深度，使资源优势逐步变为经济优势。

七个经济区域：按照市场经济规律和经济内在联系以及地理自然特点，突破行政区划界限，在已有经济布局的基础上，以中心城市和交通要道为依托，逐步形成长江三角洲及沿江地区、环渤海地区、东南沿海地区、西南和华南部分省区、东北地区、中部五省地区以及西北地区这7个跨省区市的经济区域。

国土资源保护和开发：依法保护并合理开发土地、水、森林、草原、矿产和海洋资源，完善自然资源有偿使用制度和价格体系，逐步建立资源更新的经济补偿机制。加强土地管理。加强海洋资源调查，开发海洋产业，保护海洋环境。加强测绘工作，搞好基础地理信息系统建设。加强地质勘查，贯彻保证基础地质、加强普查、择优详查、对口勘探的方针，努力增加矿产资源储备。加强灾害性天气、气候和地震、地质灾害的监测预报与防治。

第十四节 《中国土壤侵蚀类型区划》中的空间秩序

1. 概况

1997年发表的《土壤侵蚀分类分级标准》中全国土壤侵蚀类型区划，是依据辛树帜等编制的土壤侵蚀类型分区标准。1998年国务院正式批准的《全国生态环境建设规划》，也是以该土壤侵蚀类型分区为基础。以下以辛树帜等及水利部确定的全国土壤侵蚀区划划分的二级分区为基础，分述土壤侵蚀区域特征，其将中国划分为3大土壤侵蚀类型区，即以水力侵蚀为主的类型区、以风力侵蚀为主的类型区和以冻融侵蚀为主的类型区，在一级类型区下，又划分出10个二级类型区。

2. 结果

依据上述土壤侵蚀类型区划的原则，该区划将我国划分为3个一级类型区、10个二级类型区，其中水力侵蚀类型区大体分布在我国大兴安岭—阴山—贺兰山—青藏高原东缘一线以东，包括西北黄土高原、东北低山丘陵和漫岗丘陵、北方山地丘陵、南方山地丘陵、四川盆地及周围山地丘陵、云贵高原等6个二级类型区。区划系统如表7-12。

表 7–12　　　　　　　　　　土壤侵蚀类型区划方案

一级类型区	二级类型区	区划范围及特点
I 水力侵蚀为主的类型区	I1 西北黄土高原区	西界青海日月山，西北为贺兰山，北为阴山，东为太行山，南为秦岭，地处黄河中游。区内丘陵起伏，沟谷密度大，黄土层深厚，水蚀为主，兼风蚀、重力侵蚀。植被破坏，陡坡开垦严重，侵蚀模数多在 5000—10000t（km^2·a），甚至高达 20000t（km^2·a）以上。黄河的高含沙量主要来自黄土高原的水土流失
	I2 东北低山丘陵和漫岗丘陵	南界为吉林省南部，东西北三面为大小兴安岭和长白山所围绕。以低丘、岗地黑土区坡耕地侵蚀为主，兼有沟蚀、风蚀、融雪侵蚀
	I3 北方山地丘陵	东北漫岗丘陵以南，黄土高原以东，淮河以北，包括东北南部及冀、晋、内蒙古、豫、鲁等山地、丘陵。植被覆盖差、土层浅薄，随同水土、砂石侵蚀，易患及海河、淮河的安危
	I4 南方山地丘陵	以大别山为北屏，巴山、巫山为西障，西南以云贵高原为界，东南直抵海域并包括台湾、海南岛及南海诸岛。年降水量多在 1000—2000mm，多暴雨，以紫色砂页岩及厚层花岗岩风化物上发生的面蚀、沟蚀为主，兼崩岗
	I5 四川盆地及周围山地丘陵	北与黄土高原接界，南与红壤丘陵区相接。年降水量 1000mm 左右，土壤侵蚀发生在紫色砂页岩及花岗岩风化物，土少石多，陡坡耕垦，面蚀、沟蚀兼崩岗、滑坡、泥石流分布广泛，是长江上游泥沙主要来源区
	I6 云贵高原	包括云南、贵州及湖南、广西的高原、山地、丘陵。热带雨林也在本区。滑坡、泥石流活动频繁，贵州石灰岩山地陡坡开垦形成的石漠化景观较突出
II 风力侵蚀为主的类型区	II1 三北戈壁沙漠及土地沙漠化风蚀区	主要分布于西北、华北及东北的西部，包括新疆、青、甘、陕、宁、内蒙古部分地区。年降水量 100—300mm，多大风、沙尘暴。除腾格里等大沙漠外，因受人为不合理耕垦及过牧影响的沙漠化土地为本区防治的重点
	II2 沿河环湖滨海平原风沙区	主要分布在山东黄泛平原、鄱阳湖滨沙丘及福建、海南滨海区，影响到土地荒漠化的扩展

续表

一级类型区	二级类型区	区划范围及特点
Ⅲ冻融侵蚀为主的类型区	Ⅲ1 北方冻融侵蚀区	主要分布在东北大兴安岭山地及新疆的天山山地,属多年冻土区
	Ⅲ2 青藏高原冰川、冻融侵蚀区	分布在青藏高原。冰川、冻融侵蚀为主,局部有冰川、泥石流发生

第十五节 《中华文化通志·科学技术典地学志》中的空间秩序

《中华文化通志·科学技术典地学志》于1998年出版,该书中涉及的行政区划内容大致如下：中国地方行政区划始于周代。周代以前为传说中的州服制：将京城外面的土地分为五等,每一等四方各五百里,每服向天子服役的内容也不同。《周礼》、《逸周书》的《职方篇》又分天下为九服：王圻（畿）、侯服、甸服、男服、采服、卫服、蛮服、夷服、镇服、藩服。这是五服的演变与发展,本质是一样的,只是分的层次增多一些而已。

春秋以前的地方行政区划,大略分为国（国都）、邑、鄙三级。春秋时,齐、晋、秦、楚皆有县制。晋、秦有郡制。郡、县皆由邑、鄙演化而来,形成郡或县一级地方行政区划。

秦始皇统一中国,确立以郡统县,除内史外,分天下为三十六郡。后平百越,又置南海、桂林、象郡、闽中四郡。北伐匈奴,收朔方,置九原郡,与以上三十七郡合为四十二郡,形成中央—郡—县三级行政区划。

西汉初年,广封王侯,郡、国并行,王国与郡的地位略等。汉武帝时,"南置交趾,北置朔方之州,兼徐、梁、幽、并夏周之制,改雍曰凉,改梁曰益,凡十三州,置刺史"（《汉书·地理志》）。此时,《禹贡》里的自然区划九州,正式成为行政区划中的州。州下设郡、王国,郡、王国下设县、邑、道、侯国，形成中央—州—郡（王国）—县（邑、道、侯国）四级行政区划。这种区划一直延续到西晋。

东晋时，由于政治上分裂割据，产生了侨州郡县制度，侨实相错，辖隶统属复杂。南北朝时，州的范围越来越小，只相当于郡或小于郡。隋初，废郡存州、县，形成中央—州—县三级行政区划。炀帝时又废州改郡，以郡统县，郡上设十五州部官员，恢复了汉武帝时的四级行政区划。

唐太宗时，"因山川形便，分天下为十道"（《新唐书·地理志》）。唐玄宗增至十五道，道下设府，分三类：第一，京都及行在府；第二，国内重要地区的都督府；第三，沿边重要地区的都护府，形成中央—道—府—州—县五级行政区划。

宋代改道为路，最初设十五路，至元丰末，增至二十三路，形成中央—路—府（州、军）—县（监）四级行政区划。

元代创设省制，分全国为一个中书省、十一个行中书省。省下设路、府（州）、县，形成中央—省—路—府（州）—县五级行政区划。

明代改省为承宣布政使司，分全国为二直隶十三承宣布政使司，形成中央—承宣布政使司—府（直隶州）—州—县五级行政区划。

清代恢复省称，形成中央—省—道—府（直隶州、厅）—县（州、厅）五级行政区划。

民国时期为中央—省—县三级行政区划。

第十六节 《地球系统科学中国进展·世纪展望》中的空间秩序

青藏高原是中国一个独特的自然地域单元，其地表自然界有着明显的区域差异。按照高原自然情况的差异划分为区域并依据其从属关系得出一定的地域等级系统，就是青藏高原自然区划的研究内容。

地表自然界的地域分异是地带性因素和非地带性因素相互制约、共同作用的结果。地势因素的作用通常被认为是第二位的，它所引起的垂直地带性从属于水平地带性，然而由于青藏高原海拔高亢、地域广阔，其自然景观类型、特征及自然历史均与低地迥然有别。所以将其作为高级区划单元独立列出，充分反映出地势因素的重要作用。青藏高原的地势格局及大气环流对地域分异有着决定性的影响，形成了高原温度、水分条件地域组合的不同。从东南温暖湿润向西北寒冷干旱变化，表现为山地森林—高山草甸—高山/山地草原—高山/山地荒漠的地带更迭。由于垂直地带和水平地带犬牙交错，所以自然地带是三维地带性紧密结合的产物。

与低海拔区域一样，青藏高原自然区划采用了和地表自然界地域分异规律相应的原则和方法。较高级单位的划分遵循生物气候原则，即地带性原则，要求先表现出水平地带性，然后反映出垂直地带性。较高级单位的划分着重以自然界中的现代特征与进展特征为主要依据，着重考虑不能改变或很难改变的自然要素；较低级单位的划分则着重以残存特征为主要依据，着重考虑较易改变的要素。为了先使水平地带性得到充分的反映，后再体现垂直地带性的差异，需要对高原山地的各种地貌类型组合与基面的海拔高度进行分析研究，按不同区域确定代表基面及其海拔高度范围，使资料数据得以对照比较。如羌塘高原以广阔的湖成平原和山麓平原为代表，海拔4500—4800米，而藏南则以海拔3500—4500米的宽谷盆地为代表部位，这也考虑到人类聚居和从事生产活动的主要地段在河谷盆地这一因素。据此来比较各个区域的温度水分条件组合以及地带性植被和土壤，进而划分为不同的自然地域单元。

按演绎途径自上而下进行青藏高原自然区划可以区分为类型区划和区域区划两种。先在较高级单元中进行类型区划，然后在较低级单元中转变为区域区划。如温度带的划分、地带性水分状况的区划都具有类型区划的性质，它们结合形成的自然地区和自然地带，则是由类型区划向区域区划转变和过渡的地域单元。在温度带及水分状况区域的划分中虽分别拟定了有关的温度和干燥度指标，却不应将气候等值线图作为区划的标准，而是以气候、土壤、植被的地理相关关系为基础，提出可以作为划定界线依据的指标或指标综合体。按归纳途径自下而上的自然区划以土地类型为基础，依照其组合关系从类型单位合并到区域单位，并从低级单位向高级单位逐级综合。它与自上而下的演绎途径互为补充，更适合于中、小尺度范围低级层次的综合自然区划。刘燕华以土地类型结构的分析为基础，对西藏雅鲁藏布江中游地区进行自然区划的尝试，为更大范围内高原山地的自然地域系统研究提供了范例。

在多年考察研究的基础上，青藏高原部门与综合自然区划工作进展显著。按照地质基础、受力机制和外营力切割强度的差别，李吉均将青藏高原划分为 3 个二级地貌区，即西部高山深谷区、中部高原山脉盆地区及东南部平行岭谷山原区。按气候状况将青藏高原划分为 3 个气候带，即高原寒带、高原亚寒带和高原温带，再依干湿状况划分为不同的气候区。高原上动植物区系分属于不同的系统，历史古老的暖湿成分占据东南部，而较年轻的耐寒旱种类则分布于高原内部，形成独特的高原生物区系。以日均温 >10℃ 的天数作为主要指标，最暖月平均气温为辅助指标，可将青藏高原划分为高原温带和高原亚寒带两个温度带。以年干燥度为主要指标，年降水量为辅助指标，可区分为湿润、半湿润、半干旱和干旱等不同水分状况的地域类型。高原温度带和水分状况地域类型的不同组合形成自然地带这一基本地域单元。根据高原地表自然界地域分异特点，依照大地貌的区域差异，温度水分条件的不同组合，地带性植被、土壤和垂直自然带结构类型的异同，可将青藏高原划分为 10 个各具特色的自然地带，其中有 6 个自然地带属于高原温带，其余 4 个则划归高原亚寒带。

第十七节 《中国生物多样性的生态地理区划》中的空间秩序

生态地理区划是生物多样性研究的空间分异基础。倪健、陈仲新等在以国际上的生态地理区划原则为依据的基础上，结合我国具体情况，采用多元分析与地理信息系统等手段，综合各种生态地理因子，利用模糊聚类的手段，对中国生物多样性的生态地理进行了四级划分，于 1998 年将全国划分为 5 个生物大区、7 个生物亚区和 18 个生物群区。该区划为自然资源合理开发、利用与保护以及综合农业规划布局与可持续发展打下基础。具体区划结果如表 7-13。

表 7-13　　　　　　中国生物多样性的生态地理区划

生物大区	生物亚区	生物群区
Ⅰ 北方森林大区	Ⅰ A 欧亚北方森林亚区	Ⅰ A$_1$ 南泰加山地寒温针叶林
		Ⅰ A$_2$ 北亚针阔叶混交林
Ⅱ 北方草原荒漠大区	Ⅱ B 欧亚草原亚区	Ⅱ B$_1$ 内亚温带禾草草原
		Ⅱ B$_2$ 黄土高原森林草原（灌木草原）
	Ⅱ C 亚非荒漠亚区	Ⅱ C$_1$ 中亚温带荒漠
		Ⅱ C$_2$ 蒙古/内亚温带荒漠
Ⅲ 东亚大区	Ⅲ D 东亚落叶阔叶林亚区	Ⅲ D$_1$ 东亚落叶阔叶林
	Ⅲ E 东亚常绿阔叶林亚区	Ⅲ E$_1$ 东亚落叶—常绿阔叶混交林
		Ⅲ E$_2$ 东亚常绿阔叶林
		Ⅲ E$_3$ 东亚季风常绿阔叶林
		Ⅲ E$_4$ 西部山地常绿阔叶林
Ⅳ 旧热带大区	Ⅳ F 印度—马来热带森林亚区	Ⅳ F$_1$ 北热带雨林、季雨林
		Ⅳ F$_2$ 热带海岛植被
Ⅴ 亚洲高原大区	Ⅴ G 青藏高原亚区	Ⅴ G$_1$ 青藏高寒灌丛草甸
		Ⅴ G$_2$ 青藏高寒草原
		Ⅴ G$_3$ 青藏高寒荒漠
		Ⅴ G$_4$ 青藏温性草原
		Ⅴ G$_5$ 青藏温性荒漠

第十八节　《关于中国国家自然地图集中的中国植被区划图》中的空间秩序

1. 概况

孙世洲在中国植被编辑委员会 1980 年方案和侯学煜 1965 年及 1988

年方案的基础上，对中部和西北地区、东部亚热带和热带地区，根据80年代特别是百万分之一中国植被图工作的有关最新资料做了许多调整，并且将草原带、荒漠带与亚洲的相应植被带及气候区域分异进行了衔接。于1998年将中国植被区划系统分为4级：超级单位植被带的划分依据为占优势的植被型组；一级单位植被区域的主要划分依据为占优势的植被型；二级单位植被地带的主要划分依据为植被亚型；三级单位植被区的主要划分依据为具有明显地区性的植被群系。

2. 结果

依据相关原则和方法，该植被区划系统共有3个植被带、14个植被区域、30个植被地带、73个植被区，具体区划如表7-14。

表7-14　　　　　　　　　中国植被区划结果

植被带	植被区域	植被地带	植被区
湿润半湿润森林地带	Ⅰ 寒温带落叶针叶林区域	寒温带落叶针叶林地带	大兴安岭北部山地兴安落叶松（Larix gmelinii）林区
	Ⅱ 温带针阔叶混交林区域	温带北部针阔叶混交林地带	小兴安岭、完达山地红松（Pinus koraiensis）针阔叶混交林区
			三江平原苔草（Carex）沼泽区
		温带南部针阔叶混交林地带	长白山地红松、沙冷杉（Abies holophylla）针阔叶混交林区
	Ⅲ 暖温带落叶阔叶林区域	暖温带北部落叶栎林地带	辽东丘陵、平原赤松、蒙古栎（Quercus mongolica）、栽培植被区
			冀辽山地、丘陵油松、蒙古栎、槲栎（Q. aliena）林区
			黄河、海河平原栽培植被区
			黄土高原东部含草原的油松、辽东栎（Q. liaotungensis）、槲树（Q. dentata）林、栽培植被区
		暖温带南部落叶栎林地带	胶东丘陵赤松、麻栎林、栽培植被区

续表

植被带	植被区域	植被地带	植被区
			鲁中南山地丘陵油松、麻栎、栓皮栎（Q. variabilis）林、栽培植被区
			晋南、关中平原、山地油松、华山松（Pinus armandii）、栓皮栎、锐齿槲栎（Quercus aliena var. acuteserrata）林、栽培植被区
			西秦岭北麓、陇山山地、黄土丘陵含草原的华山松、辽东栎林区
		北亚热带常绿阔叶、落叶阔叶混交林地带	江淮平原栽培植被、水生植被区
			秦巴山地栎类、巴山松（P. henryi）、华山松林区
			淮扬山地丘陵落叶栎类、青冈、马尾松（Pinus massoniana）林区
	Ⅳ 亚热带东部湿润常绿阔叶林区域		浙皖青冈、苦槠（Castanopsis selerop hylla）、栽培植被区
			浙闽甜槠（C. eyeri）、木荷（Schima sup erba）林区
		中亚热带常绿阔叶林地带	湘赣鄂山地栲类、栽培植被区
			两湖平原栽培植被、水生植被区
			四川盆地栽培植被、润楠（Machilus pingii）林区
			台北锥栗（Castanea henryi）、红楠（Machilus thunbergii）、栽培植被区
			南岭闽中山地含覃树的栲类林区
			川南、黔桂山地栲类、木荷林、石灰岩植被区
		南亚热带常绿阔叶林地带	台中南红楠、大叶钓樟（Lindera megaphylla）、栽培植被区
			闽粤桂南部栲类厚壳桂（Cryptocarya chinensis）林、栽培植被区
			桂西石灰岩丘陵山地青冈、麻木林区

续表

植被带	植被区域	植被地带	植被区
	Ⅴ 亚热带西部半湿润常绿阔叶林区域	中亚热带常绿阔叶林地带	滇中高原、盆地滇青冈（Cyclobalanopsis）
			栲类、云南松（Pinus yunnanensis）林区
			川滇山地、峡谷云南松林、干热河谷植被区
		南亚热带常绿阔叶林地带	滇黔桂石灰岩山地润楠、青冈、细叶云南松（Pinus yunaensis var. tenuifolia）林区
			滇西南山地、峡谷栲类、红木荷（Schima wallichii）、思茅松（Pinus khasya）林区
	Ⅵ 高原山地寒温性、温性针叶林区域	高原山地寒温性针叶林地带	川西山地云杉、冷杉、常绿阔叶林区
			横断山北部云杉、冷杉林区
		高原山地寒温性、温性针叶林、硬叶常绿阔叶林地带	横断山南部云杉、冷杉林、硬叶常绿栎林区
			东喜马拉雅山北部云杉、冷杉林、高山松（Pinus densata）林区
	Ⅶ 热带东部湿润季雨林、雨林区域	北热带半常绿季雨林地带	粤桂琼台地、丘陵半常绿季雨林区
			桂西南石灰岩丘陵季雨林区
		中热带季雨林、雨林地带	琼南丘陵、山地季雨林、雨林区
		南热带和赤道热带珊瑚岛植被地带	南热带珊瑚岛植被区
			赤道热带珊瑚岛植被区
	Ⅷ 热带西部半湿润季雨林雨林区域	北热带季节雨林、半常绿季雨林地带	滇南盆地、谷地季节雨林、季雨林区
			滇西南河谷、山地半常绿季雨林区
			东喜马拉雅南麓河谷季雨林、雨林区

续表

植被带	植被区域	植被地带	植被区
半干旱草原带	IX 温带草原区域	东北西部森林草原地带	大兴安岭山地森林草原区
			松辽平原外围栎林、草原区
		内蒙古高原、松辽平原典型草原地带	松辽平原坨甸地型草原区
			内蒙古高原典型草原区
		乌兰察布高原荒漠草原地带	乌兰察布高原矮禾草、矮半灌木荒漠草原区
			暖温带草原区域
	X 暖温带草原区域	黄土高原中部典型草原地带	黄土高原中部禾草、蒿类（Artemisia）草原区
			青海东部山地草原区
		黄土高原西部荒漠草原地带	黄土高原西部矮禾草、矮半灌木荒漠草原区
	XI 高原高寒草甸、草原区域	川青藏高寒灌丛、草甸地带	川西、藏东高寒灌丛、草甸区
			藏东、青南高寒草甸区
		青藏高寒草原地带	江源、南羌塘紫花针茅（Stipa purpurea）高寒草原区
		藏北高寒荒漠草原地带	北羌塘硬叶苔草（Carex moorcroftii）
			垫状蒿（Artemisia minor）高寒荒漠草原区
		原藏区南高原温性草原地带	藏南高原河谷、湖盆区针茅、固沙草（Orinus thoroldii）温性草原区
干旱荒漠带	XII 温带荒漠区域	温带干旱半灌木、小乔木荒漠地带	准噶尔盆地小乔木、半灌木荒漠区
			塔城谷地蒿类荒漠、山地草原区
			天山北麓山地寒温性针叶林、草原区
			伊犁谷地蒿类荒漠、山地寒温性针叶林、落叶阔叶林区
			阿尔泰山地草原、寒温性针叶林区

续表

植被带	植被区域	植被地带	植被区
	XIII暖温带荒漠区域	暖温带东部干旱半灌木、灌木荒漠地带	阿拉善草原化荒漠、半灌木荒漠区
			马鬃山、诺敏戈壁稀疏灌木、半灌木荒漠区
			东祁连山地寒温性针叶林、山地草原区
			柴达木盆地东部灌木、半灌木荒漠区
		暖温带西部极端干旱灌木、半灌木荒漠地带	东疆盆地、哈顺戈壁稀疏灌木荒漠区
			塔里木盆地裸露荒漠、稀疏灌木、半灌木荒漠区
			天山南麓、西昆仑山地半荒漠、草原区
			中昆仑、阿尔金山地半灌木荒漠区
			东阿尔金、西祁连山地半灌木荒漠、荒漠草原区
			柴达木盆地西部裸露荒漠、半灌木、灌木荒漠、盐漠区
			东昆仑山地草原、矮灌木、半灌木、裸露石山荒漠区
	XIV高原高寒荒漠区域	昆仑山原、帕米尔高原高寒荒漠地带	昆仑山原、帕米尔高原垫状矮半灌木、硬叶苔草高寒荒漠区
		阿里高原谷地温性荒漠地带	阿里高原谷地驼绒藜（Ceratoides latens）荒漠、山地沙生针茅（Stipa glareosa）草原区

第十九节　中国气候区划中的空间秩序

陈咸吉等在地势高低悬殊和幅员广大的地域内进行气候区划，研究气象要素随纬度和海拔而异的变化关系，以及它与实际气候带的拟合度，且三级气候区划的每一级使用同一要素的指标进行划分，于1999年划分出14个温度带、27个干湿区，具体区划结果如表7-15。

表 7-15　　　　　　　　　　　中国气候区划

温度带	大区
Ⅰ 寒温带	Ⅰ A 寒温带湿润大区
Ⅱ 中温带	Ⅱ A 中温带湿润大区
	Ⅱ B 中温带亚湿润大区
	Ⅱ C 中温带亚干旱大区
	Ⅱ D 中温带干旱大区
	Ⅱ E 中温带极干旱大区
Ⅲ 暖温带	Ⅲ A 暖温带湿润大区
	Ⅲ B 暖温带亚湿润大区
	Ⅲ C 暖温带干旱大区
	Ⅲ D 暖温带极干旱大区
Ⅳ 北亚热带	Ⅳ A 北亚热带湿润大区
Ⅴ 中亚热带	Ⅴ A 中亚热带湿润大区
Ⅵ 南亚热带	Ⅵ A 南亚热带湿润大区
	Ⅵ B 南亚热带亚湿润大区
Ⅶ 边缘热带	Ⅶ A 边缘热带湿润大区
	Ⅶ B 边缘热带亚湿润大区
Ⅷ 中热带	Ⅷ A 中热带湿润大区
Ⅸ 赤道热带	Ⅸ A 赤道热带湿润大区
H Ⅰ 高原热带山地	
H Ⅱ 高原亚热带山地	
H Ⅲ 高原温带	H Ⅲ A 高原温带湿润大区
	H Ⅲ B 高原温带亚湿润大区
	H Ⅲ C 高原温带亚干旱大区
	H Ⅲ D 高原温带干旱大区
	H Ⅲ E 高原温带极干旱大区
H Ⅳ 高原亚寒带	H Ⅳ A 高原亚寒带湿润大区
	H Ⅳ B 高原亚寒带亚湿润大区
	H Ⅳ C 高原亚寒带亚干旱大区
H Ⅴ 高原寒带	H Ⅴ D 高原寒带干旱大区

第二十节 中国生态地理动物群分布中的空间秩序

1999年,张荣祖等依据相关原则和方法划分8个(一级)大生态动物地理群,11个(二级)次级动物地理群。区划系统如表7-16。

表7-16　　　　　　　　中国生态地理动物群分布

动物群	次级动物群
Ⅰ寒温带针叶林动物群	
Ⅱ温带森林、森林草原动物群	1. 温带森林动物群 2. 温带森林草原动物群
Ⅲ温带草原动物群	
Ⅳ温带荒漠、半荒漠动物群	1. 荒漠动物群 2. 半荒漠动物群 3. 高原荒漠动物群
Ⅴ高山森林草原、草甸草原动物群	1. 高山森林草原动物群 2. 高山草甸草原动物群 3. 高山寒漠动物群
Ⅵ亚热带灌林草地动物群	1. 高地森林草原动物群 2. 高地草甸草原动物群 3. 高地寒漠动物群
Ⅶ热带森林、灌林草原动物群	
Ⅷ农田、绿洲动物群	

第二十一节 《中国水文区划》中的空间秩序

1. 概况

熊怡等在大量实地科学考察并结合对全国历年水文观测资料的统计、分析和编图的基础上,于1995年出版了《中国水文区划》,全国水文区划采用两级区划系统:第一级以径流量为主要划分指标将全国划分为11

个水文地区，第二级以径流的年内分配和径流动态为指标细分为 56 个水文区。

2. 结果

依据相关水文区划的原则，将全国划分为 11 个水文大区：东北寒温带、中温带多水、平水地区，华北暖温带平水、少水地区，秦、巴、大别山北亚热带多水地区，东南亚热带、热带丰水地区，西南亚热带、热带多水地区，滇西、藏东南亚热带、热带丰水地区，内蒙古中温带少水地区，西北山地中温带、亚寒带、寒带平水、少水地区，西北盆地温带、暖温带干涸地区，青藏高原东部和西南部温带、亚寒带平水地区，羌塘高原亚寒带、寒带少水地区。以径流的年内分配和径流动态为二级分区指标同时结合自然地理条件，将每个水文大区划分成几个二级区，全国共划分为 56 个二级区，具体区划如表 7 – 17。

表 7 – 17　　　　　　　　中国水文区划

水文大区	水文二级区
东北寒温带、中温带多水、平水区（Ⅰ）	大兴安岭北部水文区（ⅠA）
	大兴安岭中部水文区（ⅠB）
	小兴安岭水文区（ⅠC）
	长白山西侧低山丘陵水文区（ⅠD）
	长白山东侧水文区（ⅠE）
	三江平原水文区（ⅠF）
华北暖温带平水、少水区（Ⅱ）	辽东半岛与山东半岛水文区（ⅡA）
	辽河下游平原与海河平原水文区（ⅡB）
	淮北平原水文区（ⅡC）
	冀晋山地水文区（ⅡD）
	黄土高原水文区（ⅡE）
秦巴、大别山北亚热带多水区（Ⅲ）	秦岭、大巴水文区（ⅢA）
	桐柏、大别水文区（ⅢB）
	长江中、下游平原水文区（ⅢC）

续表

水文大区	水文二级区
东南亚热带、热带丰水区（Ⅳ）	湘、赣、浙西水文区（ⅣA）
	武夷、南岭山地水文区（ⅣB）
	浙、闽、粤沿海水文区（ⅣC）
	钦州、雷州半岛水文区（ⅣD）
	海南岛水文区（ⅣE）
	台湾水文区（ⅣF）
	南海诸岛水文区（ⅣG）
西南亚热带、热带多水区（Ⅴ）	湘、鄂西山地水文区（ⅤA）
	川东、黔北水文区（ⅤB）
	四川盆地水文区（ⅤC）
	滇东、滇中高原水文区（ⅤD）
	黔南、桂西水文区（ⅤE）
滇西、藏东南亚热带丰水区（Ⅵ）	藏东南、滇西北水文区（ⅥA）
	滇西南水文区（ⅥB）
西北山地中温带、亚寒带、寒带平水、少水区（Ⅶ）	阿尔泰山水文区（ⅦA）
	准噶尔西部山地水文区（ⅦB）
	天山水文区（ⅦC）
	伊犁水文区（ⅦD）
	帕米尔高原水文区（ⅦE）
	昆仑山西部水文区（ⅦF）
	昆仑山东部水文区（ⅦG）
	祁连山水文区（ⅦH）
内蒙古中温带少水区（Ⅷ）	松辽平原水文区（ⅧA）
	大兴安岭南部山地水文区（ⅧB）
	内蒙古高原水文区（ⅧC）
	阴山、鄂尔多斯高原水文区（ⅧD）

续表

水文大区	水文二级区
西北盆地温带、暖温带干涸区（Ⅸ）	准噶尔盆地水文区（ⅨA）
	吐鲁番、哈密盆地水文区（ⅨB）
	塔里木盆地水文区（ⅨC）
	河西、阿拉善水文区（ⅨD）
	噶顺戈壁与北山戈壁水文区（ⅨE）
	柴达木盆地水文区（ⅨF）
青藏高原东部和西南部温带、亚寒带平水区（Ⅹ）	长江河源水文区（ⅩA）
	黄河上游水文区（ⅩB）
	三江上游水文区（ⅩC）
	川西东部边缘山地水文区（ⅩD）
	藏东、川西西部水文区（ⅩE）
	念青唐古拉山东段南翼水文区（ⅩF）
	雅鲁藏布江中游水文区（ⅩG）
	印度河上游与雅鲁藏布江上游水文区（ⅩH）
羌塘高原亚寒带、寒带少水区（Ⅺ）	南羌塘水文区（ⅪA）
	北羌塘水文区（ⅪB）

第二十二节 《中国（综合）生态区划的新方案》中的空间秩序

杨勤业和李双成在充分考虑我国生态地域、生态系统服务功能、生态资产、生态敏感性以及人类活动对生态环境胁迫等要素，强调自然生态区域分异的基础上，从关注人类活动对生态环境的影响及主要区域出发，为不同区域经济发展和环境保护政策的制定提供科学理论依据，采用自上而下逐级划分、专家集成与模型定量相结合的方法来划分各生态区单元，于1999年对我国生态地域进行等级划分，得到了3个生态大区、13个生态地区、57个生态区的区划方案。

表7-18　　　　　　　　　中国（综合）生态区划方案

大区	地区	区
东部湿润、半湿润大区（I）	寒温带湿润针叶林生态地区（I₁）	大兴安岭北部针叶林生态区 [I₁₍₁₎]
	温带湿润针阔混交林生态地区（I₂）	大、小兴安岭针阔混交林生态区 [I₂₍₁₎]
		三江平原农业湿地生态区 [I₂₍₂₎]
		长白山针阔混交林生态区 [I₂₍₃₎]
		东北平原农业生态区 [I₂₍₄₎]
	暖温带湿润、半湿润落叶阔叶林生态地区（I₃）	华北山地落叶阔叶林生态区 [I₃₍₁₎]
		环渤海城镇及城郊农业生态区 [I₃₍₂₎]
		胶东半岛落叶阔叶林生态区 [I₃₍₃₎]
		鲁中南山地丘陵落叶阔叶林生态区 [I₃₍₄₎]
		黄淮海平原农业生态区 [I₃₍₅₎]
		黄土高原水土流失敏感生态区 [I₃₍₆₎]
		汾、渭河谷农业生态区 [I₃₍₇₎]
	亚热带湿润常绿阔叶林生态地区（I₄）	秦巴山地常绿—落叶阔叶林生态区 [I₄₍₁₎]
		成都平原农业生态区 [I₄₍₂₎]
		三峡库区敏感生态区 [I₄₍₃₎]
		长江中游平原农业湿地生态区 [I₄₍₄₎]
		大别山、天目山常绿阔叶林生态区 [I₄₍₅₎]
		长江三角洲城镇及城郊农业生态区 [I₄₍₆₎]
		浙闽山地常绿阔叶林生态区 [I₄₍₇₎]
		湘赣丘陵农业生态区 [I₄₍₈₎]
		湘西及黔鄂山地常绿阔叶林生态区 [I₄₍₉₎]
		黔桂喀斯特脆弱生态区 [I₄₍₁₀₎]
		岭南山地常绿阔叶林生态区 [I₄₍₁₁₎]
		粤西南沿海丘陵农业生态区 [I₄₍₁₂₎]
		珠江三角洲城镇及城郊农业生态区 [I₄₍₁₃₎]
		台湾岛常绿阔叶林生态区 [I₄₍₁₄₎]
	热带湿润雨林、季雨林生态地区（I₅）	雷州半岛热带农业生态区 [I₅₍₁₎]
		海南环岛热带农业生态区 [I₅₍₂₎]
		海南中部山地雨林、季雨林生态区 [I₅₍₃₎]
		南海诸岛岛屿生态区 [I₅₍₄₎]

续表

大区	地区	区
	南亚季风湿润、半湿润常绿阔叶林生态地区（I_6）	西双版纳热带雨林、季雨林生态区 [$I_{6(1)}$]
		喜马拉雅东翼山地热带雨林、季雨林生态区 [$I_{6(2)}$]
		云贵高原南部湿润常绿阔叶林生态区 [$I_{6(3)}$]
		云贵高原北部半湿润常绿阔叶林生态区 [$I_{6(4)}$]
		横断山区常绿阔叶林、暗针叶林生态区 [$I_{6(5)}$]
西部干旱、半干旱生态大区（II）	半干旱草原生态地区（II_1）	呼伦贝尔草原生态区 [$II_{7(1)}$]
		内蒙古高原典型草原生态区 [$II_{7(2)}$]
		内蒙古高原东南缘农牧交错带脆弱生态区 [$II_{7(3)}$]
	半干旱荒漠草原生态地区（II_2）	河套平原灌溉农业生态区 [$II_{8(1)}$]
		毛乌素沙地荒漠生态区 [$II_{8(2)}$]
		鄂尔多斯高原荒漠草原生态区 [$II_{8(3)}$]
	干旱半荒漠生态地区（II_3）	阿拉善高原半荒漠生态区 [$II_{9(1)}$]
		河西走廊绿洲农业生态区 [$II_{9(2)}$]
	干旱荒漠生态地区（II_4）	阿尔泰山地森林草原生态区 [$II_{10(1)}$]
		准噶尔盆地荒漠生态区 [$II_{10(2)}$]
		天山山地草原—针叶林生态区 [$II_{10(3)}$]
		塔里木盆地荒漠—戈壁生态区 [$II_{10(4)}$]
青藏高原高寒生态（III）	青藏高原森林—高寒草甸生态地区（III_1）	青藏高原东南部常绿阔叶林—暗针叶林生态区 [$III_{11(1)}$]
		青藏高原东部暗针叶林—高寒草甸生态区 [$III_{11(2)}$]
	青藏高原高寒草原、高寒草甸生态地区（III_2）	祁连山针叶林—高寒草甸生态区 [$III_{12(1)}$]
		青海东部农牧生态区 [$III_{12(2)}$]
		江河源区高寒草甸生态区 [$III_{12(3)}$]
		藏南农牧生态区 [$III_{12(4)}$]
		羌塘高原高寒草原生态区 [$III_{12(5)}$]
	青藏高原高寒荒漠、半荒漠生态地区（III_3）	柴达木盆地荒漠—盐壳生态区 [$III_{13(1)}$]
		可可西里半荒漠—荒漠生态区 [$III_{13(2)}$]
		喀喇昆仑山砾漠生态区 [$III_{13(3)}$]

第二十三节　中国植物区系分区中的空间秩序

我国植物区系十分丰富、复杂，不但起源古老而且是研究世界种子植物区系起源的关键地区之一。由于疆域广袤，自然条件变化多端，从热带到高山寒带，从湿生到旱生的植物区系又无不有其一定的代表，因此区系分区问题一向是一个有趣和复杂的问题而为中外学者所密切注意。吴征镒、武素功等经过资料整理和相关研究，从植物区系成分和各地优势植被的区系组成进行了详细分析和对比，于1999年将我国分为2个植物区、7个亚区和22个地区，有些地区视有必要还进一步划分为亚地区。具体区划系统如表7-19。

表 7-19　　　　　　　　中国植物区系分区

区	亚区	地区	亚地区
泛北极植物区（Ⅰ）	A. 欧、亚森林植物亚区	1. 阿尔泰地区	
		2. 大兴安岭地区	
		3. 天山地区	
	B. 亚洲荒漠植物亚区	4. 中亚西部地区	(a) 塔城、伊犁亚地区
			(b) 准噶尔亚地区
		5. 中亚东部地区	(a) 喀什亚地区
			(b) 西、南蒙古亚地区
	C. 欧亚草原植物亚区	6. 蒙古草原地区	(a) 东蒙古亚地区
			(b) 东北平原亚地区
	D. 青藏高原植物亚区	7. 唐古拉地区	
		8. 帕米尔、昆仑、西藏地区	(a) 前、后藏亚地区
			(b) 羌塘亚地区
			(c) 帕米尔、昆仑亚地区
		9. 西喜马拉雅地区	

续表

区	亚区	地区	亚地区
	E. 中国—日本森林植物亚区	10. 东北地区	
		11. 华北地区	(a) 辽东、山东半岛亚地区
			(b) 华北平原、山地亚地区
			(c) 黄土高原亚地区
		12. 华东地区	
		13. 华中地区	
		14. 华南地区	
	F. 中国—喜马拉雅森林植物亚区	15. 滇、黔、桂地区	
		16. 云南高原地区	
		17. 横断山脉地区	
		18. 东喜马拉雅地区	
古热带植物区（Ⅱ）	G. 马来亚植物亚区	19. 台湾地区	
		20. 南海地区	
		21. 北部湾地区	
		22. 滇、缅、泰地区	

第二十四节 《中国生态区划研究》（1999）中的空间秩序

杨勤业和李双成于1999年在对中国自然环境各要素的生态地理关系进行综合分析研究的基础上，借鉴、吸纳已有的生态地域区划基本理论与方法，进一步全面地认识地表自然界的地域分异规律，特别是注意到突出人工生态系统的地位，打破了目前部分研究有意或无意地将生态地域划分与植被区划完全等同的理念，在中国生态地域划分中采用专家集成与模型定量相结合的方法，选取温度指标和水分指标两方面，其中温度指标包含以≥10℃日数（天）和≥10℃积温（℃）的主要指标以及以最冷月平均气温（℃）和最暖月平均气温（℃）的辅助指标，水分指标包含年干燥指数、天然植被等，该方案于1999年对我国生态地域进行重新划分，得到了3个生态大区、16个生态地区、52个生态区的区划方案。

区划系统如表7-20。

表7-20　　　　　　　　中国生态地域划分新方案

大区	生态地区	生态区
东部季风湿润半湿润生态系统大区（Ⅰ）	湿润寒温性生态系统地区（Ⅰ1）	（1）大兴安岭北部针叶林生态区
	湿润中温性生态系统地区（Ⅰ2）	（1）小兴安岭针阔混交林生态区 （2）长白山针阔混交林生态区 （3）东北平原东部农业生态区 （4）三江平原农业与湿地生态区
	半湿润中温性生态系统地区（Ⅰ3）	（1）大兴安岭中部森林草原、牧业生态区 （2）松嫩平原农牧生态区
	湿润温性生态系统地区（Ⅰ4）	（1）辽东胶东山地丘陵落叶阔叶林、农业生态区
	半湿润温性生态系统地区（Ⅰ5）	（1）鲁中山地丘陵落叶阔叶林生态区 （2）华北山地丘陵落叶阔叶林、农业生态区 （3）黄土高原森林草原、农业生态区 （4）华北平原农业生态区 （5）汾渭谷盆地农业生态区 （6）环渤海城镇及城郊农业生态区
	湿润温性—亚热性生态系统地区（Ⅰ6）	（1）秦巴、淮阳山地丘陵落叶—常绿阔叶混交林、农业生态区 （2）江淮及长江中下游平原农业生态区 （3）长江中游农业与湿地生态区 （4）长江三角洲城镇及城郊农业生态区
	湿润亚热性生态系统地区（Ⅰ7）	（1）浙闽山地常绿叶林生态区 （2）黔鄂山原常绿阔叶林生态区 （3）云南高原常绿阔叶林生态区 （4）横断山峡谷常绿阔叶林生态区 （5）东喜马拉雅森林生态区 （6）江南丘陵常绿阔叶林、农业生态区 （7）四川盆地农业生态区

续表

大区	生态地区	生态区
	旱性喀斯特生态系统地区（Ⅰ8）	（1）滇中黔西高原石灰性常绿阔叶林生态区
		（2）桂中北石灰性常绿阔叶林、农业生态区
	湿润亚热性—热性生态系统地区（Ⅰ9）	（1）滨西南常绿阔叶林、雨林生态区
		（2）海南中北部常绿阔叶林、雨林生态区
		（3）台湾中北部常绿阔叶林、雨林生态区
		（4）粤桂闽南部丘陵平原雨林性常绿阔叶林、农业生态区
		（5）南海海岸城镇及城郊农业生态区
	湿润热性生态系统地区（Ⅰ10）	（1）海南南部雨林生态区
		（2）台湾南部雨林生态区
		（3）南海岛屿雨林生态区
西北内陆干旱半干旱生态系统大区（Ⅱ）	半干旱温性生态系统地区（Ⅰ11）	（1）内蒙古高原东部草原、牧业生态区
		（2）鄂尔多斯高原东部森林草原、农牧生态区
		（3）西辽河农牧生态区
	干旱—半干旱温性生态系统地区（Ⅰ12）	（1）内蒙古高原中部草原、荒漠生态区
		（2）阿拉善高原草原、荒漠生态区
		（3）鄂尔多斯高原西部森林草原、牧业生态区
		（4）河套平原农业生态区
	干旱温性生态系统地区（Ⅰ13）	（1）阿尔泰山及准噶尔西部山地草原、荒漠、针叶林生态区
		（2）天山山地草原、荒漠、针叶林生态区
		（3）准噶尔及塔城盆地荒漠生态区
		（4）塔里木盆地与吐鲁番盆地荒漠生态区
青藏高原高寒生态系统地区（Ⅲ）	湿润寒冷高原生态系统地区（Ⅰ14）	（1）川西藏东森林、灌丛生态区
		（2）藏南山地灌丛、农业生态区
	半干旱寒冷高原生态系统地区（Ⅰ15）	（1）青南羌塘草原、荒漠生态区
		（2）青东祁连草原、森林、草甸生态区
	干旱寒冷高原生态系统地区（Ⅰ16）	（1）柴达木盆地荒漠生态区
		（2）阿里、昆仑山荒漠生态区

第二十五节 《中国区域发展报告》中的空间秩序

地理学家陆大道教授领导的"中国区域发展问题研究"课题组自20世纪80年代中期开始进行研究,并将其成果编制成《中国区域发展报告》,到目前为止已出版四期。这些报告以服务国民经济发展需求为宗旨,以资源环境可持续发展理论为支撑,科学阐述了我国的自然基础对区域发展的影响,透视了不同时期各地区的发展变化、发展战略实施的效果,跟踪分析了各地区发展差距的轨迹、产业结构升级的历程以及可持续发展状态。在"诊断"区域发展政策实施效果的基础上,提出了《我国区域持续发展的态势、问题与建议》《关于西部地区开发中几个重大关系问题》等决策咨询建议,得到了国务院等部门的批示,发挥了科学思想库的作用。中国区域问题研究以"政策—行动—效果"作为主线,所遵循的政策效应评价主线主要集中在两方面:一是对国家宏观区域发展战略和政策实施效果的总结及前瞻,"诊断"已实施政策的效果,为其在区域上的细化和进一步完善提供一定的决策支撑;二是对省一级区域开发和经济发展的重大举措进行跟踪评价,透视区域协调发展问题、"公平"与"效率"问题,以及区域发展与人口、资源、环境之间的关系演变问题等。

《1997年中国区域发展报告》以"区域经济发展"为主题,围绕经济增长与政策效应透视了我国的区域发展问题,阐述了我国宏观区域发展政策的演变以及实施的成就与效应,对80年代全国各省区市的发展状态按科学的指标体系进行了类型划分,分析评价了各地区"八五"期间实施的产业政策、对外开放政策、扶贫政策、区域合作政策及1994年以来实施的分税制对区域经济发展的作用,以及在高速经济增长状态下各地区生态环境的变化、面临的严峻问题等。

《1999年中国区域发展报告》以"持续发展"为主题,围绕"可持续"标准评述了我国区域发展的成效。重点阐述了各地区社会经济可持续发展的能力、状态与面临的问题,归类分析了各地区可持续发展的特征，从区域角度揭示了伴随高速增长出现的严重结构性问题和付出的巨大生态环境代价。报告还对"十五"和至1999年我国区域发展战略、方针提出了框架性建议。

《2000年中国区域发展报告》以"科学地认识西部地区"为主题。为了响应党中央提出的西部大开发的战略，该报告从多角度分析透视了西部开发中需要解决的科学问题。主要阐述了加快西部地区发展对于增强国家整体实力的重要意义；分析了西部地区特殊的地理环境和经济基础以及近年来国家及各地区在促进西部地区发展方面实施的政策及其效果。在深入研究的基础上，提出了西部地区发展目标、基础设施建设、生态环境保护、产业结构调整和社会发展等方面的合理化建议。

《2002年中国区域发展报告》以"战略性结构调整"为主题。20世纪90年代末期，为了应对亚洲金融危机和复杂的国际政治经济形势，党中央提出了实施国民经济战略性结构调整的决策，这是我国跨世纪发展的重大举措。该报告分析总结了我国各个地区1997年以来围绕国民经济战略性结构调整所采取的一系列战略与政策，阐述了近年来区域发展的态势、取得的成就以及新的区域发展格局等问题。

第八章
空间秩序：公元 2000—2009 年

第一节 《世界农业地理总论》中的空间秩序

《世界农业地理总论》由张同铸主编，并由商务印书馆在 2000 年出版发行，是《世界农业地理丛书》的组成部分。《世界农业地理总论》立足于世界农业的全局，重点阐述世界农业生产分布与地理条件的关系、主要农业自然资源及其利用状况，以及农业布局特点、类型区分和发展趋向。编者本着"洋为中用"原则，注意介绍并分析国外有关农业布局和经营的经验教训，以资我国因地制宜发展外向型农业借鉴。该书涉及的空间秩序有：

1. 土壤与农业

土壤是地球表面一切植物赖以生存的基础，也是农业生产最基本的生产资料之一。全球地域辽阔，自然条件复杂多样，各地气候和植被类型不同，成土母质各异，因此形成了种类繁多、性质不同的自然土壤和农业土壤（又称耕作土壤）。

砖红壤：是热带雨林或季雨林下形成的土壤，广泛分布于赤道带的湿润大陆地区和岛屿上，如南美洲的亚马孙平原，非洲的刚果盆地和几内亚湾沿岸及马达加斯加岛东部，亚洲的中南半岛东西两岸，印度半岛西岸，恒河—布拉马普特拉河下游，以及中国的海南岛、雷州半岛和广西、云南、台湾等省区南部。此类土壤发育于红色风化壳上，表土呈暗红棕或灰棕色，土壤富铝化过程强烈，土层深厚，质地黏重，矿质养分缺乏，呈酸性至强酸性反应。主要适于发展橡胶、剑麻、咖啡、可可、胡椒和香蕉、菠萝等热带经济作物和水果，是世界热带经济作物的主要产区。农作物可一年三熟。

赤红壤：过去称砖红壤性红壤，是砖红壤与红壤之间的过渡类型。主要分布于热带季风气候区，如印度的德干高原和缅甸中部地区及中国的滇南大部、粤桂两省、闽东南及台湾中南部等地，原生植被为常绿阔叶林。土壤富铝化作用较砖红壤弱，全剖面呈较强的酸性反应，有机质和全氮含量一般不太高，磷的含量也低，适于发展油茶、茶叶和柑橘等经济林木，局部向阳静风环境还可栽植热带经济作物。

红壤和黄壤：发育于亚热带常绿阔叶林（又称照叶林）下，主要分布于北半球的中国长江流域、日本南部和美国东南部，南半球的澳大利亚东南部、非洲东南部等地。相对来说，红壤富铝化作用与生物积累作用均比砖红壤和赤红壤弱，土层深厚，生物积累快，质地黏重，速效养分含量低，全剖面呈酸性反应。此类土壤具有黏、酸、瘦等不利因素，宜于发展杉木、棕榈、油茶、油桐和柑橘等经济林木和果树。黄壤与红壤大部分同属一个纬度地带，生物气候条件也大体相近。黄壤富铝化作用较砖红壤、赤红壤和红壤弱，质地较红壤和砖红壤轻，表土有机质含量较红壤高。土壤呈酸性至强酸性反应，有效磷贫乏，交换性盐基含量很低，矿质养分缺乏。一般来说，山地黄壤适于发展林业生产，丘陵地区黄壤可种植粮食作物和开展多种经营。

燥红土：又称红褐土或热带稀树草原土，热带干热气候稀树草原或热带稀树灌丛草原植被下形成的土壤。主要分布于非洲、南美洲，澳大利亚、中美洲和亚洲也有局部分布。在中国，主要分布于海南岛西南部、滇南的红河峡谷等地。土壤盐基含量和氧化铁有表聚现象，干旱时土壤常缺水，有机质分解缓慢，呈微酸性反应。此类土壤适于发展剑麻、番麻等耐旱的热带经济作物。在灌溉条件下，还可种植水稻、甘蔗、花生等农作物。

棕壤：又称棕色森林土，发育于暖温带湿润地区以落叶阔叶林为主的针阔混交林下的地带性土壤。主要分布于西欧和中欧、北美洲五大湖区以南和阿巴拉契亚高地的东西两侧、南美洲南纬37°以南的安第斯山以西地区，以及亚洲东部等地区。在中国，主要分布于辽东半岛和山东半岛。此类土壤灰化过程不明显，表土腐殖质积累较多，向下急剧下降。全剖面呈中性或微酸性反应。土层深厚，底层有黏土淀积，盐基含量较丰富，自然肥力较高，既是主要的森林土壤，又是重要的农业土壤，利用价值较高。

漂灰土：过去曾称棕色针叶林土或森林泥炭潜育土、森林灰白土和棕色泰加林土。发育于寒温带湿润地区明亮针叶林或暗针叶林下，以西伯利亚分布面积为最大，其次为中国的大兴安岭北段山地垂直带上部和青藏高原边缘的亚高山、高山垂直带上，现大部为天然林区。在寒冷而湿润的生物气候条件下，此类土壤进行着较为特殊的漂灰作用（即水漂作用和灰化作用），剖面分化较明显，自上而下可分为苔藓枯枝落叶层、腐殖质层、漂灰层、淀积层和母质层。土壤有机质含量较高，盐基饱和度变化较大，酸性较强，有效养分少，故林木生长多较缓慢。

灰色森林土：又称灰黑土。发育于温带半干旱半湿润森林草原地区森林植被下，属森林土壤向草原土壤的过渡类型。主要分布于亚欧大陆中部和北美洲大陆中部及南美洲大陆的巴塔哥尼亚局部地区。在中国，主要分布于大兴安岭北段土地的西坡及南坡山地垂直带上部、新疆的阿尔泰山南坡与准噶尔盆地以西的山地，常与阳坡和下部的草原黑钙土呈镶嵌或作垂直分布。在淋溶土类型（如黄棕壤、棕壤、暗棕壤、漂灰土）中，其淋溶程度最弱，而其腐殖质的累积则比其他淋溶土壤强，有机质含量较高，呈微酸性反应，潜在肥力和有效肥力均较高。因此类土壤多分布于山地上部阴坡，农业利用存在着较大的局限性，而林业利用价值则较高。

森林灰化土：发育于亚寒带针叶林、针阔混交林下，沿亚欧大陆和北美大陆北部呈宽阔的带状东西伸展。此类土壤剖面分异明显，具有灰白色而无结构的灰化层，质地上粗下黏，缺乏矿质养分，呈强酸性反应。大部分山地灰化土生长着良好的针叶林，而部分生草灰化土肥力稍高，经改良后可作为优良的人工草地或辟为耕地。

黑土：发育于森林草原和草甸草原植被下，是温带半湿润地区形成的无石灰性的黑色土壤，主要分布于前苏联西部边境到西西伯利亚平原南部长约5000千米的狭长地带和中国大小兴安岭及张广才岭山地西缘山前波状起伏的台地、三江平原和兴凯平原的高阶地。此类土壤的突出特点是具有深厚的黑色腐殖质层，土壤结构性好，土体疏松多孔，其与黑钙土的重要区别在于无钙积层和无石灰性，质地较黏重，呈微酸性至中性反应。土壤养分含量丰富，自然肥力较高，是世界上最肥沃的土壤之一，成为重要的农业地带和小麦、甜菜、马铃薯等的集中产区。

黑钙土：发育于温带半湿润大陆性气候草甸草原植被下，是钙层土中较湿润的一种土壤类型，主要分布于亚欧大陆中部，从东欧平原的南部到西西伯利亚平原的南部、中国的大兴安岭中南段山地东西两侧及松嫩平原中部等地。土壤有机质含量较高，以土色深暗发黑而得名。土壤剖面中腐殖质从上到下逐渐减少，并呈舌状向下延伸，粒状、团粒状结构较明显，呈中性至微碱性反应。此类土壤肥力很高，水、热、通气、耕性等条件均较优越，是很好的宜农宜牧土壤资源。如中国著名的三河牛、三河马等牲畜良种及"东北粮仓"，均分布于黑钙土壤区。

栗钙土：发育于温带半干旱大陆性气候丛生禾本科草为主的草原植被下，是钙层土的典型代表性土类，主要分布于亚欧大陆、南北美洲、非洲、澳大利亚等地。在中国，主要分布于黄河河套以东的广大草原地区，以及天山、婆罗科奴山、塔尔巴哈台山、阿尔泰山和阿尔金山、祁连山、日月山、西倾山等山地中上部。土壤剖面分化明显，腐殖质层呈栗色、暗栗色或淡栗色，呈粒状或团块状结构。土层从上到下呈弱碱性至碱性反应。此类土壤肥力较高，主要用于放牧，也有不少用于发展旱作农业。

棕钙土：发育于温带荒漠草原植被下，是钙层土中最干旱并向漠境地带过渡的一种土壤类型，主要分布于亚欧大陆中部和北美大陆西部的一些山间高原及南美大陆南部的东侧。在中国，主要分布于内蒙古中西部、中部天山山麓洪积扇上部。土壤上层呈褐棕色或淡棕色，结构性差，腐殖质积累比栗钙土弱，有机质含量在钙层土中属最少的一类。土壤通体呈碱性反应。此类土壤因沙性大、砾石多、土层薄、肥力低，加之干旱少水而不利于农业利用，现基本上多用于放牧。

灰钙土：发育于温带较暖的大陆性气候荒漠草原植被下，是钙层土中继棕钙土之后向漠境地区过渡的又一种土壤类型，主要分布于亚欧大陆、非洲、北美洲、澳大利亚等地。在中国，主要分布于黄土高原西部、甘肃河西走廊乌鞘岭以东的兰州和银川平原等地，还有新疆的伊犁谷地及宁夏的贺兰山山地上的一部分。土壤腐殖质积累较弱，但厚度比棕钙土大，剖面发育分化也比较微弱，几乎见不到白色钙积层。土壤质地比棕钙土均匀，以轻壤、中壤土为主，呈碱性反应。此类土壤由于有机质含量少，肥力又较低，故主要用于放牧业，部分用于耕作。

荒漠土：又称"漠境土"，发育于热带荒漠和温带荒漠，是干旱地区发育的地带性土壤，包括灰漠土、灰棕漠土、棕漠土等，主要分布于非洲、中亚、北美洲、南美洲和大洋洲，其分布面积约占世界大陆面积的10%。在中国，主要分布于新疆、青海、宁夏等省区。此类土壤的风化和成土作用均甚微弱，基本上没有或很少有草原土壤那样明显的腐殖质层，而具有漠境地区特有的砾质化、弱铁质化、碳酸钙表聚、石膏和盐分的聚积等特点。由于气候干旱，雨量极少，植物十分稀疏，基本上没有灌溉、没有农业。其中，灰漠土是温带荒漠气候条件下形成的石膏—盐层土中稍微湿润的一类土壤，宜农条件比其他荒漠土好；灰棕漠土是温带极干旱漠境地区粗骨母质上形成的一类土壤，因砾石太多，且又非常干旱，主要用于放牧，只有解决灌溉水源和掺和细土后，才能用于耕种；棕漠土，是暖温带极端干旱气候条件下和砾质母质上形成的特殊土类，因气候干旱、砾石太多，不解决灌溉水源是无法耕垦利用的。

冰沼土：发育于极圈以北或高山地区寒带苔原植被下，主要分布于亚欧大陆和北美大陆最北部、北极群岛及格陵兰岛的西南和东南沿岸等地。气候严寒，冬季漫长，夏季短促，热量不足，常年低湿；沼泽化现象广泛，植被以苔藓、地衣为主，属无林苔原带。此类土壤土层浅薄，永冻层深厚，通体潮湿，有蓝灰色层，腐殖质含量低，呈酸性至强酸性反应，农业利用价值极低。

2. 世界农业的传播路线

根据国内外学者的研究，世界农业是由少数几个独立的中心向各地传播的。这些中心主要分布在西亚、中美洲的墨西哥和中国。此外，亚洲东南部、非洲西部和南美洲的安第斯山区也均有分布。但由于各地条件不同，原始农业出现的早晚很不一致，有的地区根本没有经过这一阶段（如非洲和美洲的部分地区、澳大利亚和新西兰）。而欧洲的中部和西部，当时由于被茂密的森林所阻挡，直到铁器时代才得以开发。

由于资料缺乏，农业的传播路线目前知道得较少。其中从西亚到欧洲的传播路线有三条：一是往北，穿过土耳其到达乌克兰平原，然后再横过东欧，经波罗的海到达斯堪的纳维亚半岛；二是向西越过博斯普鲁斯海峡到达巴尔干半岛，再向北经多瑙河流域到达欧洲中部，并由此传播到大西洋西岸地区；三是向西穿过爱琴海到达希腊，经意大利、法国南部和西班牙，另一支往北到达英国和爱尔兰。由西亚往东的传播路线有两条：一是经伊朗高原到达印度河流域；二是向东北，沿里海沿岸到达中亚地区。中美洲以墨西哥和安第斯山区为主体的原始农业中心，分别向南、北扩展到南美洲和北美洲。中国原始农业从华北、华南、西南的山区向周围平原地区扩散，特别是黄河流域成为中国最早的农业区域之一。

原始农业在地域上传播的结果，最后形成了三大谷物产区：水稻产区主要分布于亚洲的东部和东南部；玉米分布于美洲；小麦分布在欧洲、中东、北非、中亚、南亚印度河及东亚黄河流域。

农业传播不仅是多种作物的传播，而且包括与之相适应的多种栽培技术以及生活方式的传播。随着动植物驯化的发展，在不同地区逐步形成了两个相应的农业类型：森林地区的"刀耕火种"农业和半干旱草原区的游牧业。

3. 美国农业生产地带

19世纪初以来，随着对北美南美及澳大利亚的大规模移民和垦殖，世界农业格局发生了重大变化。一方面，随着海运的发展和自由贸易政策，西欧各国农产品难以同来自美洲、大洋洲的农产品相竞争，中小农场大量破产，农业出现衰退，其中首当其冲的是谷物生产。另一方面，美国、加拿大、阿根廷、澳大利亚和新西兰等新开垦区农业生产专业化发展较快，成为世界主要的粮食、棉花、油料及畜产品的生产和供应地。到20世纪初，美国形成了9个专业化农业生产地带：（1）东北部和滨湖区乳用畜牧业带；（2）中央低平原北部玉米带；（3）大平原中北部小麦带；（4）南部棉花带；（5）墨西哥湾沿岸湿润亚热带作物带；（6）西部山地放牧和灌溉农区；（7）阿巴拉契亚混合农作带；（8）太平洋沿岸北部小麦、林牧区；（9）太平洋沿岸南部水果、蔬菜和灌溉农业区。澳大利亚由于东西间气候、土壤等自然条件的差异很大，农业生产呈现明显的地域分工，自东向西依次为：集约化的种植业带，小麦—养羊带和放牧业带。西欧地区农业经过20世纪30年代以前长期的衰退和停滞后，到第二次世界大战前逐步形成三大农业区：西北部乳用养畜业区，中部谷物、养畜业区，南部水果、葡萄、橄榄等木本经济作物区。

4. 世界土地利用类型

（1）按土地利用现状分类

土地利用类型的划分及其分类系统的研究已有近60年的历史。早在20世纪30年代英国就已开始土地利用现状的分类。60年代英国进行了第二次土地利用调查，对原土地利用分类方案加以修改，主要是扩大了各类用地的范围。在分类中，草地包括带灌丛的牧场；耕地包括谷类作物地、豆类作物地、饲料作物地、经济作物地和休闲地；园艺地包括苗圃、花卉、果园和菜园。

1949年4月，在里斯本召开的国际地理联合会上斯坦普建议进行一次全世界的土地利用调查，并建立一个国际委员会分管此事。1953年国际地理联合会土地利用调查委员会拟定了如下的世界土地利用分类：居民点和相关的非农业用地；园艺地；树木和其他多年生作物用地；耕地；改良的永久草地；未改良的放牧地；林地；沼泽；非生产性地。

苏联以上述分类系统为基础，进行了1∶100万土地利用图的编制，其分类系统为：城乡和工交部门用地、可耕地、多年生作物地、天然草场、林地、沼泽和泥炭沼泽、不能利用的土地共7个类型。

中国为编制1∶100万土地利用图拟定了三级土地利用分类系统。第一级类型按国民经济部门结构分为Ⅰ、Ⅱ……，Ⅹ共10大类，第二级类型按土地利用特点和经营方式分为42类，第三级按利用方式、地形或林种分为35类，其分类系统见表8-1。

表8-1　　　　　中国1∶100万土地利用图分类系统

一级类型	二级类型	三级类型
Ⅰ 耕地	Ⅰ1 水田 Ⅰ2 水浇地 Ⅰ3 旱地 Ⅰ4 菜地	Ⅰ11 平地水田，Ⅰ12 梯田 Ⅰ21 平地水浇田，Ⅰ22 梯地 Ⅰ31 平地旱地，Ⅰ32 坡旱地
Ⅱ 园地	Ⅱ1 果园 Ⅱ2 茶园 Ⅱ3 桑园 Ⅱ4 热带作物 Ⅱ5 基塘	
Ⅲ 林地	Ⅲ1 用材林 Ⅲ2 经济林 Ⅲ3 疏林地 Ⅲ4 薪炭林及灌丛 Ⅲ5 防护林地	Ⅲ11 针叶林，Ⅲ12 阔叶林，Ⅲ13 混交林，Ⅲ14 竹林，Ⅲ15 迹地 Ⅲ21 木本粮油，Ⅲ22 柞场
Ⅳ 牧草地	Ⅳ1 人工及改良草地 Ⅳ2 天然草地	Ⅳ21 草甸草地，Ⅳ22 草甸草原草地，Ⅳ23 干草原草地，Ⅳ24 荒漠草地，Ⅳ25 高寒荒漠草地，Ⅳ26 高山、亚高山草甸草地，Ⅳ27 高山、亚高山草原草地，Ⅳ28 草山、草坡，Ⅳ29 河、湖、海滨及低洼草地
Ⅴ 水域和湿地	Ⅴ1 河流 Ⅴ2 运河、灌排总干渠 Ⅴ3 湖泊 Ⅴ4 水库 Ⅴ5 滩涂 Ⅴ6 珊瑚礁 Ⅴ7 养殖场 Ⅴ8 沼泽地 Ⅴ9 芦苇地	Ⅴ11 常年河，Ⅴ12 时令河 Ⅴ31 淡水湖，Ⅴ32 咸水湖，Ⅴ33 盐湖 Ⅴ51 沙滩，Ⅴ52 泥滩，Ⅴ53 草滩，Ⅴ54 红树林滩 Ⅴ71 淡水养殖场，Ⅴ72 海水养殖场

第八章 空间秩序:公元2000—2009年 | 333

续表

一级类型	二级类型	三级类型
Ⅵ 城镇用地	Ⅵ1 大城市 Ⅵ2 中小城市 Ⅵ3 城镇	
Ⅶ 工矿用地	Ⅶ1 工矿区 Ⅶ2 盐场	
Ⅷ 交通用地	Ⅷ1 铁路 Ⅷ2 公路 Ⅷ3 海港 Ⅷ4 机场	
Ⅸ 特殊用地	Ⅸ1 自然保护区 Ⅸ2 旅游地	
Ⅹ 其他土地	Ⅹ1 冰川、永久雪地 Ⅹ2 沙地 Ⅹ3 沙漠 Ⅹ4 戈壁 Ⅹ5 盐碱地 Ⅹ6 裸露地	 Ⅹ61 裸岩,Ⅹ62 裸土

(2) 按土地利用潜力分类

该分类法亦称土地适宜性分类,它是根据土地对作物生长的自然要素的制约程度加以分类。如1961年美国农业部进行的土地利用能力分类中,将全国土地分为8级,每级以罗马数字表示,其中以Ⅰ级为最好,Ⅷ级为最差。Ⅰ级地:在土地利用方面几乎没有限制因子,适于任何途径的利用;Ⅱ级地:在选择作物方面有若干限制因子,需要采取若干保护措施;Ⅲ级地:在选择作物和保护土地方面有强烈的限制因子,虽可作为各种类型的土地利用,但却难以采取措施来保护栽培作物;Ⅳ级地:这类土地有相当强烈的限制因子,不能任意地选择作物,而且需要非常精细的管理工作;Ⅴ级地:虽不受侵蚀之害,但作为各种类型土地利用时,有难以消除的限制因子;Ⅵ级地:作为耕地不合适,作为草地、林地也受到限制的土地；Ⅶ级地：用作草地林地也极受限制；Ⅷ级地：作为商品生产用地已属不可能，只能用于狩猎、观光等用途。

5. 世界耕地类型

从土地利用现状出发所作的类型划分，更切合实际，并且该分类法已在一定程度上考虑到土地利用潜力和利用方向。

按耕地、人口和生产水平的关系，大致可以把世界各国的耕地利用状况划分为四种类型。①人均占有耕地较少，农业集约化水平较高类型：这类国家农业技术水平很高，耕地利用高度集约化，单位面积产量居世界最前列。如绝大部分欧洲国家以及日本等，其人均耕地占有量一般都在 0.4 公顷以下。其中荷兰和瑞士为 0.06 公顷，日本则只有 0.04 公顷。由于这一类国家人口增长率很低，所以人均耕地占有量下降并不明显，但耕地总面积趋于缩小，受耕地面积的限制，这些国家的农业生产结构偏重于畜牧业和园艺业，粮食和农业原料大多依赖进口。②人均占有耕地较多，农业中等集约化类型：这类国家农业技术水平很高，土地利用达中等集约化水平，如美国、加拿大、澳大利亚、阿根廷等，均为国际市场上最主要的粮食和畜产品提供者。其人均耕地占有量大致在 1 公顷左右，有的国家更多。这些国家的耕地后备资源也较充足，较长时间内不致有耕地匮乏之忧。从条件来看，前苏联也可列入此类，它的土地资源是世界上最丰富的，但由于经营体制等多方面原因，农业生产率远不如美国、加拿大等国。③人均占有耕地较少，农业集约化水平较高类型：这类国家由于人多地少，依靠传统的精耕细作，使土地利用相当集约，但人均农产品占有量仍较低。包括中国在内的大多数亚洲国家以及北非、拉丁美洲部分国家属于这一类型。人均耕地占有量一般为 0.2—0.4 公顷。这类国家一方面受经济条件限制，不能像前两类国家那样在耕地上投入大量资金来提高集约化水平；另一方面由于垦殖历史久、人口密度大等原因，又缺乏较多的后备资源来扩大耕地面积，因此耕地不足的矛盾比较尖锐。④人均占有耕地较多，农业集约化水平较低类型：这类国家地多人少，农业技术水平低，土地利用的集约化水平亦较低，如撒哈拉以南的非洲国家以及老挝、玻利维亚等国，其人均耕地占有量一般都在世界平均数之上。

6. 世界草地类型

根据各国自然条件和生产经营水平的不同，目前世界各国草地利用大体可分为三种类型：第一种类型：草地面积大，草地利用实行合理利用天然草场和重点建设人工草场相结合，以美国、苏联、加拿大等国为代表。第二种类型：草地面积虽小，但人工草场比重大，实行集约经营，以新西兰、英国、法国、瑞士、丹麦、荷兰等国为代表。第三种类型：草地面积较大，经营粗放，以利用天然草场为主，草地管理建设较落后的国家，包括亚洲、非洲、拉丁美洲的大多数发展中国家。这些国家草地围栏、改良和建立人工草地面积很少，基本依靠天然草场放牧，冬春或枯草季节饲草不足，草地过牧退化和家畜遇灾即大批死亡，草地生产力水平较低。

7. 世界主要粮食作物布局①

（1）世界小麦分布范围

世界小麦分布的重要特点在于它的普遍性，除南极洲外，各洲都生产小麦，但以北半球为主要产区，约占小麦总种植面积的90%，南半球则望尘莫及。小麦分布又具有明显的地带性，北半球在北回归线和北纬57°之间、南半球在南回归线和南纬40°之间，形成断续相连的小麦分布带。

①苏联地区。是小麦面积最大的地区。苏联由于所处纬度较高，以春小麦生产为主，春小麦产量占小麦总产量的63.3%，冬小麦占36.7%。由于春小麦单产远比冬小麦低（约低35%—45%），而冬小麦营养价值又高，故苏联在第二次世界大战后大力发展冬小麦生产，致使春小麦种植面积不断缩小，冬小麦种植面积不断扩大。冬小麦主要分布于俄罗斯联邦中部、北高加索和伏尔加河流域西部，其中，伏尔加河流域冬小麦扩展很快。乌克兰的冬小麦则分布在森林草原带和草原带，肥沃的黑土、适宜的降水以及发达的灌溉系统为冬小麦的高产创造了有利条件。中亚的乌兹别克斯坦、吉尔吉斯斯坦、哈萨克斯坦南部以及阿塞拜疆的河谷、盆地冬季温和，也以种植冬小麦为主。哈萨克斯坦北部、伏尔加河流域

---

① 该区划方案文献源于张同铸主编《世界农业地理总论》，商务印书馆2000年版。

以东、西西伯利亚欧洲部分非黑土地带则以种植春小麦为主。冬、春小麦分布的分界线取决于冬季气温及积雪深度能否大体保持冬小麦安全越冬，如冬小麦幼苗冻死率高，则过渡到种植春小麦。苏联在冬小麦区冬季幼苗仍然常因冻害而死亡。以无霜期、降水量及有效积温等指标将苏联与西欧、美国对比，苏联都显得逊色。但苏联广泛分布的黑钙土土质极为肥沃，其稳定的团粒结构及良好的土壤水、肥气、热状况有利于小麦的生长发育，加之国家又十分重视肥力较低的大面积生草灰化土和灰化土肥力的培育，大力推行区域良种化，实行合理的轮作制，因而仍能保持较高的单产水平。

②中国。小麦在中国是次于稻谷的第二位粮食作物，小麦种植面积居世界第二位，总产量居世界第一。中国小麦分布几乎遍及全国各地，但主要分布在秦岭淮河以北的河南、山东、河北、山西、陕西等省以及长江流域的江苏、安徽、湖北、四川等地，分布集中连片。东北则主要是春小麦分布区。冬春小麦的分布界线，大体上以长城、眠山、大雪山为界，长城以南、眠山、大雪山以东为冬小麦区，以北、以西为春小麦区。江苏、河南、四川、山东、湖北等省小麦历年高产稳产，是小麦的主要产区。但全国由于气温和降水的地区差异，往往造成旱灾和涝渍，形成地区生产不平衡。根据各地区地形、气候、土壤的特点和类型，特别是气温、雨量的分布差异，可对小麦合理种植区域和种植制度作如下划分：北部春小麦区，主要包括长城以北、六盘山以西，包括黑龙江、吉林、内蒙古、宁夏、甘肃、新疆等省区，主要是一年一熟耕作制，在不同地区有春小麦—大豆—玉米，休闲—春小麦—糜子（谷子、马铃薯）—休闲或春小麦（套种玉米、高粱、谷子或棉花）等轮作方式。北方冬麦区包括长城以南、六盘山以东、秦岭淮河以北地区，是中国最主要的冬小麦集中产区，播种面积约占全国小麦播种面积的70%，单产也较高，耕作制度以二年三熟为主，轮作方式多样。南方冬小麦区，在秦岭、淮河以南、折多山以东，包括两广、两湖、闽浙赣、苏皖和云贵川等省，以一年二熟及一年三熟为主，复种轮作复杂，以麦稻、麦豆稻、稻麦绿肥等为主。新青藏春冬小麦区，除春小麦外，耐寒的冬小麦逐步

扩大，但分布比较零散。

③美国。目前小麦种植面积、总产量占世界的12%左右，是世界最大的小麦输出国，具有左右世界小麦市场的能力。美国也是北半球的中纬度国家，有着发展小麦生产的有利条件，其冬小麦约占4/5，春小麦占1/5，92%为普通小麦，硬粒小麦只占6%—7%。美国有42个州生产小麦，主要产区集中在北部和中南部大平原以及西北部的10个州，这就是历史上长期形成的小麦带。

④印度。小麦收获面积和产量均居世界第四位。小麦在印度是次于水稻的粮食作物，集中分布在该国的北部、西北部和中部。北方邦、旁遮普、中央邦、拉贾斯坦、比哈尔和哈里亚纳等邦小麦面积占全国的84%，产量占87%。

⑤加拿大。小麦出口量居世界第二，面积1091万公顷（1996年产量2950万吨）。加拿大国土绝大部分位于北纬49°以北，硬质红皮春小麦占全国小麦面积95%以上，主要分布在中西部草原地区的萨斯喀彻温、艾伯达、马尼托巴三省的草甸黑钙土和栗钙土区，尤以萨斯喀彻温省独占全国小麦的2/3。

⑥法国。西欧诸国是小麦的重要产区，其温和湿润、冬暖夏凉的气候，特别适合小麦的生长要求。加上集约经营，普遍选用高产品种，在施用化肥的同时，重视施用有机肥料秸秆还田，使西北欧的荷、比、卢、丹、英、爱、法、德、挪等国成为世界小麦大范围的高产区。法国是世界第5位的小麦生产国，第4位的小麦出口国。1994年法国小麦收获面积只有459万多公顷，仅为加拿大的42%，而产量达到3065.2万吨，超过加拿大730万吨，这就归功于其较高的单产。受气候因素的重大影响，法国基本上都是冬播的软粒普通小麦，硬粒小麦主要是春播型。巴黎盆地及其外围地区地势平坦，土壤肥沃，种植历史悠久，农业现代化水平高，通过甜菜或玉米与小麦轮作，成为小麦的稳产高产区，西南部普鲁瓦图—夏朗德区和南方—比利牛斯区，小麦分布也较广。

⑦澳大利亚。18世纪末才引种小麦，19世纪末至20世纪初，小麦发展很快，生产率和商品率不断提高，但受国际市场和周期性干旱影响，

种植面积波动较大。1994年小麦收获面积750万公顷，产量880.3万吨，1996年产量2100万吨。澳大利亚所产小麦，主要属于秋播的春性品种，以软粒小麦为主，每年4—5月播种，9—10月收获，实行多年生牧草、大麦、休闲与小麦轮作制，以提高单产。但耕作比较粗放，主要依靠扩大面积提高总产。新南威尔士是最大的小麦产区，其降水充沛，土质为肥沃的黑色土、灰质土，小麦生产一直领先。西澳大利亚自然条件差，有大面积沙荒地，经过人工改造已发展成为澳大利亚第二大小麦产区。其余产区在南澳大利亚、维多利亚、昆士兰等地。澳大利亚硬质小麦虽不多，但质量好，蛋白质含量高达11%—14%，营养价值很高。

(2) 世界稻谷分布图

从世界稻谷分布图可以看出，稻谷主产区大致分布于北纬35°、南纬30°之间，尤以北纬10°—35°之间的亚洲季风区最为集中，这和小麦的带状分布迥然不同。由于绝大部分稻谷是雨育和灌溉稻，旱稻仅占13%，故稻田集中分布在大河三角洲、江河冲积平原、沿海平原或沼泽地和内陆盆地等地势平坦地区，如中国的长江中下游平原、四川盆地、珠江三角洲、台湾西部沿海平原，朝鲜半岛的沿海平原，日本的关东平原、浓尾平原、西北部沿海平原，越南的湄公河和红河三角洲，泰国的南河三角洲，缅甸的伊洛瓦底江三角洲，柬埔寨洞里萨湖平原和湄公河冲积平原，印度尼西亚沿海平原和梭罗河三角洲，菲律宾吕宋岛中央平原，以及南亚的恒河中下游平原等，它们都是世界著名的水稻产区。

①亚洲集中连片的稻谷生产，有着明显的地域分异，可以区分为三个明显不同的类型：东亚、南亚和东南亚。中国稻作区域十分广阔，北自黑龙江，南至海南岛，东自台湾，西至新疆，都有稻谷栽培。印度全国各邦都有稻谷生产，但主要集中在东部和东南部。东部以西孟加拉和比哈尔邦为主产区，是以冬稻为主的三季稻产区，南部沿海诸邦安得拉邦、泰米尔纳德邦等是以秋稻为主的三季稻产区，西北的旁遮普、哈里亚纳等邦，生产以秋稻为主的灌溉稻。东南亚产稻国以印度尼西亚、泰国、越南、缅甸为主。

②美国稻谷生产以高度机械化、规模化、高产、高效、低成本著称，

其主要分布地区围绕密西西比河三角洲一带，包括阿肯色州、路易斯安那州、得克萨斯州等，加利福尼亚的萨克拉门托谷地也成为重要产稻区。

（3）玉米

玉米在世界谷类作物中是仅次于小麦、稻谷的第三位作物。玉米遍布全世界 100 多个国家，而以北半球温带、亚热带地区最为集中。由于玉米具有广泛适应性，其分布范围极为广阔，北自北纬 60°，南至南纬 40°，下自低于海平面的平原，上至海拔 4000 多米的秘鲁安第斯山，玉米都能良好生长，这有力地加强了玉米在谷物生产中的重要地位。美国玉米带，是玉米生产专业化、区域化的一个典型，大致位于北纬 38°—42°、西经 82°—87° 之间，包括艾奥瓦、伊利诺伊、印第安纳、明尼苏达、内布拉斯加等州为主体的 10 个州的大部分地区，代表了美国玉米生产的绝大部分。中国在各省都有玉米分布，但从东北斜向西南，沿大兴安岭经辽南、冀中、晋东南、豫西、陕西、鄂北向川、黔、桂，直至滇西南，跨越 12 个省区的狭长山地丘陵地带，是全国重要的玉米产区，可称为中国的玉米带。

（4）大麦、高粱等粗粮

世界上有 20 多个国家大麦面积在 50 万公顷以上、产量在 100 万吨以上，除苏联分别独占 42% 和 33.1%，加拿大、美国、中国、印度、澳大利亚所占比重也较大外，其余主要集中于环地中海周围的欧洲各国及西南亚（土耳其、伊朗、伊拉克、阿联酋）、非洲（摩洛哥、阿尔及利亚、埃及、埃塞俄比亚）诸国。高粱：在各大洲的分布主要集中在亚洲和非洲，其余各洲都很少。按国家来说，印度的高粱面积居世界第一，尼日利亚、中国、尼日尔、博茨瓦纳等是次要的高粱生产国。薯类：从地区分布来看，发达国家和发展中地区明显不同：马铃薯主要分布在发达国家，苏联地区和欧洲、北美洲产量最多，单产也高。中国马铃薯产量在亚洲各国中最多。甘薯生产集中于发展中国家，中国是世界最大的甘薯生产国。木薯分布于发展中国家，巴西、尼日利亚、扎伊尔、泰国、印度尼西亚、印度是主产国。

8. 世界畜牧业分布

世界畜牧业的地域差异主要表现为畜牧业经营方式和牲畜组合的不

同。依据经营方式的不同，将世界畜牧业区分为四种类型，每个类型内再按牲畜组合的差异区分为若干亚类型。具体划分结果如下：

表 8-2　　　　　　　　　　世界畜牧业分布

类型	亚类型
Ⅰ 游牧、半游牧类型	Ⅰ1 以羊、骆驼为主亚类型 Ⅰ2 以牛、羊为主亚类型 Ⅰ3 以羊驼、羊为主亚类型 Ⅰ4 以牦牛、羊为主亚类型
Ⅱ 传统农区养畜业类型	Ⅱ1 以牛、猪为主亚类型 Ⅱ2 以牛、羊为主亚类型 Ⅱ3 以羊为主亚类型
Ⅲ 商业性牧场畜牧业类型	Ⅲ1 以牛、羊为主亚类型 Ⅲ2 以羊为主亚类型
Ⅳ 混合农业型现代化养畜业类型	Ⅳ1 以牛为主亚类型 Ⅳ2 以牛、猪为主亚类型 Ⅳ3 以肉鸡为主亚类型

9. 世界森林基本类型

（1）寒带针叶林

寒带针叶林生长在寒冷干燥而且是大陆性气候的地区，是唯一只在北半球有的森林类型。它主要分布在加拿大、北欧和俄罗斯的寒带地区，在俄罗斯远东地区和加拿大还向南扩展到亚寒带，形成唯一环绕地球的、连续的宽阔林带。

（2）温带混交林

温带混交林除南美南部有少量出现外，其余几乎全分布在北半球，大致在 60°N—40°N。

（3）暖温带湿润林

这类森林生长在南北半球的温暖带地区，大体在北纬40°至北回归线之间和南纬40°至南回归线之间，主要分布在中国和日本的南部，澳大利亚东南部和新西兰，美国东南以及南美的安第斯山西麓。

（4）热带雨林

热带雨林生长在赤道附近，终年高温多雨。在非洲，它主要分布在中非刚果盆地，并沿几内亚湾向西非沿海延伸，此外也占据马达加斯加东部。在南美洲，集中分布在亚马孙河流域广大地区，往南在巴西高原的东南，往北在哥伦比亚西部沿海、中美洲东部和大安的列斯群岛也有分布。在亚洲主要分布在东南亚几个岛国、印度半岛和斯里兰卡西部以及从孟加拉、缅甸至越南的整个中南半岛沿海地区。

（5）热带季雨林

它是在热带季风条件下，雨量比较丰富，而且干湿季明显地区的一种森林类型，主要断续分布在热带雨林外围的热带季风地区，如非洲刚果盆地的东南边缘、亚洲的印度半岛东部、中南半岛北部、美洲亚马孙热带雨林的南北两侧均有大面积分布。

（6）干旱林

干旱林是分布最广的一种疏林。它主要分布在严重干旱的热带地区，其中以非洲撒哈拉以南面积最大，其次是巴西高原、印度次大陆和澳大利亚。在温带地区，阿根廷中西部、墨西哥北部和美国西南部，以及地中海沿岸地区也有较大面积的干旱林。

10. 世界海洋渔区划分

为便于对海洋渔获量进行渔业统计与分析，联合国粮农组织（FAO）根据各海域的地理位置、鱼类分布特点及历史上形成的捕捞范围等，将全世界海洋水域划分为19个渔区，作为统计上使用的渔区。包括北冰洋渔区、大西洋西北部渔区、大西洋东北部渔区、大西洋中西部渔区、大西洋中东部渔区、地中海和黑海渔区、大西洋西南部渔区、大西洋东南部渔区、大西洋南极部渔区、印度洋西部渔区、印度洋东部渔区、印度洋南极部渔区、太平洋西北部渔区、太平洋东北部渔区、太平洋中西部渔区、太平洋中东部渔区、太平洋西南部渔区、太平洋东南部渔区、太平洋南极部渔区。其中北冰洋1个、大西洋8个、太平洋7个、印度洋3个。

11. 世界农业类型

张同铸从宏观、中观角度运用定性分析，对世界农业类型进行划分，从其形成的机制出发，以多种因素为依据，采取以下划分标志：①经营方式；②生产力水平；③功能特征；④与市场区位的关系。将世界农业划分为 11 个类型。具体划分结果如表 8-3。

表 8-3　　　　　　　　　　世界农业类型

类型	亚类型
Ⅰ 原始的渔猎、采集、游牧业类型	
Ⅱ 原始的渔猎、采集、放牧、种植业类型	
Ⅲ 传统的游牧、半游牧种植业类型	Ⅲ1 荒漠游牧业与绿洲农业亚类型（以撒哈拉沙漠为例）
	Ⅲ2 草原游牧业与农牧结合亚类型（以蒙古一带为例）
	Ⅲ3 高寒草甸区游牧业亚类型
	Ⅲ4 南半球荒漠草原游牧业亚类型
Ⅳ 热带二元结构农业类型	Ⅳ1 东南亚地区亚类型
	Ⅳ2 非洲热带地区亚类型
	Ⅳ3 拉丁美洲热带地区亚类型
Ⅴ 夏热干旱亚热带农业类型（地中海式农业类型）	
Ⅵ 传统的集约化自给农业向商业化农业过渡类型	Ⅵ1 以水稻种植业为主，积极向商业化农业转变的亚类型
	Ⅵ2 以旱作农业为主的亚类型
	Ⅵ3 以水稻种植业为主，现代化水平、商业化程度较高的亚类型
Ⅶ 高度商业化、集约化、专业化混合农业类型	Ⅶ1 基于种植、养畜业并重混合农业亚类型
	Ⅶ2 以商业性牛奶业为主的混合农业亚类型
	Ⅶ3 大西洋沿岸商业性园艺蔬菜业亚类型

续表

类型	亚类型
Ⅷ商业化、集约化、专业化混合农业类型	Ⅷ1 欧洲大陆农牧兼营混合农业亚类型 Ⅷ2 以畜牧业为主的北部地区混合农业亚类型 Ⅷ3 新西兰毛肉奶制品出口农业亚类型
Ⅸ商业化粗放畜牧业类型	
Ⅹ商业化农牧业类型	
Ⅺ变革中的农牧业类型	

第二节 中国传统民居建筑气候区划中的空间秩序

1. 概况

为有效研究、分析和解释自然因素与中国传统聚落环境空间结构之间的规律，2000 年，在中国建筑气候区划的基础上，房志勇对中国传统民居聚落分区进行了综合性的分级分区研究，把我国山区传统民居建筑气候划分出 13 个基本类型。

2. 结果

根据房志勇的研究思路，采用三级分析方法，对中国民居建筑气候进行区划，一级区划主要以地区的季节变化和温度为依据，二级区划主要以地区的干湿状态为依据，三级区划则主要以地区的风量以及风的影响力为依据。以此为根据，采用三级编码方式，在一级区划中，以"X"代表夏长无冬的地区，以"C"代表四季如春的地区，以"D"代表全年冬季的地区，以"W"代表气候温和的地区，以"L"代表冬天长无夏天的地区。在二级区划中，以"G"代表气候干燥，以"S"代表气候潮湿，以"B"代表该地区的干湿度处于一般状态。在三级区划中，以"1"代表无风地区，以"2"代表一般地区，以"3"代表大风地区。具体划分结果如表 8 - 4：

表 8-4　中国传统民居建筑气候区划编码及特征

序号	编码	主要气候特征 季节变化	干湿度	年平均风速
1	LS2	冬天长，春秋相连，基本无夏	湿度较大	2—3m/s
2	LB2	冬天长，春秋相连，基本无夏	干湿度适宜	2—3m/s
3	WS2	冬冷夏热，四季分明	湿度较大	2—3m/s
4	WB2	冬冷夏热，四季分明	干湿度适宜	2—3m/s
5	WG3	冬冷夏热，四季分明	气候干燥	>4—5m/s
6	XS1	夏天长，春秋相连，基本无冬天	湿度较大	<1m/s
7	LG2	冬天长，春秋相连，基本无夏	气候干燥	2—3m/s
8	LG3	冬天长，春秋相连，基本无夏	气候干燥	>4—5m/s
9	DB3	全年皆为冬	干湿度适宜	>4—5m/s
10	XS3	夏天长，春秋相连，基本无冬天	湿度较大	>4—5m/s
11	XS2	夏天长，春秋相连，基本无冬天	湿度较大	>2—3m/s
12	CS2	气候温和，四季如春	湿度较大	>2—3m/s
13	WG2	冬冷夏热，四季分明	气候干燥	>2—3m/s

第三节　"中国环境敏感性区划的新方案"中的空间秩序

　　欧阳志云、王效科和苗鸿在分析中国的主要生态环境问题——沙漠化、盐渍化、水土流失和酸雨的分布格局和空间相关性的基础上，提出生态环境敏感性的概念，分析了影响生态环境敏感性的因素及气候对生态环境敏感性的影响，并通过分区评价，探讨了生态环境敏感性的区域分异规律，为制定预防和治理生态环境问题的区域政策提供科学根据，在生态环境敏感性分区中采用多因子综合方法，在分析中国环境基础上，根据各环境问题出现的区域和影响生态环境问题的主要因子分布规律，加以综合，定性地提出了中国生态环境敏感性分区的方案。该方案于 2000 年对我国生态环境敏感性进行分区，得到了 7 个生态敏感性的分区方案。具体区划系统如表 8-5。

表8-5　　　　　　　　　　中国生态敏感区划方案

名称	区内特点
东北水土流失区	该区包括大兴安岭、小兴安岭、长白山山地和东北平原大部分，该区气温较低，蒸发量小，水土流失比较明显，其他生态环境问题不严重
黄淮海平原盐渍化区	该区主要地形比较平坦，有些地方排水不畅，半湿润气候，容易形成盐渍化土地
东南酸雨水土流失区	该区包括我国东部长江流域及其以南地区，地形以平原和丘陵为主，湿润气候，土壤呈酸性，人口比较密集，工业也比较发达，酸雨比较明显，并且这些年酸雨的范围扩大很快。水土流失在一些地区比较严重，如红壤区
蒙新沙漠化盐渍化区	该区包括内蒙古的大部分、新疆的全部、宁夏和甘肃的部分，气候比较干燥，沙漠面积大，由于强烈的蒸发，土壤盐渍化也比较明显
黄土高原水土流失区	该区半干旱性气候，地形为特有的黄土塬、黄土梁和黄土峁，黄土的土质比较疏松，因此水土流失非常严重
西南石漠化酸雨区	该区包括四川和云贵高原，气候比较湿润，河谷深切且密度大，植被覆盖率低，特别是在石灰岩地形上，石漠化严重。特有的地形和气候，大气污染物不易扩散，再加上大量高硫煤的使用，是我国最早发现大面积酸雨的地区
青藏高原冻融侵蚀盐渍化区	该区以高寒气候为特点，冰川分布较广，地势陡峭，土壤侵蚀以冻融为主；降水量较少，盐湖分布很多，容易形成盐渍化

第四节　农业自然灾害区划中的空间秩序

1. 概况

农业自然灾害区划的主要目标是揭示农业自然灾害的空间分布规律和区域差异，为农业生产布局、防范农业自然灾害风险提供依据。王平等在确定全国1445个农业自然灾害区划基本单元和110个自然灾害小区的基础上，利用区域合并的方法，同时根据全国农业自然灾害的孕灾环境的区域分异和承灾体的地域分异规律，参考已有的全国自然灾害区划方案的一级、二级界级，于2000年划分出我国的若干农业自然灾害大区（带）、农业自然灾害区（亚区）和农业自然灾害小区。

2. 结果

根据上述农业自然灾害区划的方法，该区划将我国划分为6个农业自然灾害大区（带）、26个农业自然灾害区（亚区）（其中含海洋大区的3个区）和110个农业自然灾害小区。其中6个农业自然灾害大区从东至西，由北向南依次为海洋区（Ⅰ）、东部沿海区（Ⅱ）、东部区（Ⅲ）、中部区（Ⅳ）、西北区（Ⅴ）和青藏区（Ⅵ）。

该方案还指出，中国农业自然灾害的最高级的分异表现为东西分异，大致从黑龙江黑河到云南腾冲的连线（胡焕庸线）将中国划分成自然灾害迥然不同的两个部分。在东部区内，自然灾害主要呈由东向西、由北向南的交错带状分布格局。由东向西可以划分出沿海区、东部平原丘陵区、中部山地区等，由北向南可以划出松嫩平原、太行山—伏牛山、淮河下游平原、两湖平原，以及岭南粤闽山地等几个重灾害区，冀北山地、江苏、湘赣南部、云南、海南为次重灾害区，山东半岛、浙江、川黔桂、台湾等则为轻灾区。西部区农业自然灾害整体较东部区低，但在局部地区仍表现出较高的特点。新疆与河西走廊的农业自然灾害高于南部的青藏高原和东部的内蒙古自治区。

第五节　中国"十五"计划中的空间秩序

第十个五年计划，2001—2005年中国国民经济和社会发展的计划，简称"十五"计划。2001年3月，全国人大九届四次会议通过了《国民经济和社会发展第十个五年计划纲要》。按照发展社会主义市场经济的需要，确立以经济结构的战略性调整作为主线，生态建设、环保、经济与社会的可持续发展得到了加倍的重视。更多关注教育、文化、医疗卫生、体育等各项社会事业，更加注意经济与社会的协调发展，以更好地满足广大人民群众发展的需要、享受的需要。我国的"十五"计划中提出以下与空间秩序有关的内容：

西部大开发。实施西部大开发战略，加快中西部地区发展，合理调整地区经济布局，促进地区经济协调发展。

城镇化战略。提高城镇化水平，转移农村人口，是优化城乡经济结构，促进国民经济良性循环和社会协调发展的重大措施。

形成合理的城镇体系。推进城镇化要遵循客观规律，与经济发展水平和市场发育程度相适应，循序渐进，走符合我国国情、大中小城市和小城镇协调发展的多样化城镇化道路，逐步形成合理的城镇体系。

有重点地发展小城镇。发展小城镇是推进我国城镇化的重要途径。小城镇建设要合理布局，科学规划，体现特色，规模适度，注重实效。

第六节 《中国生态环境胁迫过程区划研究》中的空间秩序

苗鸿、王效科、欧阳志云在综合分析各地区人类活动对自然资源和生态环境压力的基础上，搜集大量资料，从复合生态系统的主体人类活动出发，运用区划的手段，进行生态环境胁迫过程区划，并分析和评价了各区的特点，在一定程度上阐明了区域生态环境问题的形成机制，为制定区域可持续发展战略提供相应理论依据。他们以 1：400 万中国行政分区图为底图，选取全国 2346 个行政县、市（不含台湾、香港和澳门）为区划对象，确定了社会经济指标、污染胁迫过程指标、资源胁迫过程指标以及胁迫效应指标这 4 大类下的 12 个数量指标，采用定性与定量相结合的方法，于 2001 年对我国生态环境胁迫过程进行区域划分，得到了 2 个生态胁迫一级区、10 个生态胁迫二级区、29 个生态胁迫三级亚区的区划方案。具体区划系统如表 8－6。

表 8－6　　　　　　　中国生态胁迫过程区划方案

大区	区	亚区
东南部人类活动密集大区（Ⅰ）	东北平原林农业轻度胁迫区（I_1）	（1）小兴安岭林业微胁迫亚区（I_{1-1}）
		（2）松花江流域农业有机物轻胁迫亚区（I_{1-2}）
		（3）长白山林农业微胁迫亚区（I_{1-3}）
		（4）辽河中下游和辽东半岛工业重胁迫亚区（I_{1-4}）
	东部沿海工农业重度胁迫区（I_2）	（1）渤海湾工业废气重胁迫亚区（I_{2-1}）
		（2）黄淮海平原废水废气重胁迫亚区（I_{2-2}）
		（3）长江三角洲工业废水重胁迫亚区（I_{2-3}）

续表

大区	区	亚区
东南部人类活动密集大区（Ⅰ）	长江中下游工农业中度胁迫区（I_3）	（1）江汉平原农业有机物中胁迫亚区（I_{3-1}） （2）鄱阳湖流域酸雨重胁迫亚区（I_{3-2}） （3）洞庭湖流域酸雨中胁迫亚区（I_{3-3}）
	东南丘陵林农业轻度胁迫区（I_4）	（1）天目山酸雨轻胁迫亚区（I_{4-1}） （2）武夷山水环境微胁迫亚区（I_{4-2}） （3）南岭酸雨中胁迫亚区（I_{4-3}）
	东南和南部沿海工业中度胁迫区（I_5）	（1）东南沿海酸雨轻胁迫亚区（I_{5-1}） （2）珠江三角洲工业废水重胁迫亚区（I_{5-2}） （3）海南岛微胁迫亚区（I_{5-3}）
	黄土高原农业轻度胁迫区（I_6）	（1）晋察冀农业微胁迫亚区（I_{6-1}） （2）太行山工业废气重胁迫亚区（I_{6-2}） （3）黄土高原废水轻胁迫亚区（I_{6-3}）
	四川盆地工农业重度胁迫区（I_7）	（1）四川盆地工业酸雨重胁迫亚区（I_{7-1}）
	云贵高原农业轻度胁迫区（I_8）	（1）云贵高原东部工业废气中胁迫亚区（I_{8-1}） （2）云贵高原西部农业微胁迫亚区（I_{8-2}）
西北部人类活动稀疏大区（Ⅱ）	蒙新北部农牧业微胁迫区（II_1）	（1）大兴安岭林业无胁迫亚区（II_{1-1}） （2）内蒙古高原缺水微胁迫亚区（II_{1-2}） （3）新疆北部工农业轻胁迫亚区（II_{1-3}）
	青藏高原牧业无胁迫区（II_2）	（1）塔里木盆地严重缺水无胁迫亚区（II_{2-1}） （2）青藏高原无胁迫亚区（II_{2-2}） （3）雅鲁藏布江流域微胁迫亚区（II_{2-3}） （4）藏东南农牧业微胁迫亚区（II_{2-4}）

第七节 《中国生态区划方案》中的空间秩序

1. 概况

生态区划是生态系统和自然资源合理管理及持续利用的基础，它可为生态环境建设和环境管理政策的制定提供科学依据。在综合分析我国生态环境特点的基础上，探讨了生态区划的原则和依据，建立了各级生态区单元划分的指标体系和命名系统,最后对我国生态环境进行了区域划分。

生态区划随着区划的对象和客体以及区划目的的不同而有所差别。在不同的时期由于社会的发展以及生态环境存在着一定的差异,其对区划的要求也有所不同,因此,生态区划应随着社会经济的发展以及人类对自然认识的深入而发展。傅伯杰等在2001年以我国宏观尺度上的生态系统(生物和环境)为对象,在充分研究我国生态地域、生态服务功能、生态资产、生态敏感性和人类活动对生态环境的胁迫等要素的特点和规律的基础上,建立我国生态区划的原则、方法和指标体系,进而对相关的生态地域进行合并和区分,划分出各个生态单元。其目的是揭示我国不同生态区单元的生态环境问题及其形成机制,为不同区域中自然资源的合理开发和利用以及环境保护提供决策依据,为全国和区域的生态环境整治服务,从而最终达到社会—经济—环境的可持续发展。

2. 结果

根据以上生态区划的原则、依据、指标体系和命名方法,结合我国的自然地域特点、生态系统类型、主要区域环境问题和人类活动状况等要素,方案中采用自上而下逐级划分、专家集成与模型定量相结合的方法来划分各生态区单元。首先,一级区的划分主要根据我国在气候上因受东亚季风的影响而形成的东部湿润、西北干旱、青藏高原寒冷的气候特点及与之相对应的生态系统类型的差异,同时,考虑到前人的工作和人们的接受程度,沿用传统的三大地域的划分方案,因此将一级区划分为3个生态大区,即东部湿润、半湿润生态大区,西北干旱、半干旱生态大区和青藏高原高寒生态大区。在此基础上,再逐级划分出13个二级区(生态地区:东部6个,西部4个,青藏高原3个)和57个三级区(生态区:东部35个,西部12个,青藏高原10个)。具体区划系统如表8-7。

表 8-7　　　　　　　　　　　中国生态区划方案

一级区	二级区	三级区
I 东部湿润、半湿润生态大区	I$_1$ 寒温带湿润针叶林生态地区	I$_{1(1)}$ 大兴安岭北部针叶林生态区
	I$_2$ 温带湿润针阔混交林生态地区	I$_{2(1)}$ 大、小兴安岭针阔混交林生态区
		I$_{2(2)}$ 三江平原农业湿地生态区
		I$_{2(3)}$ 长白山针阔混交林生态区
		I$_{2(4)}$ 东北平原农业生态区
	I$_3$ 暖温带湿润、半湿润落叶阔叶林生态地区	I$_{3(1)}$ 华北山地落叶阔叶林生态区
		I$_{3(2)}$ 环渤海城镇及城郊农业生态区
		I$_{3(3)}$ 胶东半岛落叶阔叶林生态区
		I$_{3(4)}$ 鲁中南山地丘陵落叶阔叶林生态区
		I$_{3(5)}$ 黄淮海平原农业生态区
		I$_{3(6)}$ 黄土高原水土流失敏感生态区
		I$_{3(7)}$ 汾渭河谷农业生态区
	I$_4$ 亚热带湿润常绿阔叶林生态地区	I$_{4(1)}$ 秦巴山地常绿落叶阔叶林生态区
		I$_{4(2)}$ 成都平原农业生态区
		I$_{4(3)}$ 三峡库区敏感生态区
		I$_{4(4)}$ 长江中游平原农业湿地生态区
		I$_{4(5)}$ 大别山天目山常绿阔叶林生态区
		I$_{4(6)}$ 长江三角洲城镇及城郊农业生态区
		I$_{4(7)}$ 浙闽山地常绿阔叶林生态区
		I$_{4(8)}$ 湘赣丘陵农业生态区
		I$_{4(9)}$ 湘西及黔鄂山地常绿阔叶林生态区
		I$_{4(10)}$ 黔桂喀斯特脆弱生态区
		I$_{4(11)}$ 岭南山地常绿阔叶林生态区
		I$_{4(12)}$ 粤西南沿海丘陵农业生态区
		I$_{4(13)}$ 珠江三角洲城镇及城郊农业生态区
		I$_{4(14)}$ 台湾岛常绿阔叶林生态区
	I$_5$ 热带湿润雨林、季雨林生态地区	I$_{5(1)}$ 雷州半岛热带农业生态区
		I$_{5(2)}$ 海南环岛热带农业生态区
		I$_{5(3)}$ 海南中部山地雨林、季雨林生态区
		I$_{5(4)}$ 南海诸岛岛屿生态区

续表

一级区	二级区	三级区
	I_6 南亚季风湿润、半湿润常绿阔叶林生态地区	$I_{6(1)}$ 西双版纳热带雨林、季雨林生态区
		$I_{6(2)}$ 喜马拉雅东翼山地热带雨林、季雨林生态区
		$I_{6(3)}$ 云贵高原南部湿润常绿阔叶林生态区
		$I_{6(4)}$ 云贵高原北部半湿润常绿阔叶林生态区
		$I_{6(5)}$ 横断山区常绿阔叶林、暗针叶林生态区
II 西北干旱、半干旱生态大区	II_1 半干旱草原生态地区	$II_{1(1)}$ 呼伦贝尔草原生态区
		$II_{1(2)}$ 内蒙古高原干旱生态区
		$II_{1(3)}$ 内蒙古高原东南缘农牧交错带脆弱生态区
	II_2 半干旱荒漠草原生态地区	$II_{2(1)}$ 河套平原灌溉农业生态区
		$II_{2(2)}$ 毛乌素沙地荒漠生态区
		$II_{2(3)}$ 鄂尔多斯高原荒漠草原生态区
	II_3 干旱半荒漠生态地区	$II_{3(1)}$ 阿拉善高原半荒漠生态区
		$II_{3(2)}$ 河西走廊绿洲农业生态区
	II_4 干旱荒漠生态地区	$II_{4(1)}$ 阿尔泰山地森林草原生态区
		$II_{4(2)}$ 准噶尔盆地荒漠生态区
		$II_{4(3)}$ 天山山地草原、针叶林生态区
		$II_{4(4)}$ 塔里木盆地荒漠、戈壁生态区
III 青藏高原高寒生态大区	III_1 青藏高原森林、高寒草甸生态地区	$III_{1(1)}$ 青藏高原东南部常绿阔叶林、暗针叶林生态区
		$III_{1(2)}$ 青藏高原东部暗针叶林、高寒草甸生态区
	III_2 青藏高原高山草原、高寒草甸生态地区	$III_{2(1)}$ 祁连山针叶林、高寒草甸生态区
		$III_{2(2)}$ 青海东部农牧生态区
		$III_{2(3)}$ 江河源区高寒草甸生态区
		$III_{2(4)}$ 藏南农牧生态区
		$III_{2(5)}$ 羌塘高原高寒草原生态区
	III_3 青藏高原高寒荒漠、半荒漠生态地区	$III_{3(1)}$ 柴达木盆地荒漠、盐壳生态区
		$III_{3(2)}$ 可可西里半荒漠、荒漠生态区
		$III_{3(3)}$ 喀喇昆仑山砾漠生态区

第八节 《长江防洪地图集》中的空间秩序

《长江防洪地图集》由水利部长江水利委员会编著，科学出版社于

2001年出版发行，是一本可为各级水利部门研究和制定长江现代防洪总体布局及防洪建设提供可靠依据，也可供各级政府管理部门及关心、了解长江防洪的各界人士参考的图集。该图集由三个图组和一组图片组成。第一图组描绘长江流域自然与社会经济概况，以突出该地区社会经济特别是长江防洪区这一精华地区在我国经济建设和社会发展中的重要地位。第二图组分析了长江洪水洪灾形成的诸多因素，以引起警示。第三图组是图集的重点，着重反映防洪工程体系和防洪非工程体系，并且以较大比例尺地图反映各江段或地区综合防洪工程，用影像图和线划图互为对照，图文并茂，显示长江流域现状防洪能力。该书涉及的空间秩序有：

1. 长江流域水资源区划

长江是中华民族的母亲河，是我国重要的生态安全屏障，是中华民族发展的重要支撑。长江作为中国第一大河，水资源较为丰富，多年平均年降水量1067mm，水资源总量占全国水资源总量的36%，但流域内水资源分布不均衡。依据降水量、地表水、地下水资源，水利部长江水利委员会将长江流域水资源划分为11个二级区，区划结果如表8-8。

表8-8　　　　　　　　长江流域水资源区划

一级区	二级区
长江流域	金沙江水系
	岷沱江水系
	嘉陵江水系
	上游干流区间
	乌江水系
	汉江水系
	中游干流区间
	洞庭湖水系
	鄱阳湖水系
	下游干流区间
	三角洲平原区

2. 长江流域汛期降水区划

(1) 概况

长江流域汛期的降水分布，大体可归纳为6种类型：①全流域多雨型（或洪涝型），出现的频率较少，其典型年份为1954年及1998年。②全流域少雨型（或干旱型），出现的频率最多，其典型年份为1978年。③江北少雨江南多雨型，出现的频率次于第二类，其典型年份为1976年。④江北多雨江南少雨型，出现的频率少于第三类，其典型年份为1975年。⑤中下游少雨上游多雨型，出现的频率少于第四类，其典型年份为1981年和1965年。⑥中下游多雨上游少雨型，出现的频率最少，其典型年份为1969年和1982年。以上6种类型反映了长江流域降水分布的地区差别，即江南地区与江北地区（南北向）的差异，以及长江中下游地区与长江上游地区（东西向）的差异，但还不能代替降水气候区划。为使汛期各时段不同地区的降水情况得以反映，现以4个汛期时段作降水区划，它们各由2个一级区和8个二级区组成。

(2) 结果

春汛期降水区划，其一级区为春雨区和春旱区；夏汛期降水区划，其一级区为初夏主雨区和盛夏主雨区；秋汛期降水区划，其一级区为秋旱区和秋雨区；全汛期降水区划，其一级区为东部区和西部区。

表8-9　　　　　　　　长江流域汛期降水区划

汛期	一级区	二级区
春汛期（4—5月）	春雨区	江北区
		两湖区
		江南区
		乌江区
	春旱区	嘉汉区
		川西区
		云贵区
		金沙区

续表

汛期	一级区	二级区
夏汛期（6—8月）	初夏主雨区	江北区
		两湖区
		江南区
		乌江区
	盛夏主雨区	嘉汉区
		川西区
		云贵区
		金沙区
秋汛期（9—10月）	秋旱区	三角洲区
		江北区
		两湖区
		江南区
	秋雨区	乌江区
		川陕区
		云贵区
		金沙区
全汛期（4—10月）	东部区	江北区
		两湖区
		江南区
		乌江区
	西部区	川陕区
		云贵区
		川西区
		金沙区

第九节 《新的国家地震区划图》中的空间秩序

1. 概况

《新的国家地震区划图》即中国地震动参数区划图由中国科学院胡聿贤院士任主编，高孟潭、张培震、陈国星、薄景山、谢富仁为副主编，5

个研究所、28 个地方地震局和 168 位科研人员参加编制。编制工作于 2000 年完成并于 2001 年 8 月正式出版。该地震区划图包括峰值加速度区划图和反应谱特征周期区划图，比例尺为 1:400 万。

2. 结果

根据相关地震区划划分的依据，该图将加速度区划图分为 7 个区：1 区加速度值 ≤0.05g；2 区加速度值为 0.05g；3 区加速度值为 0.10g；4 区加速度值为 0.15g；5 区加速度值为 0.20g；6 区加速度值为 0.30g；7 区加速度值为 ≥0.40g。将反应谱特征周期区划图分为 3 个区：1 区特征周期为 0.35s，2 区特征周期为 0.40s，3 区特征周期为 0.45s。

第十节 生态区域地图中的空间秩序

2001 年，美国生物科学研究所 David M. Olson 等人通过将生态区域定义在相对较大的土地单元，这些单元包含不同的自然群落和物种组合，其边界基于主要土地使用变化之前的自然群落的原始范围，制定了生态区域地图，包括：①以促进代表性分析而被分为 14 个生物群落和 8 个生物地理领域的地球生态区域图；②促进淡水和海洋生态区保护，而识别世界陆地生态区域地图中 867 个不同的单元图；③陆地哺乳动物物种相对丰富度的生态区域图；④陆生哺乳动物的物种特有程度与物种丰富程度关系图。该系列图谱增强了其在全球和区域尺度上的保护规划效用上的功能：全面覆盖、建立在现有生物地理知识基础上的分类框架和详细的生物地理分辨率，反映了整个地球范围广泛的动植物群的分布，为单元之间的比较和代表性栖息地和物种组合的识别提供了一个框架。

第十一节 《中国大百科全书·世界地理卷》中的空间秩序

《中国大百科全书·世界地理卷》由中国大百科全书出版社于 2002 年出版，该书涉及的空间秩序如下：

地理环境是一个统一的整体，其各组成要素和各个组成部分之间处于相互联系、相互制约之中。地球是一个球形，太阳光热在地表的分布随纬度而异；其次，地球表层的组成并非均质，地表结构也不同，如海陆的错综分布、地面的高低起伏等。因此，地理环境的各组成部分又存在着相互差异性。由于前一个原因，表现为地带性的差异，从赤道向两极，各地理要素一般表现东西延伸、南北更替的分异格局，从而组合成一系列自然地带；由于后一个原因，表现为非地带性差异，地带性规律因此发生偏差，甚至受到掩盖。这两种分异规律相互对立，又相互渗透。全球自然地理环境错综复杂的图景，就是它们对立统一的体现。整个地理环境的地带性和非地带性差异，在各大洲有着不同程度和不同内容的体现，这是由各大洲的纬度位置、海陆位置、大陆轮廓和面积大小、地形结构乃至历史发展过程等方面的差异所引起的综合反映，从而赋予了各大洲在自然地理上的独特性。阐明一个洲的独特性，对认识和探讨全球地理环境的结构具有重要意义。任何一个洲区别于其他各洲的独特性，既体现着该洲的整体性，又反映了整个地理环境的差异性。

亚洲是世界第一大洲，居亚欧大陆东部，面临世界最大的海洋太平洋，跨越从赤道到北极的所有纬度带。因此，亚洲首先以几乎齐全的气候带、复杂多样的气候类型、强烈的大陆性和典型的季风性区别于各大洲。除温带西岸海洋性气候和极地冰原气候外，具备寒带、温带、亚热带和热带的各种气候类型。广大内陆和高纬地区，与其他大洲同纬度地区相比较，普遍表现为气温年较差大、全年降水量高度集中夏季的特点。亚洲以兼具世界最冷、最热、最干、最湿的地区之一而著称，气候要素变异的这种极端性，是气候大陆性强的另一重要反映。东亚、东南亚和南亚的季风气候区，气温、降水、风向等的季节变化特点明显，分布范围广，包括温带季风气候和热带季风气候，以及处于过渡地位的亚热带季风气候，在世界上具有独特意义。北亚的极地长寒气候（苔原气候）和亚寒带大陆性气候（针叶林气候）横贯大陆东西，面积广大，中亚和西亚大部分属温带、亚热带、热带干旱气候，干旱区面积之广堪与非洲相比。地形复杂，起伏极端，平均海拔950米，山地和高原约占全洲面积的3/4。地形的基本格局是：①崇山峻岭多汇集于中南部，与山间高原和盆地紧密结合，构成横亘东西的巨大高耸地带，即青藏高原、帕米尔山结、伊朗高原、亚美尼亚山结、安纳托利亚高原，以及北侧的祁连、昆仑、兴都库什、厄尔布尔士、高加索等山脉，南侧的喜马拉雅、喀喇昆仑、苏来曼、扎格罗斯、托罗斯等山脉；从帕米尔山结向东北，为夹峙于塔里木盆地和准噶尔盆地的天山、阿尔泰山，再经蒙古高原南北两侧山地，与西伯利亚东部诸山脉相连。②地势由中部向四周降低为中低山地、丘陵和平原，往西北展现着低平、坦荡的图兰平原和西西伯利亚平原，平原以东为起伏平缓的哈萨克丘陵和深受河流切割的中西伯利亚高原；在南部三大半岛上，久经侵蚀的古老高原与近代大河冲积平原相间分布，自西向东为阿拉伯台地、美索不达米亚平原、德干高原、印度河—恒河平原、掸邦高原、湄公河平原等；往东，地势呈阶梯状下降，最后降为中国东部低山丘陵和东北华北、长江中下游等冲积平原。③亚洲东缘为一系列向太平洋凸出的弧形列岛，大部分由年轻褶皱山脉盘踞，外侧邻接深邃的海沟。在地形和气候的综合影响下，河网布局呈现不匀称辐射状特点。巨川大河多源于高耸的中部，流向四周，除内流河外，分别注入北冰洋、太平洋、印度洋，河网稠密，多属夏汛河流，各大河源远流长，鄂毕河、叶尼塞河、勒拿河、黑龙江、长江、黄河和湄公河的长度均在4000千米以上，其中长江达6300千米为世界三大长河之一。它们上游穿行于崇山峻岭之间，形成许多幽深峡谷，水流湍急；下游则冲积成广大的平原和河口三角洲。内流区广大，约占全洲总面积的30%，绝对面积居各洲之首，主要分布在地处内陆、气候干旱、地形比较封闭的中亚和西亚。全洲缺乏大的淡水湖群，但湖泊类型多样，分布广泛，并有不少名闻世界，如里海是世界第一大湖（海迹湖），贝加尔湖是世界最深的湖泊，死海是世界含盐量最高的湖泊和陆地的最低点。作为亚洲地理环境重要标志的植被和土壤，不仅在类型组成上同样体现了复杂多样性，它们分布、更替的图式也反映了全洲地理环境的分异格局。北亚的苔原—冰沼土和针叶林—灰化土是北半球同类型地带的一部分，东西延伸，南北更替，体现了明显的地带性分异规律。自此向南，受地形与距海远近等非地带性因素的干扰，分异为沿海（东亚—东南亚）和内陆

（中亚）两个不同的更替序列，前者顺应热量的变化主要为温带落叶阔叶林—棕色森林土、亚热带常绿阔叶林—红壤和黄壤、热带季风林—砖红壤化红壤和热带林—砖红壤；后者顺应干湿的变化，主要有温带森林草原—灰色森林土、温带草原—黑钙土和栗钙土、荒漠草原—棕色草原土、干旱荒漠—灰钙土和荒漠土。在高大山脉和高原区，还具有多样化的垂直地带性结构。总之，作为全球最大陆地自然综合体的亚洲，突出表现了各地理要素类型的多样性和极端性，通过地带性差异与非地带性差异的兼收并蓄、错综复杂的交叉关系构成其特有的地理环境结构图式。

欧洲位于亚欧大陆的西部，大部分在中高纬度，纬度位置决定了它在全球大气环流中主要处于西风带范畴，所处海陆位置面临强盛的北大西洋暖流，加以水平轮廓破碎，多岛屿、半岛和深入陆地的海湾，以及平原广阔、山脉多呈东西走向的地形结构等的综合影响，使欧洲气候有温带海洋性的特点，与毗邻的亚洲迥然不同。全洲平均海拔高度340米，以东欧平原和中欧平原为主体，平原总面积约占全洲3/5，在各大洲中首屈一指。山脉一般围绕平原边缘部、西北部的斯堪的纳维亚山脉和东欧平原东侧的乌拉尔山脉，皆因久经侵蚀，山势低缓；中欧平原南侧是中等高度的块状山地，间以一系列盆地和低地，高大的阿尔卑斯山系呈弧状横贯中南部，其支脉伸入南欧三大半岛。上述地形结构特点，利于盛行西风长驱直入，扩大了大西洋对内陆的影响。与亚洲和北美洲同纬度地区相比，欧洲冬季温和，夏季比较凉爽，气温年较差小；年降水量适中，以秋冬降水为主，是世界上除南极洲外唯一没有大片干旱沙漠区的洲。气候类型组成相对比较单一，缺失热带气候类型，以温带气候类型为主，其中西欧的温带海洋性气候和南欧的地中海型气候不仅特征典型，而且分布范围也远远超过世界各大洲的同类型气候区。受大陆面积较小和轮廓破碎的限制，全洲大河不多，但河网均匀密集，分别注入北冰洋、大西洋和地中海、黑海、里海，水量丰富，年变化较小。大致由东欧平原北部的冰碛丘陵、中欧块状山地和阿尔卑斯山脉组成一条东北—西南向的大陆总分水岭，把全洲的河流分成北冰洋—大西洋流域系统和地中海—黑海流域系统、里海内陆流域系统两大部分。与其他大洲不同，该洲流程最长、流域面积最广的河流并不分布在外流区，而是流贯于东欧平原、里海内陆流域系统的伏尔加河，这使海洋性显著、气候湿润的欧洲也存在一定比率的内流区（约占全洲面积1/6）。外流区主要河流有多瑙河、第聂伯河、顿河、伯朝拉河、莱茵河等。欧洲与北美洲同为世界上多湖的大陆，集中分布在北欧和阿尔卑斯山区，且以冰川成因的淡水湖为主，但就湖群规模和面积而言，欧洲远逊于北美洲。森林景观在全洲占绝对优势，尤以温带落叶阔叶林、亚寒带针叶林及其相应的土壤分布面积最广，地中海型的亚热带硬叶常绿林和灌丛也在世界上具有典型意义。一方面，顺应水热条件按纬度南北分异的总趋势，植被—土壤类型的分布主要体现地带性分异规律，自北向南按以下序列更替：苔原—冰沼土、亚寒带针叶林—灰化土、针阔混交林—生草灰化土、温带落叶阔叶林—棕色森林土、森林草原—灰色森林和淋溶黑钙土、温带草原—黑钙土、半荒漠—淡栗钙土。这种东西延伸、南北更替的格局在东欧平原更为明显。另一方面，顺应自西向东气候的海洋性逐渐减弱、大陆性逐渐增强的趋势，上述地带性结构也受到一定干扰和偏离，具体表现在针阔混交林带和阔叶林带西宽东窄，以至尖灭；针叶林带却西窄东宽，与亚洲北部的针叶林带衔接；森林草原、草原和半荒漠带居于该洲的东南部。总之，与亚洲相比，欧洲地理环境的结构显示了类型组成的相对单一性、突出的温带海洋性和地带性分异占主导地位等独特性。

北美洲也是北半球跨越寒、温、热三带的大陆，北宽南窄，主要属于中高纬度带，在气候的大陆性和类型的复杂多样性等方面堪与亚洲相匹。但是，北美洲面积较小，低纬度地带范围狭窄，濒临两洋，特别是地形结构别具一格，这使它在地理环境的许多方面具有自己的特点。北美洲大陆明显分为三大地形纵列带：①由一系列山脉和山间高原、盆地组成的科迪勒拉山系纵峙于大陆西部，山系宽广，高度很大，地形复杂；②久经侵蚀、中等高度、东北—西南走向的阿巴拉契亚高地列于大陆东部；③介于上述两带之间，展现着起伏平缓的劳伦琴低高原和平衍坦荡的中部平原。纵列的地形结构，对于本大陆气候、水系以及土壤、植被等的分布具有很大影响。温带大陆性气候占优势，广大地区冬季寒冷，夏季暖热，气温的年较差较大；年降水量适中，多以夏雨为主。但是，北美洲无论在气温变化的极端性或是夏雨集中和冬季干旱的程度等方面，均逊于亚洲。北美洲拥有从寒带到热带和从大陆东岸到西岸的各种气候类型，在类型的多样性方面与亚洲不相上下，又具有自己特点。北美洲东部不具备亚洲东部典型的季风气候而代之以温带大陆性湿润气候、亚热带湿润气候和热带海洋性气候；北美洲拥有亚洲所缺失的极地冰原气候和西海岸温带海洋性气候，但热带气候类型局限，基本上缺失典型的赤道多雨气候，热带干旱、半干旱气候的分布也不如亚洲广泛。从总体来看，北美洲以亚寒带大陆性气候、温带大陆性干旱与半干旱气候和温带大陆性湿润气候分布范围最广，合占全洲总面积一半以上。在地形结构制约和气候影响下，河网分布以及水系发育规模和程度方面所显示的地域分异，也具有鲜明的特色。外流区占绝对优势，与内流区对比悬殊，若不计冰封的格陵兰岛，分别占全洲面积的96.7%和3.3%。外流区的大河多数发源于大陆的主要分水岭落基山，它与东部阿巴拉契亚高地和中北部冰碛区，共同构成略呈H形的分水岭格局，河流流向"南辕北辙""东西扬镳"，各大流域系统对比明显。其中中南部墨西哥湾流域系统是北美洲河网稠密的水文区，拥有以全洲第一长河密西西比河为主体的庞大水系，平原广阔，降水丰富，径流汇聚，发育历史较久，大部分地区未受第四纪冰川侵袭，大冰期后又接纳密苏里河和俄亥俄河汇入，更加强了整个水系的发展。西部的育空河、哥伦比亚河、科罗拉多河、格兰德河（布拉沃河）等较大水系，大部分流经山间干旱、半干旱地区，多峡谷和激流，水系发育表现一定的年轻性。北冰洋流域系统拥有全洲第二长河马更些河。北美洲淡水湖面积居各洲之首，以多大湖群和属冰川成因著称，北部呈弧状排列的大熊湖、大奴湖、温尼伯湖、苏必利尔湖、密歇根湖、休伦湖、伊利湖、安大略湖等，构成世界上规模最大的湖带和淡水湖群。北美洲植被—土壤类型的组成是气候类型多样性的反映，地球上各种植被—土壤类型在本洲几乎无不具备。从全局来看，又以针叶林—灰化分布面积最广，按其所占全洲面积的比率则超过世界各洲；其次，冰原和苔原—冰沼土分布之广也突出于世界各洲，前者仅次于南极洲，后者与亚洲相近，而热带类型植被—土壤，无论绝对面积或是占全洲面积的比率均较小型植被—土属次要。植被—土类型的分布与气候类型的结构格局基本一致，体现了地带性与非地带性因素的交互作用。北部高纬度地区地面起伏不大，水热条件从北向南逐步变异，冰原、苔原—冰沼土、针叶林—灰化土依次更替，它们是北半球相应自然带的组成部分。向南进入中纬度地区，大致以西经98°为界，东部和西部不仅各有其气候和植被—土壤类型，而且它们的排列图式也处于对立的局面。东部地面比较开展，大部分为坦荡平原、低缓高原或高地，气温和降水向南递增，依次出现了温带针阔混交林—灰棕壤、温带落叶阔叶林—棕壤和亚热带常绿林—红壤或黄的更替序列。西部居内陆位置，山地南北纵列，大平原适处落基山雨影地带，降水量自东向西递减，落基山以西广大山间高原和盆地属半干旱或干旱气候，所以植被—土壤类型的分布排列图式表现为东西更替、南北延伸的格局，依次是森林草原—淋溶黑土、高草原—黑钙土、短草原—栗钙土、半荒漠或荒漠—灰钙土或漠钙土。太平洋沿岸地带，从北向南气候类型由温带海洋性型经地中海型向热带干旱型过渡，植被—土壤类型相应从北向南更替和南北延伸，这是地带性结构与非地带性结构的综合体现。南部中美地峡和西印度群岛地处信风带，山脉走向多与海岸平行，气候—植被—土壤类型的分异主要导因于向风与背风之别，分属热带海洋性气候—热带常绿林砖红壤、红壤和热带干湿季气候—热带稀树草原—红褐色土。综上所述，北美洲地理环境各组成要素均以温带类型为主，并突出地体现着温带大陆性的特点，北部、东部地带性分异与西部、南部的非地带性分异，形成对立统一体，构成了北美洲独特的地理环境结构图式。

非洲是世界第二大洲，位于亚洲的西南和欧洲以南，大陆北宽南窄，海岸平直，缺少半岛、岛屿和海湾，大部分在热带纬度，是世界上唯一赤道横贯大陆中部的大陆。全洲地形以高原占优势，有"高原大陆"之称，平均海拔高度750米，仅次于亚洲。地面起伏相对较小，地势大致由东南向西北倾斜。东南半部"高非洲"，包括埃塞俄比亚高原、东非高原、南非高原和刚果盆地等地形单元，著名的东非大裂谷纵贯东部，西北半部"低非洲"，以低高原和台地为主，局部有块状山地、盆地或洼地。非洲仅有两条褶皱山脉，范围局限，偏居在高原边缘地区，即西北边缘的阿特拉斯山脉和南端的开普山脉。非洲的地理位置、大陆轮廓以及相对单一的地形结构，决定了该洲气候—植被—土壤以热带类型为主，并呈现独特的南北对称、带状分布的结构格局。从低纬度的赤道多雨气候区分向南北，渐次更替为热带干湿季气候、热带干旱气候，至大陆南、北边缘则为亚热带地中海型气候，植被—土壤类型相应为热带雨林—砖红壤和红壤、热带稀树草原—红棕色土、热带荒漠—漠境土、亚热带硬叶常绿林和灌丛—褐色土。其中主体是热带干湿季气候、热带干旱气候及其相应的植被—土壤，分布范围超过世界各洲。全洲年平均气温在20℃以上的地区约占总面积的95%，气温的日较差大于年较差，充分体现作为"热带大陆"的特色。北回归线两侧大陆特别宽广，加之东北部紧邻亚洲大陆，大大扩大了受副热带高压和东北信风带控制的范围，形成了横贯大陆东西、世界最大的撒哈拉沙漠，包括南回归线附近的卡拉哈里沙漠和纳米布沙漠在内，非洲的干旱区（年降水量不足250毫米）面积约占全洲2/5，这个比率仅次于澳大利亚大陆，绝对面积则居世界各大洲首位。受地形、洋流等非地带性因素的影响，非洲的气候—植被带中也有发生局部偏离的现象。例如，由于东非高原海拔较高，赤道多雨气候—热带雨林带在此中断，马达加斯加岛向风的东部和背风的西部，分别形成热带海洋性气候—热带常绿林和热带干湿季气候—热带稀树草原。非洲的河网布局也具有自己的特点。外流区约占全洲面积的2/3。由于大陆主要分水岭偏于大陆东侧，顺应向西北倾斜的地势特点，大西洋流域面积广大，约占外流区面积的3/4，拥有世界第一长河尼罗河、世界第二大水系刚果河（扎伊尔河）以及尼日尔河等，印度洋流域仅占外流区面积的1/4，除赞比西河属较大水系外，河流一般比较短小。许多块状高地或宽广盆地成为河流的辐散中心和辐聚中心。东非高原是最大的水系辐散中心，尼罗河由此北流，扎伊尔河西流，赞比西河的两条重要支流南流，许多较小河则向东流，其次是西非的福塔贾隆高原，为尼日尔河、塞内加尔河、冈比亚河等的辐散中心。刚果盆地是最大的河流辐聚中心，扎伊尔河的众多支流在此汇聚，其他辐聚中心有乍得湖盆地、维多利亚湖盆地、尼罗河上游盆地等非洲许多河流的上源在低纬度多雨区，水量丰富，河网稠密，中下游流经干旱沙漠区，水量因蒸发、渗漏而减少，成为所谓过境河，如尼罗河、尼日尔河和南非的奥兰治河等。内流区或无流区合计占全洲总面积的1/3，主要分布在干旱沙漠区，河网稀疏，多为间歇河。湖泊众多，分布集中，以构造成因为主。其中在东非大裂谷形成一条著名的湖带，多属断层湖，湖形狭长，湖底深陷，如坦噶尼喀湖、马拉维湖等，部分为地壳凹陷的洼地积水而成，如非洲第一大湖维多利亚湖以及乍得湖等。总之，非洲地理环境以其干热的高原、鲜明的地带性结构和南北对称性，区别于其他各大洲。

南美洲的纬度位置、大陆形状和轮廓等方面与非洲比较相似，决定了其地理环境各组成要素也均以热带类型为主。该洲北部面积宽广，并受赤道横贯，但除西北端以狭窄的地峡与北美洲相连外，四周环洋，占全洲大部分面积的北部位于低纬地带，南部伸入温带纬度但面积缩窄：在地形结构方面，高大的安第斯山脉纵贯西部，地域广阔的东部为久经侵蚀的古老高原与低平的大河冲积平原相间分布，自北而南分别是奥里诺科平原、圭亚那高原、亚马孙平原、巴西高原、拉普拉塔平原和巴塔哥尼亚高原，大西洋湿润气团可以深入内陆，因此南美洲地理环境以温暖湿润为特点。首先，它是一个温暖的大陆，气温年较差很小。除山地外，全洲冬季最冷月平均气温均在0℃以上，南纬40°以南的温带地区远比亚洲或北美洲同纬度地区温和，夏季最热月平均气温在南回归线以北、占大陆面积主要部分的热带地区为24℃—28℃，不如非洲或澳大利亚大陆炎热。南美洲也是一个湿润的大陆，多雨面广，降水丰富，以夏雨为主，年降水量在1000毫米以上的地区约占全洲总面积的70%，这个比率是世界其他大洲所不及的。气候类型与植被—土壤类型中。亚马孙平原的赤道多雨气候—热带常绿雨林—砖红壤和奥里诺科平原、圭亚那高原西部、巴西高原大部的热带干湿季气候—热带稀树草原—红壤在全洲占主要地位。前者在世界同类型区中面积最广，体现热带湿润的特性比较充分和典型，后者占全洲面积的比率最高，也是世界同类型区中面积最广的地区之一。与大陆的湿润性气候相对应的热带干旱气候—热带荒漠主要限于南美洲西海岸，其范围远小于澳非大陆。由于南回归线南大陆显著收缩，热带以外的气候—植被—土壤类型分布局限，还缺失水平地带的寒带类型。所以偏居西岸、连绵高大的安第斯山，不仅本身表现了多样化的垂直带，尤其在低纬东坡具有从热带常绿雨林以至高山冰雪带的完整的垂直带图谱，更重要的是它对全洲地理环境的分异产生巨大影响，形成了东、西部分异不平衡甚至相对立的结构特征。安第斯山以东，地域广阔，高度不大，气候及其相应的植被—土壤类型都是南北排列，属于热带范畴的几个主要类型又东西延伸，热带干湿季气候—热带稀树草原—红壤带分列于亚马孙平原的赤道多雨气候—热带常绿雨林—砖红壤带的南北两侧，具有一定的对称性，充分体现了地带性结构规律。亚马孙平原的东西延伸，以及背依安第斯山、面向大西洋开敞等非地带性因素，对其地带性结构的体现还起了加强作用。虽然东部地区也存在非地带性结构，例如巴塔哥尼亚的温带半干旱与干旱气候—半荒漠与荒漠，但它对东部地区来说属于次要和局部的表现。安第斯山以西地区，陆地面积狭窄，各主要类型均呈南北延伸，体现非地带性结构。特别是热带干旱气候—热带荒漠区南北延伸约 27 个纬度，向北接近赤道，赤道多雨气候—热带常绿雨林局限于赤道以北，这在世界各大陆西岸的类型中独具一格。但是，在西部地区同样存在地带性因素的作用，从热带干旱型向南，有规律地转为亚热带地中海型和温带海洋性型，安第斯山区南北的分异：热带湿润的北段、高寒干旱的中段和温凉湿润的南段，基本上也受制于纬度因素。南美洲河网布局东、西部之间的不平衡性，又从另一个侧面体现着全洲地理环境结构的重要特征。安第斯山是大陆主要分水岭。分水岭以西的太平洋流域系统，河流一般都短促、陡急和独流，支流少，很难构成系统，故流域面积很小；有很多地段气候干旱，河流既少，水量又小，多数是间歇性的。分水岭以东的大西洋流域系统，河流源远流长，河网稠密，水量丰富，拥有亚马孙河、巴拉圭—巴拉那—拉普拉塔河和奥里诺科河三大水系，其中亚马孙水系在河网密度、流域面积、水量等方面均居世界各大河之首，长度仅次于非洲的尼罗河，为典型的赤道型水系。东、西部河网布局形成如此尖锐的鲜明对比,比照其他大洲也是独特的。最后,东、西部不论在相应纬度范围内的类型或在更替的趋向上都处于对立的地位。例如与西岸热带干旱气候、热带荒漠大部分地段纬度相当的东部,是亚马孙平原和安第斯山低坡的赤道多雨气候—热带常绿雨林,又如南纬40°以南的西岸是温带海洋性气候—温带湿润森林,而纬度相当的东部则是温带半干旱与干旱气候—半荒漠与荒漠。再者,西部地区若以西岸热带荒漠区为轴,分向南北,自然地理的综合特性是逐渐趋向湿润;东部地区以亚马孙平原热带常绿雨林区为轴,分向南北,总的变化趋势是转向干旱。上述对比,进一步加强了南美洲地理环境东、西部的不平衡性,由此也说明南美洲是东、西部对立统一的整体。在世界各大洲中,南美洲的非地带性结构是比较突出的;但就大陆总体而言,地带性结构却是主要的方面。

澳大利亚大陆约占大洋洲总面积的85%,四周环洋,岸线平直,水平轮廓略呈椭圆形,东西宽,南北窄;南回归线横贯中部,大陆绝大部分处于热带和亚热带。地势低平,起伏和缓。海拔600米以下的低高原和平原约占大陆总面积的95%以上,是世界上山地比率最小和唯一没有中生代、新生代褶皱山脉的大陆。地形结构表现为三个南北纵列带,即西部为平坦的低高原、中部为沉积平原、东部为久经剥蚀的褶皱山地和断块高地。澳大利亚的纬度位置和特有的大陆形状,扩大了副热带高压和东南信风带控制的范围,加以山地偏居东海岸,导致大陆地理环境突出体现暖热、干旱的特性。除局部山地外,夏季最热月平均气温均在20℃以上,大部分地区在28℃以上;冬季最冷月平均气温也在10℃以上。年降水量不足500毫米的半干旱和干旱区约占大陆总面积的2/3以上,这个比率超过非洲,与湿润的南美洲形成鲜明的对照。热带、亚热带半干旱与干旱气候以及热带干湿季气候主宰大陆大部分地区,荒漠、草原、灌木型植被及其相应的土壤占绝对优势,森林仅占大陆总面积的5%。干旱性反映在水文上是地表水贫乏,为世界上地表径流量最小的大陆;内流区和无流区面积广大,合计约占大陆总面积的52%;水量较丰的外流河一般均短小,分布在大陆边缘,唯一较大的水系——墨累—达令河水量不大,旱季时达令河甚至断流,湖泊少而小,且以盐沼为主;但地下水丰富,拥有世界上规模最大的自流井盆地。顺应降水量自北、东、南沿海向中、西部递减的规律,澳大利亚大陆地理环境结构呈现独特的半环状分异图式,体现了地带性因素与非地带性因素的综合作用。北岸的热带干湿季气候、东北岸的热带海洋性气候、东南岸的亚热带湿润气候南岸的亚热带地中海型气候,以及与各气候类型相应、以森林为主的植被—土壤类型,构成大陆湿润的外环,向内陆逐渐更替为热带、亚热带半干旱气候,以稀树草原、灌木草原、干草原、半荒漠及其相应的土壤为主构成大陆半干旱的中环;中、西部是大面积的热带、亚热带干旱气候和荒漠区,直抵西海岸,构成大陆干旱的内环。

南极洲位于地球南端,全部在南极圈内,是世界上独一无二被巨厚冰层覆盖的"冰原大陆",以致平均海拔高达2350米。严寒的气候、猛烈的风暴、奇异的极昼和极夜现象、贫乏的有机界,等等,都是南极洲自然地理环境有别于其他大洲的独特之处。

作为地理环境主要组成部分的广大海洋水域,表面均质,以地带性分异为主,按纬度而异的太阳光热分布,成为划分海洋自然带的基础。但由于水体的水平运动和垂直运动,使海洋自然带较陆地自然带简单,各带之间的界限也较不明确。全球海洋大致可划分出7个自然带:北极带、北温带、北热带、赤道带、南热带、南温带和南极带,各带之间的差异性主要表现在地表水温度、含盐度、海洋生物分布等方面。海洋自然带也受到洋流等非地带性因素局部的干扰和破坏,特别是在同一纬度地带寒、暖流所经部分。受陆地分隔的4个大洋,跨越不同的纬度位置,具有不同的轮廓,在自然地理方面各具特点,体现着全球地理环境的差异性。

太平洋是世界第一大洋,约占地球表面积的35%、大洋总面积的1/2。海底地形复杂多样,最突出的是西部边缘海盆—岛弧—海沟带和东部与大陆年轻褶皱山脉邻接的海沟带,地壳不稳定,形成世界著名的环太平洋火山、地震带,另一个特点是大洋中脊偏于太平洋东侧,其中北段已潜入北美大陆之下。岛屿众多,约占世界岛屿总面积的45%,居各大洋之首，主要集中在中、西部水域。太平洋是世界上最深的海洋，平均深度4028米，集中了世界上大部分海沟，深度超过10000米的海沟全部在太平洋，其中马里亚纳海沟深达11034米（一说11022米）为已知世界海洋的最深点。太平洋北至北极圈附近，南达南极洲，跨越多个气候带，但其水平轮廓略呈扁圆形，东西宽度超过南北长度，最宽处是在赤道附近，热带与亚热带范围最广，再加上北部为陆地环抱，仅以狭窄的白令海峡同北冰洋沟通，所以太平洋又是世界上最温暖的海洋，表水平均温度高于其他大洋。与大西洋相似，太平洋在赤道至南、北纬40°左右的范围内，各形成一个完整的环流系统，其中南太平洋环流系统中贴近南美大陆西岸北流的秘鲁寒流，是世界上最强盛的一股寒流。由于面积广、岛屿多，生境多样，太平洋拥有的生物量占世界大洋的50%以上。

大西洋是世界第二大洋，水平轮廓略呈"S"形，东西窄、南北长。北部与北冰洋畅通，南达南极洲，分跨南、北半球寒、温、热三带，地球上各大风带在大西洋上表现最为完整，形成南、北对称的气候带和两大环流系统。墨西哥湾暖流及其延续的北大西洋暖流，是世界上最强盛的一股暖流，它对北大西洋本身及其相邻大陆的气候有巨大影响。海底地形最显著的特点是大洋中脊（大西洋海岭）纵贯中部，走向与海岸平行，也作"S"状，其宽度约占大西洋宽度的1/3；其次是大陆架宽广，占大西洋面积的比率超过太平洋和印度洋。

印度洋是世界第三大洋，其水平轮廓的特点是北部被亚、澳、非大陆封闭，南部开敞主体部分在热带亚热带范围内，有"热带性海洋"之称。在北纬30°至南纬40°的辽阔海域内表水温度高于太平洋和大西洋同纬度流域；处于干热沙漠之间的印度洋边缘海——红海，则是世界上含盐度最高的海域。受亚洲大陆南部热带季风环流的影响，北印度洋表层海水的流向也随季节变更，形成独特的"季风洋流"，显著不同于在盛行西风和信风影响下的南印度洋环流系统。大洋中脊呈"人"字形展布，由印度—阿拉伯海岭、中印度洋海岭、西印度洋海岭和南极—印度洋海岭组合而成，脉岭崎岖错杂，中轴裂谷纷繁，与大西洋海岭有着明显差异，大陆架狭窄，但广泛分布大陆，以及巨大的水下冲积锥。此外，印度洋岛屿最少也是其有别于其他大洋的重要特点。

北冰洋是世界最小的海洋,不及太平洋面积的1/4,位于北极圈内,被亚、欧、北美三大洲包围。岸线曲折,岛屿众多,若包括世界第一大岛格陵兰岛在内,岛屿总面积约达400万平方千米,仅次于太平洋。气候严寒,约2/3洋面被冰覆盖,其余也多有浮冰漂流。大陆架宽广,其面积约占北冰洋总面积的36%,这个比率远远超过其他大洋。近乎平行的罗蒙诺索夫海岭和门捷列夫海岭,横断整个北冰洋,构成海底最突出的地貌。大洋中脊宽度较窄,发育不成熟,居于罗蒙诺索夫海岭左侧。海底地形的特点,使北冰洋成为世界最浅的海洋,平均深度为1225米。严酷的自然环境,则使海洋生物种类和数量都远比其他大洋少。

第十二节 《中国陆地表层系统分区初探》中的空间秩序

1. 概况

葛全胜于2002年对中国陆地表层进行了分区实践。采用地理学的综合与专家评判相结合的方法将中国陆地表层系统划分为9个一级区。然后利用压力—状态—响应(PSR)评价模型和模糊聚类方法,对全国344个地区的46个指标进行模糊聚类,建立了二级分区,并对各区的综合状况作了定量评价。结果表明:地貌与气候区域分异是控制我国陆地表层系统综合状况的主导因素,而由人类活动所主导的社会经济因素是控制我国陆地表层系统综合状况的第二位因素。对9个一级区的陆地表层系统状况定量评价表明:华北区、东南区与华南区的陆地表层系统状况最好,东北区居中,内蒙区、陇陕晋区与西南区较差,西北区与青藏区最差。

2. 结果

该方案以全国综合自然区划、生态地理区划、生产潜力区划、经济区划等4个全国性区划,以及温室气体对未来自然地域分异界线及农业生产潜力分区变化的影响为基础,采用叠置与专家评判法将中国陆地表层系统划分成9个大区:东北区、华北区、东南区、华南区、内蒙区、陇陕晋区、西南区、西北区、青藏区。

第十三节 《中国生物地理区划研究》中的空间秩序

解焱、李典谟、John MacKinnon 于2002年将中国版图根据综合自然（包括海拔、地形、气候、植被、水系、农业区等）因素，利用GIS技术手段对我国生物地理进行区划，划分出124个基本单元。同时，根据一定的原则选择了171种哺乳类和509种植物物种，利用中国物种信息系统收集这些物种的分布信息，并运用GIS技术将这些信息转换为各个基本单元内这些物种存在与否的信息，再用数学量化分析方法计算相关矩阵，以及Ward方法进行聚类分析，得到上述124个基本单元的哺乳类和植物分布相似性聚类图，从而最终得到一个新的定量化的、更具客观性和实用意义的中国生物地理区划系统，以及关于中国生物地理区划的许多重要结论。该区划包括4个区域、8个亚区域、27个生物地理区和124个生物地理单元。其区划系统如表8-10。

表 8-10　　　　　　　　中国生物地理区划

区域	亚区域	区	亚区	单元
Ⅰ 东北部	Ⅰa 内蒙古高原及东北平原	1 大兴安岭	a 大兴安岭中北部针叶林	（1）大兴安岭北部山地 （2）大兴安岭中部
			b 大兴安岭南部草原	（3）大兴安岭南部山地
		2 东北平原	a 东北北部平原森林草原	（4）松嫩平原 （5）大兴安岭中北部东坡山地台地
			b 西辽河流域干草原	（6）大兴安岭南部山前台地 （7）西辽河平原山前台地
		3 内蒙古高原干草原、荒漠草原		（8）内蒙古高原东部洼地 （9）乌兰察布高原 （10）阴山山地丘陵 （11）锡林郭勒高原 （12）呼伦贝尔高原

续表

区域	亚区域	区	亚区	单元
Ⅰa 内蒙古高原及东北平原		4 鄂尔多斯高原干草原、荒漠草原		(13) 黄土高原北部丘陵 (14) 鄂尔多斯高原 (15) 准格尔—和林格尔黄土丘陵 (16) 河套平原
	Ⅰb 小兴安岭和长白山	5 东北东部	a 东北东部山地针阔叶混交林	(17) 长白山地 (18) 小兴安岭 (19) 三江平原 (20) 乌苏里江穆棱河平原 (21) 山前台地 (22) 辽东半岛
			b 辽河下游平原农业	(23) 辽河下游平原
	Ⅰc 华北及黄土高原	6 华北	a 冀北辽西山地落叶灌丛	(24) 冀北—京北山地 (25) 辽西低山丘陵
			b 华北平原北部农业	(26) 海河平原 (27) 黄泛平原
			c 冀晋山地半旱生落叶阔叶林、森林草原	(28) 晋南盆地 (29) 晋东南高原 (30) 吕梁山、晋中盆地 (31) 永定河上游盆地 (32) 豫西山地
			d 山东半岛落叶阔叶林	(33) 山东半岛 (34) 鲁中南低山丘陵
		7 黄土高原森林草原、干草原		(35) 陕北陇东切割塬 (36) 渭河谷地 (37) 陇中切割丘陵 (38) 宁南切割丘陵 (39) 贺兰山地

续表

区域	亚区域	区	亚区	单元
Ⅱ东南部	Ⅱa华中	8 淮北平原和长江中下游平原	a 淮北平原农业	（40）淮北平原 （41）南襄盆地
			b 长江中下游平原农业	（42）长江中游平原 （43）长江下游平原丘陵 （44）长江三角洲
			c 大别山—桐柏山落叶灌丛	（45）大别山—桐柏山
		9 秦岭和大巴山混交林		（46）秦岭山脉 （47）大巴山—米仓山
		10 四川盆地农业		（48）成都平原 （49）中部丘陵 （50）东部平行岭谷
	Ⅱb长江以南丘陵和高原	11 东南丘陵山地、盆地常绿阔叶林		（51）仙霞岭—括苍山 （52）武夷山—戴云山 （53）钱塘江中下游河谷盆地 （54）浙闽沿海丘陵 （55）皖浙低山丘陵 （56）赣江谷地丘陵 （57）湘赣低山丘陵
		12 长江南岸丘陵常绿阔叶林		（58）湘江谷地丘陵 （59）南岭山地 （60）沅江流域山地丘陵 （61）大娄山中山峡谷 （62）苗岭丘原
		13 云贵高原常绿阔叶林		（63）红河水流域山原盆坝 （64）乌江南盘江流域高原中山峡谷 （65）左右江流域岩溶山原 （66）滇东黔西喀斯特高原 （67）滇东南低热高原 （68）滇中南低热河谷

续表

区域	亚区域	区	亚区	单元
	Ⅱb 长江以南丘陵和高原	14 岭南丘陵常绿阔叶林		(69) 粤东、闽南沿海山丘台地平原
				(70) 珠江三角洲丘陵平原
				(71) 粤西、桂东南山地谷地
				(72) 郁江—邕江流域宽谷丘陵
	Ⅱc 中国南部沿海和岛屿	15 滇南热带季雨林		(73) 滇西山原
				(74) 滇西南高原宽谷
				(75) 滇南宽谷
		16 琼雷热带雨林、季雨林		(76) 粤西、桂南沿海台地平原
				(77) 雷州半岛台地
				(78) 琼北台地平原
				(79) 琼南山地丘陵
		17 台湾岛常绿阔叶林和季雨林		(80) 西北部亚热带丘陵平原
				(81) 中部亚热带山地
				(82) 南部热带丘陵平原
				(83) 东部热带海岸
				(84) 澎湖列岛
		18 南海诸岛热带雨林		(85) 南海诸岛热带雨林
Ⅲ 西南部	Ⅲa 青藏高原东南部和南部	19 川南、云南高原常绿阔叶林		(86) 滇中川南高原湖盆
				(87) 怒江、澜沧江平行岭谷
				(88) 独龙江流域山地
		20 藏东、川西切割山地针叶林、高山草甸		(89) 大渡河中下游中山
				(90) 金沙江、雅砻江切割山地
				(91) 岷江、大渡河切割山地
		21 喜马拉雅山地	a 东喜马拉雅南翼山地热带亚热带森林	(92) 岗日嘎布山脉南翼山地
				(93) 喜马拉雅南翼山地
				(94) 怒江、澜沧江切割山地
				(95) 雅鲁藏布江大拐弯、怒江上游切割山地
			b 藏南山地灌丛草原	(96) 雅鲁藏布江河谷山地
				(97) 喜马拉雅山脉中部山地

续表

区域	亚区域	区	亚区	单元
	Ⅲb 青藏高原中北部	22 青藏高原东北	a 青东、南山地高寒草原、山地草原	(98) 澜沧江、金沙江及雅砻江上游切割山地
				(99) 黄河上游切割山地
				(100) 青南山地
			b 柴达木盆地和祁连山荒漠、草原	(101) 祁连山地
				(102) 柴达木盆地
		23 青藏高原西中部	a 青藏高原中部高寒草原	(103) 羌塘高原北部山地
				(104) 羌塘高原南部山地
				(105) 藏北高原西北部高原湖盆山地
				(106) 冈底斯山地
			b 阿里高原高寒荒漠与荒漠草原	(107) 森格藏布流域高原山地
				(108) 郎钦藏布流域高原山地
Ⅳ西北部		24 阿拉善高原温带荒漠		(109) 阿拉善高原
				(110) 马鬃山地
				(111) 河西走廊西段
				(112) 河西走廊中、东段
		25 东天山温带荒漠		(113) 诺明戈壁
				(114) 吐鲁番—哈密间山盆地
				(115) 东天山
		26 北疆	a 阿尔泰山山地草原及针叶林	(116) 西北阿尔泰
				(117) 东南阿尔泰
			b 准噶尔盆地温带荒漠	(118) 准噶尔盆地
				(119) 额敏谷地
			c 天山山地草原和针叶林	(120) 中天山
				(121) 伊犁谷地
		27 塔里木盆地沙漠及昆仑山	a 塔里木盆地沙漠	(122) 塔里木盆地
			b 昆仑山高寒荒漠	(123) 昆仑山北坡
				(124) 昆仑山脉南翼

第十四节 《全国林业生态建设与治理模式》中的空间秩序

1. 概况

祝列克等在 2003 年主编的《全国林业生态建设与治理模式》一书中，系统分析全国自然特点、生态特点、生态问题、区域布局及林业生态总体布局的基础上，以县级行政区划为单元，按照综合性、实用性的原则，突破以往单结构林模式的局限。在划分单元方面，各级区划单元不重叠且连续分布，促进林业生态建设与治理实现分区域分类指导。该区划将全国国土范围划分为 8 个林业生态建设区域、40 个类型区和 154 个亚区。

2. 结果

依据上述林业生态建设与治理区划的目的、原则、分类及命名方法，将我国划分为 8 个区域、40 个类型区、154 个亚区，区划系统如表 8-11。

表 8-11　　　　　我国林业生态建设与治理区划

区域	类型区	亚区
黄河上中游区域（A）	黄河源头高原类型区（A1）	
	黄河上游山地类型区（A2）	青海东部黄土丘陵亚区（A2-1）
		甘南高原亚区（A2-2）
	黄河河套平原类型区（A3）	贺兰山山地亚区（A3-1）
		银川平原亚区（A3-2）
		内蒙古河套平原亚区（A3-3）
	内蒙古及宁陕沙地（漠）类型区（A4）	库布奇沙漠亚区（A4-1）
		毛乌素沙地亚区（A4-2）
		陕北长城沿线风沙滩地亚区（A4-3）

续表

区域	类型区	亚区
	黄土高原类型区（A5）	陇中北部黄土丘陵谷川盆地亚区（A5-1）
		陇西黄土丘陵沟壑亚区（A5-2）
	秦岭北坡山地类型区（A6）	宁夏南部黄土丘陵沟壑亚区（A6-1）
		陇东黄土高塬沟壑亚区（A6-2）
	汾渭平原类型区（A7）	晋陕及内蒙古黄土丘陵亚区（A7-1）
		晋陕黄土丘陵沟壑亚区（A7-2）
		晋陕黄土高塬沟壑亚区（A7-3）
		豫西黄土丘陵沟壑亚区（A7-4）
		六盘山山地亚区（A7-5）
		黄龙山、乔山、子午岭山地亚区（A7-6）
		秦岭北坡关山山地亚区（A7-7）
		伏牛山北坡山地亚区（A7-8）
		汾河平原亚区（A7-9）
		关中平原亚区（A7-10）
长江上游区（B）	长江源头高原高山类型区（B1）	长江源头高原亚区（B1-1）
		白龙江中上游山地亚区（B1-2）
		川西北高原亚区（B1-3）
	西南高山峡谷类型区（B2）	川西高山峡谷东部亚区（B2-1）
		川西高山峡谷西部亚区（B2-2）
		滇西北高山峡谷亚区（B2-3）
	云贵高原类型区（B3）	滇中高塬西部高中山峡谷亚区（B3-1）
		川西南中山山地亚区（B3-2）
		滇中高原湖盆山地亚区（B3-3）
		滇北干热河谷亚区（B3-4）
		金沙江下游中低山切割山塬亚区（B3-5）
		黔西喀斯特高原山地亚区（B3-6）
		黔中喀斯特山塬亚区（B3-7）
	四川盆地丘陵平原类型区（B4）	盆周西部山地亚区（B4-1）
		盆周南部山地亚区（B4-2）
		成都平原亚区（B4-3）
		盆中丘陵亚区（B4-4）

续表

区域	类型区	亚区
		盆周北部山地亚区（B4-5）
		川渝平行岭谷低山丘陵亚区（B4-6）
	秦巴山地类型区（B5）	秦岭南坡中高山山地亚区（B5-1）
		大巴山北坡中山山地亚区（B5-2）
		汉水谷地亚区（B5-3）
		汉中盆地亚区（B5-4）
		伏牛山南坡低中山亚区（B5-5）
		南阳盆地亚区（B5-6）
		鄂西北山地亚区（B5-7）
		陇南山地亚区（B5-8）
	湘鄂渝黔山地丘陵类型区（B6）	三峡库区山地亚区（B6-1）
		鄂西南清江流域山地丘陵亚区（B6-2）
		渝湘黔山地丘陵亚区（B6-3）
	滇南南亚热带山地类型区（B7）	滇西南中山宽谷亚区（B7-1）
		滇东及滇东南河谷亚区（B7-2）
		滇东及滇东南岩溶山地亚区（B7-3）
三北地区（C）	天山及北疆山地盆地类型区（C1）	准噶尔盆地北部亚区（C1-1）
		准噶尔盆地西部亚区（C1-2）
		伊犁河谷亚区（C1-3）
		天山北麓亚区（C1-4）
	南疆盆地类型区（C2）	塔里木盆地北部亚区（C2-1）
		吐鲁番—哈密盆地亚区（C2-2）
		塔里木盆地西部亚区（C2-3）
		塔里木盆地南部亚区（C2-4）
	河西走廊及阿拉善高平原类型区（C3）	阿拉善高平原及河西走廊北部低山丘陵亚区（C3-1）
		河西走廊绿洲亚区（C3-2）
		祁连山西端—阿尔金山山地亚区（C3-3）
		祁连山东段亚区（C3-4）
		青海西北部高原盆地亚区（C3-5）
		乌兰察布高平原亚区（C3-6）

续表

区域	类型区	亚区
	阴山山地类型区（C4）	阴山山地西段亚区（C4-1）
		阴山山地东段亚区（C4-2）
		阴山山麓丘陵亚区（C4-3）
	内蒙古高原及辽西平原类型区（C5）	浑善达克沙地亚区（C5-1）
		科尔沁沙地及辽西沙地亚区（C5-2）
		呼伦贝尔及锡林郭勒高平原亚区（C5-3）
东北区域（D）	大兴安岭山地类型区（D1）	大兴安岭北部山地亚区（D1-1）
		大兴安岭南端山地亚区（D1-2）
		大兴安岭南段低山丘陵亚区（D1-3）
	小兴安岭山地类型区（D2）	小兴安岭西北部山地亚区（D2-1）
		小兴安岭东南部山地亚区（D2-2）
	东北东部山地丘陵类型区（D3）	长白山中山山低亚区（D3-1）
		长白山西麓低山丘陵亚区（D3-2）
		辽东低山丘陵亚区（D3-3）
	东北平原类型区（D4）	松嫩平原亚区（D4-1）
		辽河平原亚区（D4-2）
	三江平原类型区（D5）	三江平原西部亚区（D5-1）
		三江平原东部亚区（D5-2）
		三江平原南部亚区（D5-3）
北方区域（E）	燕山、太行山山地类型区（E1）	冀北高原亚区（E1-1）
		燕山山地亚区（E1-2）
		冀西北山地亚区（E1-3）
		太行山山地亚区（E1-4）
	华北平原类型区（E2）	海河平原亚区（E2-1）
		华北平原滨海亚区（E2-2）
		黄淮平原亚区（E2-3）
	鲁中南及胶东低山丘陵类型区（E3）	鲁中南中低山山地亚区（E3-1）
		胶东低山丘陵亚区（E3-2）

续表

区域	类型区	亚区
南方区域（F）	大别山—桐柏山山地类型区（F1）	桐柏山低山丘陵亚区（F1-1）
		大别山低山丘陵亚区（F1-2）
		江淮丘陵亚区（F1-3）
		鄂北岗地亚区（F1-4）
		鄂中丘陵亚区（F1-5）
	长江中下游滨湖平原类型区（F2）	江汉平原亚区（F2-1）
		洞庭湖滨湖平原亚区（F2-2）
		鄱阳湖滨湖平原亚区（F2-3）
		沿江平原亚区（F2-4）
		江北冲积平原亚区（F2-5）
		江苏沿江丘陵岗地亚区（F2-6）
		长江滨海平原沙洲亚区（F2-7）
		苏南、浙北水网平原亚区（F2-8）
	罗霄山—幕阜山山地高丘类型区（F3）	罗霄山山地亚区（F3-1）
		幕阜山山地亚区（F3-2）
	南岭—雪峰山山地类型区（F4）	雪峰山山地亚区（F4-1）
		湘中丘陵盆地亚区（F4-2）
		南岭北部山地亚区（F4-3）
		赣南山地亚区（F4-4）
		粤北山地亚区（F4-5）
		粤中山地丘陵亚区（F4-6）
		粤东山地丘陵亚区（F4-7）
		桂北山地亚区（F4-8）
		桂东南山地丘陵亚区（F4-9）
		桂中、桂西岩溶山地亚区（F4-10）
	皖浙闽赣山地丘陵类型区（F5）	皖南山地丘陵亚区（F5-1）
		浙西北山地丘陵亚区（F5-2）
		浙东低山丘陵亚区（F5-3）
		浙中低丘盆地亚区（F5-4）
		浙西南中山山地亚区（F5-5）
		汀江流域山地丘陵亚区（F5-6）

续表

区域	类型区	亚区
		闽江上游山地丘陵亚区（F5-7）
		闽江中游山地丘陵亚区（F5-8）
		闽江下游山地丘陵亚区（F5-9）
		闽南低山丘陵亚区（F5-10）
		雩山山地丘陵亚区（F5-11）
		武夷山山地丘陵亚区（F5-12）
		赣东北山地亚区（F5-13）
东南沿海及热带区域（G）	浙闽粤沿海丘陵平原类型区（G1）	舟山群岛亚区（G1-1）
		浙东港湾、岛屿及岩质海岸亚区（G1-2）
		浙南港湾、岛屿、岩质海岸及河口平原亚区（G1-3）
		浙东南低山丘陵亚区（G1-4）
		闽东沿海中低山丘陵与岛屿亚区（G1-5）
		闽东南沿海平原亚区（G1-6）
		闽东南沿海丘陵亚区（G1-7）
		闽东南沿海岛屿及半岛亚区（G1-8）
		潮汕沿海丘陵台地亚区（G1-9）
	粤桂沿海丘陵台地类型区（G2）	粤桂东部沿海秋林台地亚区（G2-1）
		珠江三角洲丘陵平原台地亚区（G2-2）
	滇南热带山地类型区（G3）	
	海南岛及南海诸岛类型区（G4）	
青藏高原区域（H）	羌塘高原类型区（H1）	
	藏北高原类型区（H2）	
	藏南谷地类型区（H3）	
	藏东南高山峡谷类型区（H4）	

第十五节 《中国区域发展的理论与实践》中的空间秩序

《中国区域发展的理论与实践》系我国经济地理学和区域发展问题研

究学者陆大道数十年研究的成果总结,并集中了国务院发展研究中心、国家计委宏观经济研究院、中国社会科学院等国内有关权威专家学者,共同完成的一部创新性区域发展研究巨著,系该领域研究的代表性著作之一。全书共 22 章。书中总结和评价了我国 50 多年特别是近 20 年来我国国土开发与区域发展战略及其实施效果,阐述了影响我国各主要阶段区域发展的因素。在此基础上,阐明了我国区域发展的规模、结构和演进过程,总结了我国国土开发和区域发展的客观规律,对国土开发和区域发展一系列重大理论和实践问题作了系统的概括,对新世纪影响我国区域发展因素及区域格局作了科学分析与展望。该书不仅总结了我国国土开发和区域发展的丰富实践经验,同时也对国际上生产力布局和区域发展领域的一系列理论及其在我国的应用作了多角度的阐述,发展了我国区域发展问题的理论体系,对国家和地区经济社会发展具有重要指导意义。该书可供国家及地区发展研究与规划、城市规划以及地理学经济学社会学等领域的有关人员参考,亦可作为高等院校有关学科和专业教材使用。其中涉及的空间秩序有:

1. 三维地带性原则中的自然区划

三维地带性(Three Dimensional Zonality)是纬向地带性、经向地带性和垂直地带性三维的合并,即任何一个地带都可以同时沿纬向(纬线方向)、经向和垂直方向递变分异,其空间分异是三维的。水平地带和垂直地带同处于一个三维空间当中,是三位一体的,即一个地带所具有的带谱是纬向地带性、经向地带性和垂直地带性共同作用的产物。

德国学者特罗尔根据喜马拉雅山系地区气候、植被在南北、东南—西北和自低向高的变化,提出使用三维地带性讨论喜马拉雅山系气候—植被的垂直带变化。特罗尔指出,喜马拉雅山系分隔了南亚次大陆和青藏高原,南部受季风影响,森林植被为主,而青藏高原一侧为高寒草地替代。同时,雪线和树线也有变异。

斯文福斯根据植被地带的分析结果,将山系自南向北划为三个带:季风森林的"外喜马拉雅带",中等湿润针叶林的"内喜马拉雅带"和干旱高寒草原的"西藏喜马拉雅带"。喜马拉雅山南坡山前区自东南向西北依次穿越：热带常绿雨林—热带湿润落叶季雨林—半干半湿亚热带落叶阔叶林—半干旱草原—半干旱荒漠；喜马拉雅山系东西两端山地气候类型和自然植被垂直更替的规律差异显著。同一高度，阿萨姆喜马拉雅为低山丘陵湿润森林气候，而印度河喜马拉雅为干旱荒漠带。具体自然区划结果如表8–12：

表8–12　　　　　　　　三维地带性原则中的自然区划

三维地带性	划分类型
纬向地带性	季风森林、中等湿润针叶林、干旱高寒草原
经向地带性	热带常绿雨林、热带湿润落叶季雨林、半干半湿亚热带落叶阔叶林、半干旱草原、半干旱荒漠
垂直地带性	气候类型和自然植被垂直更替的规律差异显著

2. 全球陆地地理地带性

在地理地带性的比较研究中，格里哥里耶夫和布迪科提出了辐射干燥指数的概念，并且概括了全球陆地地理地带性的周期规律。

第十六节　《中国西部开发重点区域规划前期研究》中的空间秩序

1. 概况

刘卫东、樊杰、周成虎等在对中国西部重点地区深入调查的基础上，以中心城市作为西部经济开发的主要支撑点，科学地确定了西部重点经济带（区）的空间范围，较好地避免了过多人为因素的影响和过于主观的判断，为实现"富民"和"强区"两个目标提供了现实路径。该区域规划综合考虑中心城市与周围县市的交通分布状况、中西部城市及相邻县市的经济产值（如GDP）和人口分布的情况，以"点—轴系统"理论为指导，在中国西部确定了 4 条一级经济带（区）和 4 条二级经济带。

该区划依据"点—轴系统"理论科学地确定了重点经济带（区）的空间范围。"点—轴系统"理论概括了生产力和社会经济客体空间集聚和演变的规律，是一种最佳的国土开发与区域发展空间结构模式。按照"点—轴系统"开发模式组织社会经济发展，可以科学地处理好集中与分散、公平与效益、从不平衡发展到较为平衡发展之间的关系。"点—轴"空间结构系统基本形成后，区域进入全面有组织状态。它的形成是社会经济要素长期自组织过程的结果，也是科学的区域发展政策和计划、规划的结果。在确定中心城市的功能定位以及发展方向时主要考虑了以下原则：①中心城市是重点产业带（区）发展的核心与主体；②西部经济要融入全国和世界经济体系；③突出城市密集区（带）的地位和作用；④强调职能分工，构造协作型城市产业分工体系；⑤充分重视 50—100 万人口规模的大城市的发展。优化城市规模结构，弥补结构"断档"造成的城市辐射带动能力弱的缺陷。

2. 结果

重点经济带（区）空间范围的确定在考虑中心城市与周围县市的交通分布状况、中西城市及相邻县市的经济产值（如 GDP）和人口分布的情况下，依据上述区划划分的原则，将我国西部划分为 4 条一级经济带（区）、4 条二级经济带。区划系统如表 8 – 13。

表 8 – 13　　　　西部地区规划中心城市的空间分布

等级	所属城市
一级中心城市（3 个）	重庆、成都、西安
二级中心城市（3 个）	兰州、昆明、乌鲁木齐
三级中心城市（9 个）	南宁、呼和浩特、银川、贵阳、西宁、拉萨、柳州、包头、绵阳
四级中心城市（30 个）	桂林、防城港、梧州、遵义、安顺、六盘水、玉溪、曲靖、瑞丽、攀枝花、泸州、内江、宜宾、万州区（城区）、克拉玛依、奎屯、石河子、哈密、库尔勒、酒泉—嘉峪关、天水、张掖、石嘴山、吴忠、鄂尔多斯、通辽、宝鸡、延安、日喀则、格尔木

表8-14　　西部重点经济带（区）的人口和GDP值对比

经济带等级	经济带发展轴线	经济带区段	区段所含县市个数	人口（万）	GDP（万元）	面积（平方千米）
4条一级经济带	西陇海—兰新经济带	关中段	44	2172.57	13309218.00	55093.06
		兰州段	37	1449.95	7191824.80	205053.11
		天山北麓段	18	561.75	5626058.00	261937.62
		合计	99	4184.27	26127100.80	522083.80
	呼包—包兰—兰青线经济带	"呼包鄂"金三角段	21	790.61	6753968.00	66407.86
		银川段	13	349.98	2632820.00	22846.85
		西宁段	10	342.24	1453471.20	93756.87
		合计	44	1482.83	10840259.20	183011.58
	长江上游成渝经济带	成渝段	45	4899.66	29978886.00	69674.53
		成绵段	18	1540.03	16404462.00	22121.14
		重宜段	12	1759.34	11737853.00	25185.78
		合计	73	6966.68	43560651.00	109479.40
	南贵昆经济区	滇中地区	26	1061.69	11027997.00	59799.61
		贵中地区	28	1191.22	4781678.40	47168.59
		南北钦防和桂北地区	35	2244.47	10579391.00	87233.99
		合计	89	4497.38	26389066.40	194202.19
4条二级经济带	川滇沿线经济带		15	1943.39	13569910.00	38473.84
	昆明—瑞丽经济带		15	683.57	7361497.00	38629.91
	广西西江经济带		9	700.17	3472077.00	22387.68
	西藏"一江两河"经济带		9	38.7	508196.40	19511.83
总计			337	18347.69	112225792.80	1083623.84
整个西部			971	35857.67	163770046.90	6924461.30
占整个西部的比重（%）			34.71	51.17	68.53	15.65

第十七节 《中国土地利用与生态特征区划》中的空间秩序

《中国土地利用与生态特征区划》由陈百明等著,并由气象出版社在2003年出版发行,本书内容包括土地利用分区研究、生态系统生产力分区研究及生态资产评估与区划研究三部分。其中,土地利用分区研究分析了土地利用和土地覆被状况,探讨了土地利用区划的理论与方法,最后提出中国土地利用分区方案并简述了区域概况。生态系统生产力分区研究分析了生态系统生产力区划的性质和意义,探讨了生态系统生产力区划的依据与方法,提出了中国生态系统生产力区划方案,简述了区域概况。生态资产评估与区划研究探讨了生态系统与生态资产的关系,提出生态资产评估的原则和依据、生态资产评估的方法和体系,首次开展了中国生态资产评估与区划的应用研究,包括生态资产价值分类、中国各类生态系统价值与生态资产总值、各省区生态资产密度,提出了中国生态资产区划方案。该书涉及的空间秩序有:

1. 中国土地利用分区

我国幅员辽阔,各地的自然条件和经济、社会条件不同,使得土地利用的现状存在明显差异,土地可持续利用的方向和所面临的问题也不一样。多年来的土地研究表明,我国各地的土地利用差异十分显著,但在一定的地区范围内又存在着不同程度的相似性,所以土地利用分区研究应本着揭示区际差异性和区内相似性的原则。陈百明等根据我国土地的利用现状存在明显差异、土地可持续利用的方向和所面临的问题不同,认为需建立不同土地利用区的可持续利用的指标体系。通过对各地区土地利用状况和主要土地利用类型的综合分析,陈百明等于2003年确定了土地利用分区的原则,并在此基础上制定了土地区划的具体指标,最终将全国划分为11个土地利用区域。其区划系统如表8-15:

表 8-15　　　　　　　　　中国土地利用分区

土地利用区域	二级土地利用区
东北土地利用区（Ⅰ）	北部山地土地利用区
	中部平原丘陵区
	东南部山地区
内蒙古高原及长城沿线土地利用区（Ⅱ）	东部草原、平原、山地区
	北部干草原区
	长城沿线区
华北土地利用区（Ⅲ）	北部平原区
	中部山地丘陵区
	淮南平原区
长江中下游土地利用区（Ⅳ）	长江下游平原区
	豫鄂皖山地盆地区
	长江中游平原区
江南丘陵土地利用区（Ⅴ）	东部山地丘陵区
	湘赣丘陵山地区
	南岭山地区
四川盆地土地利用区（Ⅵ）	盆地底部区
	周边山地区
黄土高原土地利用区（Ⅶ）	东南部丘陵山地及谷地区
	中部黄土丘陵沟壑旱塬区
	西部黄土丘陵区
西北土地利用区（Ⅷ）	东部高原、谷地区
	北疆区
	南疆区
云贵高原土地利用区（Ⅸ）	东部岩溶山地丘陵区
	西部高原盆地区
华南土地利用区（Ⅹ）	滇南河谷及山地丘陵区
	粤桂琼丘陵区
	闽粤丘陵平原区
	台湾山地区

续表

土地利用区域	二级土地利用区
青藏高原土地利用区（XI）	东南部山地、峡谷、高原区
	青海高原盆地区
	藏南山地谷地区
	藏北高原区

2. 中国生态系统生产力区划

生态系统生产力区划主要着眼于揭示不同生态系统的地域特征，充分认识生态区域的相似性和差异性，因地制宜地开展生态系统的管理，提高生态系统生产力水平，促进生态系统的可持续性。现存生态系统是自然界长期演化发展和人类活动影响的综合结果，不同生态系统具有不同的演替阶段，受不同强度人类活动的影响，而且占据着一定的空间位置。不同的生态系统生产力水平，其实质仍然是生态系统空间相似性和差异性的反映，所以生态系统生产力区划的对象仍然是生态系统本身。根据生态系统具有地理位置的不重叠性、类型的等级性、人类影响的强弱性等特性，以生物生产力作为综合标志，客观地将自然界的各生态系统划分成不同的区域单元。根据上述原则与划分方法，全国共划分出12个生态系统生产力区域和64个生态系统生产力地区，具体区划系统如表8-16。

表8-16　　　　　　　　中国生态系统生产力区划

生态系统生产力区域	生态系统生产力地区
东北平原中寒温性湿润、半湿润型生态区域	大—小兴安岭山地森林型低等生产力地区、三江平原综合型中低等生产力地区、嫩江平原综合型中低等生产力地区、松花江平原综合型中等生产力地区、长白山山地森林型低等生产力地区、辽中南平原综合型中低等生产力地区
内蒙古高原中温性干旱、半干旱型生态区域	蒙东高原牧草型低等生产力地区、鄂尔多斯高原牧草型极低等生产力地区、河套平原综合型低等生产力地区

续表

生态系统生产力区域	生态系统生产力地区
黄淮海平原温性半湿润型生态区域	冀北—京津唐平原综合型中低等生产力地区、冀南—豫北太行山山前平原综合型中低等生产力地区、黄淮海下游低平原—鲁中丘陵综合型中低等生产力地区、豫中黄泛平原综合型中低等生产力地区、豫东—淮北低平原农田型中等生产力地区
长江中下游平原温性—亚热性湿润型生态区域	江汉平原综合型中等生产力地区、淮河中下游南岸平原综合型中上等生产力地区、长江三角洲综合型中等生产力地区、杭嘉湖平原综合型中等生产力地区、长江中下游沿岸平原综合型中低等生产力地区、赣中—鄱阳湖平原综合中低等生产力地区、洞庭湖平原综合型中等生产力地区
川陕盆地亚热性湿润型生态区域	陇南高原综合型中低等生产力地区、秦巴山地森林型中低等生产力地区、鄂西北山地森林型中低等生产力地区、川东北丘陵综合型中低等生产力地区、巫山山地森林型中低等生产力地区、四川盆地中部平原综合型中等生产力地区、四川盆地南部丘陵综合型中低等生产力地区
黄土高原温性半湿润半干旱型生态区域	黄土高原（沿长城）综合型低等生产力地区、汾渭谷地—太行山山地综合型中低等生产力地区、秦岭东部山地林农型低等生产力地区
西北内陆温性干旱型生态区域	阿拉善高原荒漠牧草型极低等生产力地区、河西走廊荒漠牧草型低等生产力地区、环塔克拉玛干荒漠型低等生产力地区、天山东部—吐哈盆地荒漠型低等生产力地区、环天山山脉荒漠牧草型低等生产力地区、阿塔—准噶尔盆地（北部）型极低等生产力地区、喀什三角洲荒漠牧草型低等生产力地区
青藏高原高寒性生态区域	藏北高原荒漠草型极低等生产力地区、藏南谷地牧草型低等生产力地区
藏东南高原—横断山高寒性湿润型生态区域	川西北高原林牧型中低等生产力地区、藏东高原牧林型低等生产力地区、藏东南高原综合型低等生产力地区、滇西北高原森林型中低等生产力地区
云贵高原亚热性湿润型生态区域	黔东湘西山地森林型中等生产力地区、滇北高原综合型中低等生产力地区、沿金沙江下游干热河谷森林型中等生产力地区、云贵高原中部坝地综合型中等生产力地区、桂西北山地综合型中低等生产力地区、滇东北高原森林型中低等生产力地区

续表

生态系统生产力区域	生态系统生产力地区
江南丘陵亚热性湿润型生态区域	皖赣山地森林型中等生产力地区、浙赣交界谷地综合型高等生产力地区、浙闽山地森林型中等生产力地区、湘中—赣西南丘陵盆地森林型高等生产力地区、南岭山地森林型中等生产力地区
东南沿海亚热性湿润型生态区域	闽南沿海丘陵综合型高等生产力地区、粤东沿海丘陵综合型中等生产力地区、珠江三角洲平原综合型中等生产力地区、粤西北丘陵台地综合型高等生产力地区、粤西沿海西江中游谷地森林型中等生产力地区、北部湾低丘台地综合型中等生产力地区、雷州半岛—海南岛综合型中等生产力地区、台湾地区、南海诸岛地区

3. 中国生态资产区划

（1）概况

生态资产评估是为反映生态资产的经济价值，分区是为了反映中国生态资产的空间分布规律。由于生态资产价值受众多因素影响，处于动态变化之中。生态资产的地域分布主要受自然条件制约，与经济条件、经济发展水平不具有一致性。但是从中长期时间尺度看，由于经济发达地区对生态水平要求更高，且维持适当生态水平、保持生态资产保值增值需要较大的资金投入，故生态资产的地域分布受经济因素的影响将越来越大。中国生态资产区划是按照一定的标准和原则对生态资产在全国范围的地域分布进行宏观划分，以反映生态资产的地域分布规律及在行政上所属关系，是经济区划与自然区划相结合的一种区划。

（2）结果

根据上述原则与划分方法，全国共划分出东部高值区和西部低值区2个生态资产一级区，一级区内部各分为3个等级的二级区，具体区划系统如表8-17。

表 8-17　　　　　　　　　　　　中国生态资产区划

一级分区	二级分区
东部高值区	一等区：台湾省、海南省
	二等区：辽宁省、吉林省、黑龙江省
	三等区：天津市、山东省、江苏省、上海市、浙江省、福建省、江西省、安徽省、湖南省
西部低值区	一等区：内蒙古自治区、贵州省、湖北省、四川省（含重庆市）、云南省、西藏自治区、陕西省、广东省、广西壮族自治区
	二等区：北京市、河北省、山西省、河南省
	三等区：甘肃省、青海省、宁夏回族自治区、新疆维吾尔自治区

第十八节　《中国自然灾害系统地图集》中的空间秩序

史培军等在前人研究的基础上，于 2003 年在科学出版社出版了《中国自然灾害系统地图集》，该地图集涵盖一系列灾害系统的综合研究，在完成了近 500 年以来各种主要自然灾害的数据库基础上，进行了多种自然灾害区划。其中，将中国划分为 6 大灾害带和若干灾害区。具体结果如表 8-18。

表 8-18　　　　　　　　　　　　中国自然灾害区

灾害带	灾害区
海洋灾害带Ⅰ	渤黄海灾害区Ⅰ1
	东海灾害区Ⅰ2
	南海灾害区Ⅰ3
东南沿海灾害带Ⅱ	苏沪沿海灾害区Ⅱ1
	浙闽沿海灾害区Ⅱ2
	粤桂沿海灾害区Ⅱ3
	海南灾害区Ⅱ4
	台湾灾害区Ⅱ5

续表

灾害带	灾害区
东部灾害带Ⅲ	东北平原灾害区Ⅲ1 环渤海平原灾害区Ⅲ2 黄淮海平原灾害区Ⅲ3 江淮平原灾害区Ⅲ4 江南丘陵灾害区Ⅲ5 南岭丘陵灾害区Ⅲ6
中部灾害带Ⅳ	大兴安岭燕山山地灾害区Ⅳ1 内蒙古高原灾害区Ⅳ2 黄土高原灾害区Ⅳ3 西南山地丘陵灾害区Ⅳ4 滇桂南部丘陵灾害区Ⅳ5
西北灾害带Ⅴ	蒙宁甘高原山地灾害区Ⅴ1 南疆戈壁沙漠灾害区Ⅴ2 北疆山地沙漠灾害区Ⅴ3
青藏高原灾害带Ⅵ	青藏高原盆地灾害区Ⅵ1 川西藏东南山地谷地灾害区Ⅵ2 藏南山地谷地灾害区Ⅵ3 藏北高原灾害区Ⅵ4

第十九节 《中国重大自然灾害与社会地图集》中的空间秩序

《中国重大自然灾害与社会地图集》由科技部国家计委国家经贸委灾害综合研究组编制，广东科技出版社2004年出版。该图集是由水利部、中国气象局、中国地震局、国家海洋局、国土资源部、农业部、国家林业局等部门的专家在对洪涝、气象、地震、海洋、地质、农、林七大类自然灾害调查研究的基础上，以灾害的自然和社会双重属性为纲，统一规范，统一标度，综合分析编制的。该图集以平面图和时序图为主，系统反映了中国主要自然灾害的危险性与危害性的时空分布；中国历史时期的自然灾害概况；中国自然灾害对社会经济的影响和危害；中国减灾工作现状；中国自然灾害形成的自然与社会条件及发展趋势和区域灾害风险预测。然后在考虑中国灾情和国情的基础上，结合增强国家可持续发展能力的需要，提出较全面的综合减灾系统工作对策。其中，该地图集对中国坍塌、滑坡等自然灾害进行分区，具体结果如表8-19。

表8-19　　　　中国坍塌、滑坡、泥石流灾害分布区

灾害区	灾害亚区
东部低山丘陵泥石流、滑坡轻度—中度灾害区（Ⅰ）	长白山—辽南山地泥石流发育较强烈，中度—轻度灾害区Ⅰ1
	东部沿海山地滑坡发育较弱，轻度及基本无灾害亚区Ⅰ2
	九岭山—南岭滑坡、泥石流发育较强烈，轻度及基本无灾害亚区Ⅰ3
	台湾山地及南海诸岛崩塌、泥石流发育较强烈—较弱中度及基本无灾害亚区Ⅰ4
中部高山、高原、泥石流、滑坡、侧塌重度—中度灾害区Ⅱ	燕山—太行山泥石流发育较强烈，轻度—中度灾害亚区Ⅱ1
	黄土高原滑坡、泥石流发育强烈，中度灾害亚区Ⅱ2
	祁连山泥石流发育较强烈，轻度灾害亚区Ⅱ3
	秦岭东段—云贵高原滑坡、泥石流发育强烈，中度—重度灾害亚区Ⅱ4
	秦岭西段—横断山泥石流、滑坡、崩塌发育强烈，重度—中度灾害亚区Ⅱ5
北部高山、高原泥石流、滑坡轻度灾害区与基本无灾害区Ⅲ	天山泥石流、崩塌发育较强烈，轻度灾害亚区Ⅲ1
	阿尔泰山—内蒙古高原崩塌、滑坡发育较强烈—较弱，基本无灾害亚区Ⅲ2
西部高山、高原泥石流、崩塌、滑坡中度灾害区Ⅳ	藏南山地泥石流、崩塌发育较强烈，中度及基本无灾害亚区Ⅳ1
	藏北高原泥石流、崩塌发育较强烈，基本无灾害亚区Ⅳ2

第二十节　高中《地理》湘教版教材中的空间秩序

2004年湘教版高中《地理》必修一中，中国三大地势分区与周廷儒、施雅风、陈述彭等提出的地形区划结果一致，中国地势三级阶梯分布示意图出现在第四章第一节"活动"中，教材中侧重于分析我国地势对交通线路分布的影响。

第二十一节　高中《地理》中图版教材中的空间秩序

2004年中图版高中《地理》必修三中，中国三大自然分布区示意图出现在第一章第一节正文中，教材中侧重于介绍三大自然区的范围、自然特征、人类活动的差异等，阐述了根据自然地理要素的地域差异划分为东部季风区、西北干旱半干旱区和青藏高寒区。

第二十二节　高中《地理》鲁教版教材中的空间秩序

2004年鲁教版高中《地理》第三册中，中国三大自然分布区示意图出现在第一单元第二节正文中，教材中侧重于介绍三大自然区界限，比较三大自然区的差异性，阐述了"综合地形、气候两大要素，可以把我国分成三大自然区，即东部季风区、西北干旱半干旱区和青藏高寒区"。由此可知，中学地理教材中的中国自然地理区划与赵松乔的中国自然地理区划结果一致，也将我国划分为东部季风区、西北干旱半干旱区和青藏高寒区三大自然区。

第二十三节　《陆地表层综合地域系统划分的探讨——以青藏高原为例》中的空间秩序

吴绍洪于2005年从综合区域系统划分的指标体系入手，在传统的地域系统划分原则的基础上，强调了自然与社会经济因素在区划中具有同等重要性的原则，并区分了不同空间层级两者的不同作用。采用五级制的等级单位，以青藏高原为例，将其划分为3个生态带，15个地—人区，22个生态经济地区，29个经济小区。该区划有助于认识我国陆地表层中的人地关系，为区域可持续发展服务。青藏高原综合地域系统分区区划系统如表8-20。

表 8-20　　　　　　　　　青藏高原综合地域系统分区

生态带/生态亚带	地—人区	生态经济地区	经济小区
Ⅰ 高原高寒灌丛、草原、荒漠亚寒带	ⅠB1：果洛半湿润人口较疏区	ⅠB1a：果洛东部高寒农牧地区	ⅠB1a1：玛沁低发展水平小区
			ⅠB1a2：石渠—色达低发展水平小区
		ⅠB1b：果洛西部资源型工业地区	
	ⅠB2：玉树半湿润人口稀疏区	ⅠB2a：澜沧江源区高寒农牧地区	ⅠB2a1：那曲—称多低发展水平小区
	ⅠC1：青南半干旱人口稀疏区	ⅠC1a：青南山地高寒农牧地区	ⅠC1a1：昆仑山南坡较低发展水平小区
		ⅠC1b：长江黄河源区高寒农牧地区	ⅠC1b1：扎—鄂湖低发展水平小区
	ⅠC2：羌塘高原半干旱人口较疏区	ⅠC2a：北部高寒农牧地区	ⅠC2a1：尼玛低发展水平小区
	ⅠC3：羌塘高原半干旱人口稀疏区	ⅠC3a：南部高寒农牧地区	ⅠC3a1：申扎—措勒低发展水平小区
			ⅠC3a2：日土较低发展水平小区
	ⅠD1：昆仑干旱人口稀疏区	ⅠD1a：昆仑山地高寒农牧地区	ⅠD1a1：昆仑山地低发展水平小区
Ⅱ 高寒山地针叶林、灌丛草原、山地草原、山地荒漠温带	ⅡAB1：川西藏东湿润、半湿润人口较密区	ⅡAB1a：川滇资源型工业地区	ⅡAB1a1：南坪—道孚相对高发展水平小区
			ⅡAB1a2：理塘—中甸较低发展水平小区
			ⅡAB1a3：德格—木里低发展水平小区
		ⅡAB1b：藏东高寒农牧地区	ⅡAB1b1：嘉黎—贡觉低发展水平小区
		ⅡAB1c：东念青唐古拉山南翼轻加工型地区	ⅡAB1c1：林芝较低发展水平小区

续表

生态带/生态亚带	地一人区	生态经济地区	经济小区
	ⅡC1：藏南半干旱人口较密区	ⅡC1a：中喜马拉雅高寒农牧地区	ⅡC1a1：雅鲁藏布江上游低发展水平小区
			ⅡC1a2：聂拉木相对高发展水平小区
		ⅡC1b：雅鲁藏布江中下游资源型工业地区	ⅡC1b1：林周—当雄低发展水平小区
	ⅡC2：青东半干旱人口密集区	ⅡC2a：祁连山—湟水谷地资源型工业地区	ⅡC2a1：黄河南山地低发展水平小区
			ⅡC2a2：西宁相对高发展水平小区
		ⅡC2b：黄南山地高寒农牧地区	ⅡC2b1：夏河—碌曲较低发展水平小区
	ⅡC3：祁连山地人口稀疏区	ⅡC3a：青海湖西高寒农牧地区	ⅡC3a1：天峻—刚察低发展水平小区
	ⅡD1：阿里山地干旱人口稀疏区	ⅡD1a：阿里高寒农牧地区	ⅡD1a1：日土—噶尔—札达相对高发展水平小区
	ⅡD2：柴达木干旱人口稀疏区	ⅡD2a：海西资源型工业地区	ⅡD2a1：海西相对高发展水平小区
	ⅡD3：昆仑北翼山地干旱人口稀疏区	ⅡD3a：昆仑山地高寒农牧地区	ⅡD3a1：昆仑山北翼低发展水平小区
Ⅲ山地常绿阔叶林亚热带	ⅢA1：澜沧江中游湿润人口较疏区	ⅢA1a：澜沧江中游谷地资源型工业地区	ⅢA1a1：贡山—维西低发展水平小区
			ⅢA1a2：察隅较低发展水平小区
	ⅢA2：东喜马拉雅南湿润人口稀疏区	ⅢA2a：察墨轻加工型地区	ⅢA2a1：墨脱较低发展水平小区
		ⅢA2b：错那资源型工业地区	ⅢA2b1：错那较低发展水平小区

第二十四节 《中国生态系统》中的空间秩序

孙鸿烈主编的《中国生态系统》于2005年由科学出版社出版，该书中涉及的空间秩序有：中国森林生态系统的分类与中国植被区划有一定相关性，二者均以地带性（顶极）植物群落命名，二者不同之处在于，前者为类型的概念，后者为区域的概念，侯学煜1988年在中国植被区划研究中把森林地区划分为7个森林区：①寒温针叶林区，位于黑龙江大兴安岭最北部，与俄罗斯东部的西伯利亚相邻；②温带针叶树、阔叶树混交林区，位于东北东部；③暖温带落叶阔叶林区，位于沈阳以南、淮河以北地区，由于所跨纬度较宽，又分为两个带即北落叶阔叶林带和南落叶阔叶林带；④东部亚热带常绿阔叶林区，位于秦岭、淮河以南到南岭以北，这一区域又分为两个带，即过渡性常绿阔叶林带和典型常绿阔叶林带，后者又进一步分为两个亚带，即典型常绿阔叶林北亚带和典型常绿阔叶林南亚带；⑤西部亚热带常绿阔叶林（旱性）区，包括滇中、滇北高原和横断山脉一带，这一区域又分为两个带，即北常绿阔叶林带和南常绿阔叶林带，并将后者分为南常绿阔叶林北亚带和南亚带两个亚带；⑥东部热带季雨林、雨林区，包括南岭以南沿海、台湾、海南以及南海诸岛，该区划又划分为过渡性热带林带和典型热带林带；⑦西部热带季雨林和雨林区，包括云南南部和西藏东南部。这一森林植被区划是在深入研究森林植被类型基础上所区分的，每一个区以地带性森林类型来命名，该区划方案中把亚热带常绿阔叶林区作为两个植被区来处理，是由于亚热带的东部与西部所分布的常绿阔叶林从组成上有较大差异，建群种有明显的地理替代现象，东、西部的气温和湿度也有一定差异。在1980年的中国植被区划中，把亚热带常绿阔叶林区域的东部和西部，热带季雨林、雨林区域的东部和西部分别作为两个亚区域。

植被区划单位与生物群区之间有明显的不同，植被区是指一定范围的区域，在这个区域中不仅有地带性植被及其次生植被，还包括各种栽培植物（农田）种植园、沼泽、水生植被、人工林等。而生物群区确切地说，不具有真正的区域概念，它是与分布地气候等自然条件相适应的带性生态系统及其演替系列。

植被区划在一定程度上与生物地理界（Realm）和省（Province）有相似性。Udvardy 绘制了世界地理界和省的分布图，将全球陆地划分为 14 个界及若干个省，它们是热带潮湿林、亚热带/温带雨林/疏林、温带针叶林/疏林、热带干旱林/疏林、温带阔叶林、常绿草质林、温带荒漠/半荒漠、热带草地/稀树草原、温带草地混合岛屿系统、冻原群落、混合山地系统寒冬荒漠湖泊系统。

第二十五节 《区域教育发展及其差距实证研究》中的空间秩序

1. 概况

潘玉君、罗明东等在科学认识中国各地区义务教育的差距，借鉴与应用地理学、教育学思想后，按照一定指标对后发达省区特别是云南省义务教育区域均衡问题进行了系统研究，其中主要从义务教育机会的差距、教育投入的差距、教育质量的差距以及教育发展程度的差距四大方面对云南省 2001—2005 年的义务教育进行深度分析，最后于 2005 年对云南省区域义务教育发展水平进行划分。

2. 结果

根据对教育机会、教育投入、教育质量以及教育发展程度的分析，每个标准之下云南省各市州被划分为五大类，最后形成了云南省区域义务教育发展水平地图。其区划系统如表 8-21。

表 8-21　　2005 年云南省各市州区域义务教育发展水平

指标	类别	市州名称
教育机会	一类	曲靖市、大理州
	二类	昆明市、玉溪市

续表

指标	类别	市州名称
教育机会	三类	德宏州、保山市、楚雄州、红河州
	四类	丽江市、临沧市、普洱市、西双版纳州
	五类	怒江州、迪庆州、昭通市
教育投入	一类	昆明市
	二类	玉溪市、怒江州
	三类	迪庆州、普洱市、西双版纳州、红河州
	四类	德宏州、保山市、临沧市、大理州、丽江市、曲靖市、文山州、楚雄州
	五类	昭通市
教育质量	一类	玉溪市、迪庆州
	二类	昆明市、曲靖市、怒江州、丽江市、楚雄州
	三类	德宏州、保山市、大理州、临沧市、普洱市、西双版纳州、红河州
	四类	文山州
	五类	昭通市
教育发展程度	一类	昆明市、玉溪市
	二类	迪庆州、怒江州
	三类	丽江市、大理州、楚雄州、普洱市、西双版纳州、红河州、曲靖市
	四类	德宏州、保山市、临沧市、文山州
	五类	昭通市

第二十六节 《中国自然地理总论》中的空间秩序

2007年由国家环保总局和中国科学院共同编制完成的《中国生态功能区划》，在全国生态、环境现状调查的基础上，通过分析我国生态系统空间分布特征，明确每个区域的主要生态与环境存在的问题和产生的原因，以及生态系统服务功能重要性与生态敏感性空间分布规律，确定了对保障我国生态安全具有重要作用的关键生态功能区与生态高度敏感区。据此方案，全国初步被划分为 208 个生态功能区，分为生态调节功能区、产品提供功能区和人居保障功能区三大类。

第二十七节　中国"十一五"规划中的空间秩序

中华人民共和国国民经济和社会发展第十一个五年规划纲要，简称"十一五"规划（2006—2010 年），规划纲要根据《中共中央关于制定国民经济和社会发展第十一个五年规划的建议》编制，主要阐明国家战略意图，明确政府工作重点，引导市场主体行为，是 2006—2010 年中国经济社会发展的宏伟蓝图，是各族人民共同的行动纲领，是政府履行经济调节、市场监管、社会管理和公共服务职责的重要依据。我国的"十一五"规划中提出以下与空间秩序有关的内容：

主体功能区：根据资源环境承载能力、现有开发密度和发展潜力，统筹考虑未来我国人口分布、经济布局、国土利用和城镇化格局，将国土空间划分为优化开发、重点开发、限制开发和禁止开发四类主体功能区，按照主体功能定位调整完善区域政策和绩效评价，规范空间开发秩序，形成合理的空间开发结构。

农业区域布局：优化农业区域布局。提高黄淮海平原、长江中下游平原和东北平原的粮食综合生产能力。在气候条件适宜区域建设经济作物产业带和名特优新稀热带作物产业带。发展农区、农牧交错区畜牧业，在南方草山草坡和西南岩溶地区发展草地畜牧业，恢复和培育传统牧区可持续发展能力。在缺水地区发展旱作节水农业。

区域协调发展：坚持实施推进西部大开发，振兴东北地区等老工业基地，促进中部地区崛起，鼓励东部地区率先发展的区域发展总体战略，健全区域协调互动机制，形成合理的区域发展格局。

第二十八节 《中国自然灾害风险综合评估初步研究》中的空间秩序

葛全胜等在2008年出版的《中国自然灾害风险综合评估初步研究》一书中，结合了我国地球表层环境以及人类社会经济发展状况的区域分异特点，依据我国各地主导自然灾害类型组合的相似性和差异性，在考虑各地自然环境以及社会经济状况差异的基础上，将中国各地的自然灾害类型组合状况，归并为3个一级区和12个二级区。其区划系统如表8-22。

表8-22　　　　中国各地区自然灾害组合分区

一级区	二级区
Ⅰ 东部季风灾害大区	Ⅰ$_1$东北旱涝、低温中度灾害区
	Ⅰ$_2$东部平原旱涝、地震重度灾害区
	Ⅰ$_3$长江中游洪涝、干旱重度灾害区
	Ⅰ$_4$东南沿海洪涝、干旱、地震重度灾害区
	Ⅰ$_5$黄土高原干旱、水土流失中度灾害区
	Ⅰ$_6$西南东部旱、涝、滑坡、泥石流重度灾害区
	Ⅰ$_7$云南川西地震、滑坡、泥石流重度灾害区
Ⅱ 西北旱灾大区	Ⅱ$_1$内蒙古高原干旱、雪灾中轻度灾害区
	Ⅱ$_2$甘新风沙、地震、干旱、洪水中度灾害区
	Ⅱ$_3$天山地震、滑坡、泥石流中度灾害区
Ⅲ 青藏高寒灾害大区	Ⅲ$_1$青藏东南山原地震、滑坡、泥石流中度灾害区
	Ⅲ$_2$青藏西北部高原地震、雪灾轻度灾害区

第二十九节 《中国生态地理区域系统研究》中的空间秩序

中国科学院郑度院士于2008年提出了生态地域划分的原则和指标体系，构建了中国生态地理区域系统。中国生态地理区域系统运用自上而下的演绎途径从高到低予以划分，划分出类型区划和区域区划两种，前者划分出较高级的地域单元，而后者则体现在较低级的地域单元。温度带和地带性水分状况的划分具有类型区划的特点，所形成的温度—水分区域是从类型区划向区域区划转变的过渡性的地域单元。在温度带和水分状况地域类型的划分中考虑了气候、土壤和植被的关系，提出相应的温度和干燥度指标或者是指标综合体。郑度所选用的等级地域单元是温度带、干湿区域和自然区，他将中国划分为11个温度带、21个干湿地区和49个自然区，其区划系统如表8-23。

表8-23　　　　　　　　中国生态地理区域

温度带	干湿地区	自然区
Ⅰ寒温带	A 湿润地区	ⅠA1 大兴安岭北段山地落叶针叶林区
Ⅱ中温带	A 湿润地区	ⅡA1 三江平原湿地区
		ⅡA2 小兴安岭长白山地针叶林区
		ⅡA3 松辽平原东部山前台地针阔叶混交林区
	B 半湿润地区	ⅡB1 松辽平原中部森林草原
		ⅡB2 大兴安岭中段山地草原森林区
		ⅡB3 大兴安岭北段西侧森林草原
	C 半干旱地区	ⅡC1 西辽河平原草原区
		ⅡC2 大兴安岭南段草原区
		ⅡC3 内蒙古东部草原区
		ⅡC4 呼伦贝尔平原草原区
	D 干旱地区	ⅡD1 鄂尔多斯及内蒙古高原西部荒漠草原区
		ⅡD2 阿拉善与河西走廊荒漠区
		ⅡD3 准噶尔盆地荒漠区
		ⅡD4 阿尔泰山地草原、针叶林区
		ⅡD5 天山山地荒漠、草原、针叶林区
Ⅲ暖温带	A 湿润地区	ⅢA1 辽东胶东低山丘陵落叶阔叶林、人工植被区
	B 半湿润地区	ⅢB1 鲁中低山丘陵落叶阔叶林、人工植被区
		ⅢB2 华北平原人工植被区
		ⅢB3 华北山地落叶阔叶林区
		ⅢB4 汾渭盆地落叶阔叶林、人工植被区
	C 半干旱地区	ⅢC1 黄土高原中北部草原区
	D 干旱地区	ⅢD1 塔里木盆地荒漠区

续表

温度带	干湿地区	自然区
Ⅳ 北亚热带	A 湿润地区	ⅣA1 长江中下游平原与大别山地常绿落叶阔叶混交林、人工植被区
		ⅣA2 秦巴山地常绿落叶阔叶林混交林区
Ⅴ 中亚热带	A 湿润地区	ⅤA1 江南丘陵盆地常绿阔叶林、人工植被区
		ⅤA2 浙闽与南岭山地常绿阔叶林区
		ⅤA3 湘黔高原山地常绿阔叶林区
		ⅤA4 四川盆地常绿阔叶林、人工植被区
		ⅤA5 云南高原常绿阔叶林、松林区
		ⅤA6 东喜马拉雅南翼山地季雨林、常绿阔叶林区
Ⅵ 南亚热带	A 湿润地区	ⅥA1 台湾中北部山地平原常绿阔叶林、人工植被区
		ⅥA2 闽粤桂低山平原常绿阔叶林、人工植被区
		ⅥA3 滇中南亚高山谷地常绿阔叶林、松林区
Ⅶ 边缘热带	A 湿润地区	ⅦA1 台湾南部山地平原季雨林、雨林区
		ⅦA2 琼雷山地丘陵半常绿季雨林区
		ⅦA3 西双版纳山地季雨林、雨林区
Ⅷ 中热带	A 湿润地区	ⅧA1 琼南与东、中、西沙诸岛季雨林、雨林区
Ⅸ 赤道热带	A 湿润地区	ⅨA1 南沙群岛区
HⅠ 高原亚寒带	B 半湿润地区	HⅠB1 果洛纳曲高原山地高寒灌丛草甸区
	C 半干旱地区	HⅠC1 青南高原宽谷高寒草甸草原区
		HⅠC2 羌塘高原湖盆高寒草原区
	D 干旱地区	HⅠD1 昆仑高山高原高寒荒漠区
HⅡ 高原温带	A/B 湿润/半湿润地区	HⅡA/B1 川西藏东高山深谷针叶林区
	C 半干旱地区	HⅡC1 祁连青东高山盆地针叶林、草原区
		HⅡC2 藏南高山谷地灌丛草原区
	D 干旱地区	HⅡD1 柴达木盆地荒漠区
		HⅡD2 昆仑北翼山地荒漠区
		HⅡD3 阿里山地荒漠区

第三十节 《全国生态功能区划》中的空间秩序

1. 概况

为贯彻落实党中央、国务院编制全国生态功能区划的有关要求,从 2001 年开始,原国家环境保护总局会同有关部门组织开展了全国生态现状调查。在调查的基础上,中国科学院以甘肃省为试点开展了省级生态功能区划研究,并编制了《全国生态功能区划规程》,于 2008 年出版刊行。该区划将中国划分为生态功能一级区 3 类、生态功能二级区 9 类、生态功能三级区 216 个。

2. 结果

全国生态功能一级区共有 3 类 31 个区,包括生态调节功能区、产品提供功能区与人居保障功能区;生态功能二级区共有 9 类 67 个区;生态功能三级区共有 216 个。依据上述区划依据等,其区划系统如表 8-24。

表 8-24　　　　　　　　全国生态功能区划表

一级区	二级区	三级区
Ⅰ 生态调节功能区	Ⅰ-01 水源涵养功能区	Ⅰ-01-01 大兴安岭北部落叶松林水源涵养三级功能区
		Ⅰ-01-02 大兴安岭中部落叶松、落叶阔叶林水源涵养三级功能区
		Ⅰ-01-03 小兴安岭北部阔叶混交林水源涵养三级功能区
		Ⅰ-01-04 小兴安岭南部阔叶、红松林水源涵养三级功能区
		Ⅰ-01-05 张广才岭针阔混交林水源涵养三级功能区
		Ⅰ-01-06 吉—辽中部低山丘陵落叶阔叶林水源涵养三级功能区
		Ⅰ-01-07 长白山针阔混交林水源涵养三级功能区
		Ⅰ-01-08 千山落叶阔叶林水源涵养三级功能区
		Ⅰ-01-09 大兴安岭南部森林草原水源涵养三级功能区
		Ⅰ-01-10 九华山常绿—阔叶林水源涵养三级功能区
		Ⅰ-01-11 天目山—黄山常绿阔叶林水源涵养三级功能区

续表

一级区	二级区	三级区
		Ⅰ-01-12 钱塘江中游常绿阔叶林水源涵养三级功能区
		Ⅰ-01-13 钱塘江上游森林与湿地水源涵养三级功能区
		Ⅰ-01-14 怀玉山常绿阔叶林水源涵养三级功能区
		Ⅰ-01-15 赣南—闽南丘陵常绿阔叶林水源涵养三级功能区
		Ⅰ-01-16 大庾岭—骑田岭常绿阔叶林水源涵养三级功能区
		Ⅰ-01-17 九连山常绿阔叶林水源涵养三级功能区
		Ⅰ-01-18 粤东闽东南丘陵山地常绿阔叶林水源涵养三级功能区
		Ⅰ-01-19 豫西南山地常绿落叶阔叶林水源涵养三级功能区
		Ⅰ-01-20 桐柏山常绿、落叶阔叶林水源涵养三级功能区
		Ⅰ-01-21 大别山常绿、落叶阔叶林水源涵养三级功能区
		Ⅰ-01-22 鄂中丘陵岗地常绿阔叶林水源涵养三级功能区
		Ⅰ-01-23 米仓山—大巴山常绿阔叶、针阔混交林水源涵养三级功能区
		Ⅰ-01-24 三峡水库水源涵养三级功能区
		Ⅰ-01-25 鄂西南山地常绿阔叶林水源涵养三级功能区
		Ⅰ-01-26 武陵山常绿阔叶林水源涵养三级功能区
		Ⅰ-01-27 雪峰山常绿阔叶林水源涵养三级功能区
		Ⅰ-01-28 黔东北中低山常绿阔叶林水源涵养三级功能区
		Ⅰ-01-29 黔东南山地丘陵常绿阔叶林水源涵养三级功能区
		Ⅰ-01-30 都庞岭—萌渚岭常绿阔叶林水源涵养三级功能区
		Ⅰ-01-31 桂东北丘陵山地常绿阔叶林水源涵养三级功能区
		Ⅰ-01-32 桂中北喀斯特常绿、落叶阔叶混交林水源涵养三级功能区
		Ⅰ-01-33 秦岭落叶阔叶、针阔混交林水源涵养三级功能区
		Ⅰ-01-34 六盘山典型草原、落叶阔叶林水源涵养三级功能区
		Ⅰ-01-35 西祁连山高寒荒漠、草原水源涵养三级功能区
		Ⅰ-01-36 东祁连山云杉林、高寒草甸水源涵养三级功能区
		Ⅰ-01-37 青海湖湿地及上游高寒草甸水源涵养三级功能区
		Ⅰ-01-38 海东—甘南高寒草甸草原水源涵养三级功能区
		Ⅰ-01-39 黄河源高寒草甸草原水源涵养三级功能区
		Ⅰ-01-40 长江源高寒草甸草原水源涵养三级功能区

续表

一级区	二级区	三级区
		Ⅰ-01-41 澜沧江源高寒草甸草原水源涵养三级功能区
		Ⅰ-01-42 怒江源高寒草甸草原水源涵养三级功能区
		Ⅰ-01-43 雅鲁藏布江中游谷地灌丛水源涵养三级功能区
		Ⅰ-01-44 中喜马拉雅山北翼高寒草原水源涵养三级功能区
		Ⅰ-01-45 雅鲁藏布江上游高寒草甸草原水源涵养三级功能区
		Ⅰ-01-46 阿尔泰山南坡西伯利亚落叶松林水源涵养三级功能区
		Ⅰ-01-47 额尔齐斯—乌伦古河荒漠草原水源涵养三级功能区
		Ⅰ-01-48 准噶尔盆地西部山地草原水源涵养三级功能区
		Ⅰ-01-49 天山北坡云杉林、草原水源涵养三级功能区
		Ⅰ-01-50 天山南坡荒漠草原水源涵养三级功能区
	Ⅰ-02 土壤保持功能区	Ⅰ-02-01 冀北及燕山落叶阔叶林土壤保持三级功能区
		Ⅰ-02-02 永定河上游山间盆地落叶阔叶林土壤保持三级功能区
		Ⅰ-02-03 太行山落叶阔叶林土壤保持三级功能区
		Ⅰ-02-04 太岳山落叶阔叶林土壤保持三级功能区
		Ⅰ-02-05 中条山落叶阔叶林土壤保持三级功能区
		Ⅰ-02-06 晋北山地丘陵半干旱草原土壤保持三级功能区
		Ⅰ-02-07 山东半岛丘陵落叶阔叶林土壤保持三级功能区
		Ⅰ-02-08 鲁中山地落叶阔叶林土壤保持三级功能区
		Ⅰ-02-09 吕梁山落叶阔叶林土壤保持三级功能区
		Ⅰ-02-10 浙中丘陵常绿阔叶林土壤保持三级功能区
		Ⅰ-02-11 金衢盆地常绿阔叶林土壤保持三级功能区
		Ⅰ-02-12 武夷山常绿阔叶林土壤保持三级功能区
		Ⅰ-02-13 浙南闽东丘陵常绿阔叶林土壤保持三级功能区
		Ⅰ-02-14 梅江上游常绿阔叶林土壤保持三级功能区
		Ⅰ-02-15 幕阜山—九岭山常绿阔叶林土壤保持三级功能区
		Ⅰ-02-16 赣中丘陵常绿阔叶林土壤保持三级功能区
		Ⅰ-02-17 罗霄山常绿阔叶林土壤保持三级功能区
		Ⅰ-02-18 渝东南岩溶石山土壤保持三级功能区
		Ⅰ-02-19 黔北山地常绿、落叶阔叶混交林土壤保持三级功能区
		Ⅰ-02-20 黔中丘原盆地常绿阔叶林土壤保持三级功能区
		Ⅰ-02-21 黔南山地盆谷常绿阔叶林土壤保持三级功能区

第八章 空间秩序：公元2000—2009年 | 405

续表

一级区	二级区	三级区
		Ⅰ-02-22 滇东北—黔西北中山针阔混交林土壤保持三级功能区
		Ⅰ-02-23 金沙江下游干热河谷常绿灌丛、稀树草原土壤保持三级功能区
		Ⅰ-02-24 陕北—晋西南黄土丘陵沟壑土壤保持三级功能区
		Ⅰ-02-25 陕中黄土塬梁土壤保持三级功能区
		Ⅰ-02-26 陇东南黄土丘陵残塬土壤保持三级功能区
		Ⅰ-02-27 黄土高原西部土壤保持三级功能区
		Ⅰ-02-28 湟水谷地土壤保持三级功能区
	Ⅰ-03 防风固沙功能区	Ⅰ-03-01 呼伦贝尔典型草原防风固沙三级功能区
		Ⅰ-03-02 科尔沁沙地防风固沙三级功能区
		Ⅰ-03-03 锡林郭勒典型草原防风固沙三级功能区
		Ⅰ-03-04 浑善达克沙地防风固沙三级功能区
		Ⅰ-03-05 阴山山地落叶灌丛、草原防风固沙三级功能区
		Ⅰ-03-06 阴山北部荒漠草原防风固沙三级功能区
		Ⅰ-03-07 鄂尔多斯高原东部典型草原防风固沙三级功能区
		Ⅰ-03-08 鄂尔多斯高原西部荒漠草原防风固沙三级功能区
		Ⅰ-03-09 陇中—宁中荒漠草原防风固沙三级功能区
		Ⅰ-03-10 腾格里沙漠草原荒漠防风固沙三级功能区
		Ⅰ-03-11 阿拉善东部灌木—半灌木、草原荒漠防风固沙三级功能区
		Ⅰ-03-12 巴丹吉林典型荒漠防风固沙三级功能区
		Ⅰ-03-13 黑河中下游草原荒漠防风固沙三级功能区
		Ⅰ-03-14 阿拉善西北部矮半灌木荒漠防风固沙三级功能区
		Ⅰ-03-15 北山山地灌木—半灌木防风固沙三级功能区
		Ⅰ-03-16 河西走廊西部荒漠防风固沙三级功能区
		Ⅰ-03-17 柴达木盆地东北部山地高寒荒漠草原防风固沙三级功能区
		Ⅰ-03-18 柴达木盆地荒漠防风固沙三级功能区
		Ⅰ-03-19 共和盆地草原防风固沙三级功能区
		Ⅰ-03-20 准噶尔盆地西缘荒漠、绿洲防风固沙三级功能区
		Ⅰ-03-21 准噶尔盆地东部灌木荒漠防风固沙三级功能区

续表

一级区	二级区	三级区
		Ⅰ-03-22 准噶尔盆地中部固定半固定沙漠防风固沙三级功能区
		Ⅰ-03-23 吐鲁番—哈密盆地荒漠防风固沙三级功能区
		Ⅰ-03-24 东疆戈壁—流动沙漠防风固沙三级功能区
		Ⅰ-03-25 塔里木盆地北部荒漠、绿洲防风固沙三级功能区
		Ⅰ-03-26 塔克拉玛干沙漠防风固沙三级功能区
		Ⅰ-03-27 塔里木盆地南部荒漠防风固沙三级功能区
	Ⅰ-04 生物多样性保护功能区	Ⅰ-04-01 三江平原湿地生物多样性保护三级功能区
		Ⅰ-04-02 辽河三角洲湿地生物多样性保护三级功能区
		Ⅰ-04-03 黄河三角洲湿地生物多样性保护三级功能区
		Ⅰ-04-04 江苏沿海滩涂生物多样性保护三级功能区
		Ⅰ-04-05 崇明岛湿地生物多样性保护三级功能区
		Ⅰ-04-06 海南中部山地热带雨林与季雨林生物多样性保护三级功能区
		Ⅰ-04-07 渝东山区—金佛山常绿阔叶林生物多样性保护三级功能区
		Ⅰ-04-08 桂东粤西丘菱山地常绿阔叶林生物多样性保护三级功能区
		Ⅰ-04-09 桂中喀斯特常绿、落叶阔叶混交林生物多样性保护三级功能区
		Ⅰ-04-10 桂西南喀斯特热带季雨林生物多样性保护三级功能区
		Ⅰ-04-11 桂西北山地常绿阔叶林生物多样性保护三级功能区
		Ⅰ-04-12 乌蒙山针叶林山地云南松林、草甸生物多样性保护三级功能区
		Ⅰ-04-13 哀牢山—无量山常绿阔叶林生物多样性保护三级功能区
		Ⅰ-04-14 蒙自—元江岩溶高原峡谷针叶林、常绿阔叶林生物多样性保护三级功能区
		Ⅰ-04-15 文山岩溶山原山地常绿阔叶林生物多样性保护三级功能区
		Ⅰ-04-16 滇东南中山峡谷热带雨林生物多样性保护三级功能区
		Ⅰ-04-17 岷山—邛崃暗针叶林、高山草甸、常绿阔叶林生物多样性保护三级功能区

续表

一级区	二级区	三级区
		Ⅰ-04-18 大雪山—念他翁山暗针叶林、高山灌丛、高山草甸生物多样性保护三级功能区
		Ⅰ-04-19 川西南山地偏干性常绿阔叶林生物多样性保护三级功能区
		Ⅰ-04-20 沙鲁里山南部暗针叶林生物多样性保护三级功能区
		Ⅰ-04-21 滇西横断山常绿阔叶林生物多样性保护三级功能区
		Ⅰ-04-22 滇西山地常绿阔叶林、针叶林生物多样性保护三级功能区
		Ⅰ-04-23 澜沧江中游山地常绿阔叶林、针叶林生物多样性保护三级功能区
		Ⅰ-04-24 西双版纳热带季雨林生物多样性保护三级功能区
		Ⅰ-04-25 念青唐古拉山南翼暗针叶林、草原生物多样性保护三级功能区
		Ⅰ-04-26 山南地区热带雨林、季雨林生物多样性保护三级功能区
		Ⅰ-04-27 阿尔金山高寒荒漠草原生物多样性保护三级功能区
		Ⅰ-04-28 昆仑山东段高寒荒漠草原生物多样性保护三级功能区
		Ⅰ-04-29 昆仑山中段高寒荒漠草原生物多样性保护三级功能区
		Ⅰ-04-30 北羌塘高寒荒漠草原生物多样性保护三级功能区
		Ⅰ-04-31 南羌塘高寒草原生物多样性保护三级功能区
		Ⅰ-04-32 阿里山地荒漠生物多样性保护三级功能区
		Ⅰ-04-33 昆仑山西段高寒荒漠草原生物多样性保护三级功能区
		Ⅰ-04-34 帕米尔—喀喇昆仑山高寒荒漠草原生物多样性保护三级功能区
	Ⅰ-05 洪水调蓄功能区	Ⅰ-05-01 嫩江—讷谟尔河洪水调蓄三级功能区
		Ⅰ-05-02 嫩江—第二松花江洪水调蓄三级功能区
		Ⅰ-05-03 黄河洪水调蓄三级功能区
		Ⅰ-05-04 淮河中下游洪水调蓄三级功能区
		Ⅰ-05-05 长江荆江段洪水调蓄三级功能区
		Ⅰ-05-06 洞庭湖洪水调蓄三级功能区
		Ⅰ-05-07 长江洪湖—黄冈段洪水调蓄三级功能区
		Ⅰ-05-08 鄱阳湖洪水调蓄三级功能区
		Ⅰ-05-09 安徽沿长江湿地洪水调蓄三级功能区

续表

一级区	二级区	三级区
Ⅱ产品提供功能区	Ⅱ-01 农产品提供功能区	Ⅱ-01-01 三江平原农产品提供三级功能区
		Ⅱ-01-02 乌裕尔河下游农产品提供三级功能区
		Ⅱ-01-03 松嫩平原西部农产品提供三级功能区
		Ⅱ-01-04 通榆地区农产品提供三级功能区
		Ⅱ-01-05 松嫩平原东部农产品提供三级功能区
		Ⅱ-01-06 辽河平原农产品提供三级功能区
		Ⅱ-01-07 西辽河上游丘陵平原农产品提供三级功能区
		Ⅱ-01-08 辽东半岛丘陵农产品提供三级功能区
		Ⅱ-01-09 冀东平原农产品提供三级功能区
		Ⅱ-01-10 华北平原农产品提供三级功能区
		Ⅱ-01-11 太行山太岳山山间盆地丘陵农产品提供三级功能区
		Ⅱ-01-12 汾渭盆地农产品提供三级功能区
		Ⅱ-01-13 南阳盆地农产品提供三级功能区
		Ⅱ-01-14 汉江上游盆地农产品提供三级功能区
		Ⅱ-01-15 长江中下游平原农产品提供三级功能区
		Ⅱ-01-16 鄱阳湖平原南部农产品提供三级功能区
		Ⅱ-01-17 湖南中部丘陵农产品提供三级功能区
		Ⅱ-01-18 粤东丘陵平原农产品提供三级功能区
		Ⅱ-01-19 粤西丘陵平原农产品提供三级功能区
		Ⅱ-01-20 粤西北丘陵平原农产品提供三级功能区
		Ⅱ-01-21 海南环岛平原台地农产品提供三级功能区
		Ⅱ-01-22 四川盆地农产品提供三级功能区
		Ⅱ-01-23 广西中部丘陵平原农产品提供三级功能区
		Ⅱ-01-24 云南西南丘陵农产品提供三级功能区
		Ⅱ-01-25 河套—土默特平原农产品提供三级功能区
		Ⅱ-01-26 银川平原农产品提供三级功能区
		Ⅱ-01-27 河西走廊干旱荒漠—绿洲农产品提供三级功能区
		Ⅱ-01-28 新疆北部谷地草地农产品提供三级功能区
		Ⅱ-01-29 乌苏—石河子—昌吉绿洲农产品提供三级功能区
		Ⅱ-01-30 尤尔都斯盆地草原农产品提供三级功能区
		Ⅱ-01-31 叶尔羌河平原—喀什三角洲荒漠、绿洲农产品提供三级功能区

续表

一级区	二级区	三级区
		Ⅱ-01-32 皮山—和田—民丰绿洲农产品提供三级功能区
		Ⅱ-01-33 郎钦藏布谷地农产品提供三级功能区
		Ⅱ-01-34 藏东—川西高原农产品提供三级功能区
		Ⅱ-01-35 拉萨谷地农产品提供三级功能区
		Ⅱ-01-36 雅鲁藏布江中游谷地农产品提供三级功能区
		Ⅱ-02-01 大兴安岭林区林产品提供三级功能区
		Ⅱ-02-02 小兴安岭林产品提供三级功能区
		Ⅱ-02-03 吉林中部低山丘陵林产品提供三级功能区
		Ⅱ-02-04 幕阜山林产品提供三级功能区
		Ⅱ-02-05 武夷山林产品提供三级功能区
		Ⅱ-02-06 广东北部丘陵林产品提供三级功能区
		Ⅱ-02-07 四川盆地西部林产品提供三级功能区
		Ⅱ-02-08 四川盆地东部丘陵林产品提供三级功能区
		Ⅱ-02-09 四川盆地南部林产品提供三级功能区
		Ⅱ-02-10 甘肃南部盆地丘陵林产品提供三级功能区
Ⅲ 人居保障功能区	Ⅲ-01 大都市群人居保障功能区	Ⅲ-01-01 京津冀大都市群人居保障三级功能区
		Ⅲ-01-02 长三角大都市群人居保障三级功能区
		Ⅲ-01-03 珠三角大都市群人居保障三级功能区
	Ⅲ-02 重点城镇群人居保障功能区	Ⅲ-02-01 哈尔滨城镇群人居保障三级功能区
		Ⅲ-02-02 长吉城镇群人居保障三级功能区
		Ⅲ-02-03 辽中南城镇群人居保障三级功能区
		Ⅲ-02-04 山西中部城镇群人居保障三级功能区
		Ⅲ-02-05 鲁中城镇群人居保障三级功能区
		Ⅲ-02-06 胶东半岛城镇群人居保障三级功能区
		Ⅲ-02-07 中原城镇群人居保障三级功能区
		Ⅲ-02-08 武汉城镇群人居保障三级功能区
		Ⅲ-02-09 昌九城镇群人居保障三级功能区
		Ⅲ-02-10 长株潭城镇群人居保障三级功能区
		Ⅲ-02-11 海峡西岸城镇群人居保障三级功能区
		Ⅲ-02-12 海南北部城镇群人居保障三级功能区
		Ⅲ-02-13 重庆城镇群人居保障三级功能区

续表

一级区	二级区	三级区
		Ⅲ-02-14 成都城镇群人居保障三级功能区
		Ⅲ-02-15 北部湾城镇群人居保障三级功能区
		Ⅲ-02-16 滇中城镇群人居保障三级功能区
		Ⅲ-02-17 关中城镇群人居保障三级功能区
		Ⅲ-02-18 兰州城镇群人居保障三级功能区
		Ⅲ-02-19 乌鲁木齐城镇群人居保障三级功能区

第三十一节 《中国土地资源图集》中的空间秩序

20世纪80年代初，中国科学院自然资源综合考察委员会石玉林等参照FAO的《土地评价纲要》，结合中国实际，依据水热条件，按土地生产力的区域性差别将全国划分为9个区，以便在生产实践中发挥作用，为各生产单位提供科学依据。具体结果如下：华南土地潜力区、四川盆地—长江中下游土地潜力区、云贵高原土地潜力区、华北辽南土地潜力区、黄土高原土地潜力区、东北土地潜力区、内蒙古半干旱土地潜力区、西北干旱土地潜力区、青藏高原土地潜力区。

第三十二节 《中国省域村镇建筑综合自然区划与建筑体系研究》中的空间秩序

1. 概况

翟礼生、王文卿、高岱等根据江苏省建筑条件的现状和特征资料，结合自然地质、地理等条件，进行分析、综合、比较、概括和抽象，以其建筑条件与特点的差异性和相似性，于2008年划出各具特点的建筑条件区的系统，为所在地区人民认识自然、改造自然提供科学资料和依据。

2. 结果

依据上述区划原则，该区划将江苏省村镇建筑综合自然区划分为5

个地区、10个亚地区。区划系统如表8-25。

表8-25　　　　　江苏省村镇建筑综合自然区划分类系统

地区	亚地区
Ⅰ. 北部丘陵岗地平原地区	Ⅰ₁ 徐邳丘陵平原亚地区
	Ⅰ₂ 连赣丘陵岗地亚地区
Ⅱ. 黄淮平原地区	Ⅱ₁ 渠北平原亚地区
	Ⅱ₂ 黄淮河口亚地区
Ⅲ. 里下河滨海平原地区	Ⅲ₁ 里下河平原亚地区
	Ⅲ₂ 滨海平原亚地区
Ⅳ. 长江三角洲平原地区	Ⅳ₁ 沿江三角洲平原亚地区
	Ⅳ₂ 太湖平原亚地区
Ⅴ. 西部低山丘陵岗地地区	Ⅴ₁ 洪泽湖岗丘平原亚地区
	Ⅴ₂ 镇宁扬低山丘陵亚地区

第三十三节　《中国省域村镇建筑综合自然区划与建筑体系研究——江苏、贵州和河北三省的理论与实践》中的空间秩序

1. 概况

"贵州省村镇建筑综合自然区划与建筑体系研究"项目是建设部"八五"科学技术研究项目"村镇建筑综合自然区划与建筑体系研究"的一个先行子项目，是根据建设部"八五"科学技术研究项目的要求，在贵州省建设厅的关心和支持下，由中国建筑科学研究院地基基础研究所会同贵州省建设厅村镇处和贵州省建筑设计院的有关人员在广泛收集资料的基础上，对几个重点地区进行实地调查，并根据历史和现在的调查研究，以及大量文献资料的分析整理，按照影响建筑条件的主要自然因素和建筑体系特征，翟礼生等于2008年将贵州省村镇建筑划分为5个地区和13个亚地区。

2. 结果

从贵州省全境来看,通过对气候、地形地貌、地基、水文地质条件、动力地质作用和建筑材料等自然因素的分析以及对建筑布局、建筑结构、建筑风格、建筑景观、建筑生态等人文因素的分析,同时结合地基和动力地质作用对建筑条件的差异性反映,故第一级按建筑上的实际反映结合以地基和动力地质作用为主的综合条件,将省域划分为 5 个村镇建筑地区,由于内部的次一级存在较为显著的差异性,因此在地区内又分别划了 2—3 个亚地区,在全省的 5 个地区中,共划了 13 个亚地区。区划系统如表 8-26。

表 8-26　　　　　　　　　贵州省村镇建筑区划

地区	亚地区
Ⅰ 黔东地区	Ⅰ₁ 沿河、印江亚地区
	Ⅰ₂ 镇远、铜仁亚地区
	Ⅰ₃ 雷山、黎平亚地区
Ⅱ 黔南地区	Ⅱ₁ 独山、荔波亚地区
	Ⅱ₂ 惠水、册亨亚地区
	Ⅱ₃ 紫云、兴义亚地区
Ⅲ 黔西地区	Ⅲ₁ 水城、普安亚地区
	Ⅲ₂ 威宁、毕节亚地区
	Ⅲ₃ 大方、纳雍亚地区
Ⅳ 黔北地区	Ⅳ₁ 道真、正安亚地区
	Ⅳ₂ 赤水、习水亚地区
Ⅴ 黔中地区	Ⅴ₁ 贵阳、安顺亚地区
	Ⅴ₂ 遵义、瓮安亚地区

第三十四节 《南北极地图集》中的空间秩序

我国极地测绘科学国家测绘局重点实验室等于2009年将南极气候带划分为5个区和14个亚区,将北极气候带划分为7个区和8个亚区。其中一级区以孕灾环境和自然灾害类型的宏观区域组合为主要划分依据,二级区以各地主导自然灾害的组合及成灾程度为主要划分依据。区划系统如表8-27和表8-28。

表8-27　　　　　　　　　南极气候区划方案

区	亚区
南极带高原区	Ⅰ西南极带高原区
	Ⅱ东南极带高原区
南极带高原亚区	Ⅲ南极半岛高原亚区
	Ⅳ高原上部的亚区
坡地地带分区	Ⅴ坡地地带西部区
	Ⅵ坡地地带东部区
南极沿海地带分区	Ⅶ沿海冰川区
	Ⅷ高山区
	Ⅸ大陆架内部冰川区
	Ⅹ大陆架外部冰川区
浮冰地带	东风作用的浮冰亚带
	西风作用的浮冰亚带
	南极露天水流带
	温带气候带

表8-28　　　　　　　　　北极气候区划方案

区	亚区
Ⅰ大西洋气候区	南部亚区
	西部亚区
	北部亚区
	东部亚区

续表

区	亚区
Ⅱ 西伯利亚气候区	
Ⅲ 太平洋气候区	
Ⅳ 加拿大气候区	南部亚区
	北部亚区
Ⅴ 巴芬湾气候区	
Ⅵ 格陵兰气候区	
Ⅶ 北极地带中心区	大西洋沿岸亚区
	太平洋沿岸亚区

第三十五节 《中国文化地理概述》（第三版）中的空间秩序

胡兆量等于 2009 年根据文化区域原则，将中国文化区划分两个主要层次。第一层次，按照东、西、南、北、中的方位将全国分为华北、东北、华东、华中、华南、西北、西南、港澳、台湾 9 个一级文化区；第二层次是将省、自治区和直辖市做骨架组成二级文化区，而中国二级文化区地域范围较大，内部差异明显，深入研究可以分出三级文化区。在关东文化区中，延边朝鲜族自治州是三级文化区的典型案例。区划系统如表 8-29。

表 8-29　　　　　　　中国一、二级文化区划方案

一级文化区	二级文化区
华北文化区	首都、天津、燕赵、三晋、齐鲁
东北文化区	关东、内蒙古
华东文化区	吴越、上海、八闽
华中文化区	中原、安徽、两湖、江西
华南文化区	岭南、八桂
西北文化区	三秦、甘陇、宁夏、新疆
西南文化区	巴蜀、黔贵、滇云、藏
港澳文化区	香港、澳门
台湾文化区	

第三十六节 《中国行政区划概论》中的空间秩序

1. 概况

国家对行政区域的划分，称为行政区划。划分行政区域，主要依据政治、经济、民族、人口分布、地理条件、国防需要、历史传统等方面的因素。国家为进行分级管理而划分的区域，称为行政区域。这些行政区域都设有相应的国家机关。根据我国宪法，中华人民共和国民政部于2009年对中华人民共和国的行政区域划分如下：

（1）全国分为省、自治区、直辖市；
（2）省、自治区分为自治州、县、自治县、市；
（3）县、自治县分为乡、民族乡、镇。

直辖市和较大的市分为区、县。自治州分为县、自治县、市。自治区、自治州、自治县都是民族自治地方。国家在必要时得设立特别行政区。

2. 结果

依据上述行政区划原则，该区划把我国划分为4个直辖市、23个省、5个自治区、2个特别行政区共34个省级行政单位。区划系统如表8-30：

表8-30　　　　　中国省级行政区划方案

省级行政单位	名称
直辖市	北京、天津、上海、重庆
省	河北、山西、辽宁、吉林、黑龙江、江苏、浙江、福建、安徽、江西、山东、台湾、河南、湖北、湖南、广东、海南、四川、贵州、云南、陕西、甘肃、青海
自治区	内蒙古、广西壮族、西藏、宁夏回族、新疆维吾尔
特别行政区	香港特别、澳门特别

第九章
空间秩序：公元 2010 年至今

第一节 《世界文化地理》中的空间秩序

《世界文化地理》由邓辉编著，并由北京大学出版社在 2010 年出版发行，从课程性质上说，"世界文化地理"是一门地理课，是一门关于区域文化地理学的课程。它面对的区域是全世界，利用文化地理学的视角和研究方法，来观察和分析地球陆地表面的文化现象的空间差异和文化的变化过程。其实，地球的陆地表面除了自然地理的各要素和人类的经济活动，还有无处不在的人类文化。在中国经济与世界经济逐渐融合的过程中，更多的中国人可以走向世界，可以接触到世界各地迥异的文化差异。因此，世界文化的差异将是我们今后会常常看到的现象，也是我们今后常常需要理解和面对的问题。该书涉及的空间秩序有：

1. 世界文化地理分区

世界文化区划分的指标主要有民族、语言、宗教、政治、经济、历史等。美国地理学家布里吉（H. J. dB）划分的世界文化区，该划分方案绝不是标准的世界文化区的划分，它受到美国人的文化价值观的影响，体现了美国人的地缘政治观念，但是可以作为理解世界文化的区域差异的参照。在这个方案中，布里吉考虑了民族、语言、宗教、政治、经济、历史等多种指标，将世界划分为 12 个世界文化区，每个文化区下再划分若干亚区共划分 54 个亚区（如表 9-1）。

表 9-1　　　　　　　　　　　世界文化区划

文化区	亚区
欧洲文化区	西欧
	北欧
	东欧
	南欧
俄罗斯文化区	不列颠诸岛
	俄罗斯核心区
	西伯利亚区
	远东区
北美文化区	大陆核心区
	南方区
	西南区
	西部沿海区
	腹地农业区
	边缘内陆区
	法语加拿大区
	新英格兰沿海区
中美文化区	墨西哥
	中央美洲
	加勒比（大安德列斯）
	小安德列斯
南美文化区	巴西亚区
	北部濒加勒比亚区
	西部高山亚区
	南部亚区
北非/西南亚文化区	埃及亚区
	马格里布亚区
	横贯非洲的文化过渡带
	中东亚区
	阿拉伯半岛亚区
	非阿拉伯半岛亚区
	突厥斯坦亚区（里海以东）

续表

文化区	亚区
亚撒哈拉非洲文化区	西非
	南非
	东非
	赤道亚洲
南亚文化区	恒河平原亚区
	西部巴基斯坦亚区
	北部尼泊尔—不丹亚区
	东部孟加拉亚区
	达罗毗荼—斯里兰卡亚区
东亚文化区	中国核心区
	新疆区
	西藏区
	蒙古区
	韩—日—台三角区
东南亚文化区	大陆半岛亚区
	海岛区
澳大利亚文化区	澳大利亚核心区
	澳大利亚边缘区
	新西兰北岛
	新西兰南岛
太平洋文化区	美拉尼西亚亚区
	密克罗尼西亚亚区
	波利尼西亚亚区

2. 世界农业区划

农业起源后，经过非常漫长的传播过程，在世界范围内不断传播发展，在不同的自然条件、文化传统的影响下，产生了不同的农业类型。从地理学的角度对农业进行分类和分区，最早是在 1936 年，由美国哈佛大学地理系教授惠特西（Derwent Whittlesey）进行的。惠特西的农业区划划分遵循以下 5 个标准：作物种植与牲畜养殖的比例关系；作物种植与牲畜养殖的方法；对土地投入的劳动力、资本强度及生产的组织形式；农产品的消费模式；农业的组织和经营结构。

惠特西认为农业可以分为两个基本类别，即生存农业与商业农业。1936年，随着工业化的发展，现代机械进入农业领域，从而大大改变了农业的运作模式，然而现代机械介入农业的程度在不同区域有明显差别。惠特西把传统的农业称为生存农业，指的是发展中国家的主要农业类型，农业生产的产品主要用于农民自己的家庭消费。惠特西把现代农业称为商业农业，指的是发达国家的主要农业类型，农业生产的产品主要用于销售，具有工业生产的色彩。

惠特西区分生存农业与商业农业的标准有5个：农业生产的目的；农业劳动力的比例（就世界平均水平来看，农业劳动力占劳动力的比率为55%，发达国家，如欧洲、美国、加拿大可以达到5%，中国的比率大约为40%）；机械化程度；农业规模（一家一户经营抑或是大农场经营）；农业与其他产业的联系程度（农产品是直接消费掉，还是作为其他产业的原料进行再加工）。此外，其他一些标准还包括农业人口比例，每1000公顷的拖拉机数量、化肥施用量等。1936年，惠特西将全世界农业划分为两大类别、13个类型区，随着农业的不断发展，惠特西当年划分的13个农业文化区，有一两个已经消亡，现在的世界农业文化区的划分图与70多年前惠特西的划分图已经有了不少差别。

表9-2　　　　　　　　　　世界主要农业类型分区

类别	类型区
生存农业类型	游耕农业
	精耕稻作农业
	精耕旱作农业
	游牧业

续表

类别	类型区
商业农业类型	种植与养殖混合农业
	商业乳品业
	商业谷物种植业
	肉品牲畜养殖业
	大牧场
	地中海农业
	蔬菜水果种植业
	经济作物种植业
	毒品种植业

3. 地理人种划分

（1）概况

美国学者加恩（Stanley. M. Garn）在20世纪60年代提出地理人种（geographical race）的概念并进行了系统划分。加恩的人种划分体系包括了三个层次：地理人种、地域人种和小人种。地理人种是人种的第一层次的划分，相当于大洲的单位，但是加恩划出的人种比自然地理中的大洲数量还多，全世界共划出九大地理人种。加恩提出地理人种的划分后，几十年来基本没有人对其进行大的更正。比较而言，在人种划分的各种方案中，地理人种是比三分法、四分法更为合理的人种综合划分方案。

加恩认为，人种划分时既要考虑体型上的差别，也要考虑地理上的隔绝和基因上的特点。虽然人最初都是从非洲走出来的，但是人群进入到不同的封闭的地理环境中，因为基因的变化和地理环境的隔绝，造成了人群之间的差别，这就是所谓的地理人种。地理人种具有以下特点：①在相当于洲的范围内，由于地理隔离所形成的，在体质、血型系统、免疫系统和遗传基因上都具有一定共性的人群，是最大的人种分类单位。②地理人种是人群对相当于洲范围的自然环境的长期而连续适应所产生的结果。同地理人种内的不同人群仍有各种差异，但他们的共性要大于差异性。③地理人种分布的范围相当于洲，但与各洲界不完全重合。

（2）结果

加恩在全世界范围内共划分出 9 个地理人种：美洲印第安地理人种，非洲地理人种，波利尼西亚地理人种，密克罗尼西亚地理人种，美拉尼西亚地理人种，澳大利亚地理人种，亚洲地理人种，印度地理人种，欧洲地理人种。

4. 地域人种划分

（1）概况

地域人种（local race）是指由于地理隔离或社会禁令的限制，在一定地域中长期内婚的人群。地域人种是一个自然人群，大体相当于一个自身婚育的族群或遗传隔离的人群，它是人种的一个基本的进化单位，为地理人种的次一级单位。同一地理人种内不同的地域人种之间，在体质、血型、免疫系统和遗传基因上存在一定的差距。

加恩将地域人种一共分为 32 个，划分时不考虑时间，只考虑人种之间的两种差别：一种是地理隔绝和环境适应造成的差别，如牙齿数量（有的人群普遍不长智齿，有的人群普遍长智齿，从而造成牙齿数量的差别）、牙齿形状（亚洲人具有明显的铲形门齿，而欧洲人该特征不明显）、形体大小等，另一种是体质和基因上的差别，如血型、细胞形状、特殊药物的敏感性、生理特征等。

（2）结果

加恩把 32 个地域人种分为五组：①具有代表性的、大的地域人种；②分布在美洲的地域人种；③隔绝的、人数较少的地域人种；④长时间隔绝的、边缘的地域人种；⑤新近形成的、"杂交"的地域人种。

表 9-3　　　　　　　　　　地域人种区划

类别	类型区
具有代表性的、大的地域人种	西北欧地域人种
	东北欧地域人种
	阿尔卑斯地域人种
	地中海地域人种
	伊朗地域人种
	东非地域人种
	苏丹地域人种
	森林尼格罗地域人种
	班图地域人种
	突厥地域人种
	西藏地域人种
	华北地域人种
	东南亚地域人种
	蒙古地域人种
	印度地域人种
	达罗毗荼地域人种
分布在美洲的地域人种	北美印第安地域人种
	中美印第安地域人种
	南美印第安地域人种
	火地岛地域人种
隔绝的、人数较少的地域人种	拉普地域人种
	太平洋尼格利陀地域人种
	非洲俾格米（pygmy）地域人种
	爱斯基摩（因纽特）地域人种
长时间隔绝的、边缘的地域人种	虾夷地域人种
	默累（murraylan）地域人种
	卡奔塔地域人种
	布须曼（bushman）—霍屯督地域人种
新近形成的、"杂交"的地域人种	北美有色地域人种
	南非有色地域人种
	拉丁美洲有色地域人种
	新夏威夷地域人种

第二节 《中国气候区划新方案》中的空间秩序

郑景云等在科学认识中国各地区差距和特征的基础上，借鉴、吸纳已有的气候区划基本理论与区划方法，进一步完善了气候区划的原则，特别是系统地将水平地带性规律和垂直分异特征紧密结合，较好地解决过去气候区划方案中存在的"飞地"问题。以全国609个气象站1971—2000年的日气象观测资料计算区划指标值，于2010年对我国气候进行重新划分，得到了12个温度带、23个干湿区、56个气候区的区划方案，其中除青藏高原外的全国其他区域包括9个温度带、15个干湿区、44个气候区；青藏高原包括3个温度带、9个干湿区、12个气候区。区划系统如表9-4。

表9-4　　　　　　　　　　中国气候区划新方案

温度带	干湿区	气候区名称
寒温带（Ⅰ）	湿润区（A）	大兴安岭北部寒温带湿润区（ⅠATa）
中温带（Ⅱ）	湿润区（A）	小兴安岭长白山中温带湿润区（ⅡATc-d）
	半湿润区（B）	三江平原及其以南山地中温带半湿润区（ⅡBTc-d）
		松辽平原中温带半湿润区（ⅡBTd）
		大兴安岭中部中温带半湿润区（ⅡBTb-c）
	半干旱区（C）	西辽河平原中温带半干旱区（ⅡCTd-e）
		大兴安岭南部中温带半干旱区（ⅡCTc-d）
		呼伦贝尔平原中温带半干旱区（ⅡCTb-c1）
		内蒙古高原东部中温带半干旱区（ⅡCTb-c2）
		鄂尔多斯与东河套中温带半干旱区（ⅡCTd）
		黄土高原西部中温带半干旱区（ⅡCTb-c3）
		阿尔泰山地中温带半干旱区（ⅡCTb）
		塔城盆地中温带半干旱区（ⅡCTe）
		伊犁谷地中温带半干旱区（ⅡCTa-b）

续表

温度带	干湿区	气候区名称
	干旱区（D）	西河套与内蒙古高原西部中温带干旱区（ⅡDTd-e）
		阿拉善与河西走廊中温带干旱区（ⅡDTe-d1）
		准噶尔盆地中温带干旱区（ⅡDTe-f）
		额尔齐斯谷地中温带干旱区（ⅡDTe-d2）
		天山山地中温带干旱区（ⅡDTb-c）
暖温带（Ⅲ）	湿润区（A）	辽东低山丘陵暖温带湿润区（ⅢATd）
	半湿润区（B）	燕山山地暖温带半湿润区（ⅢBTe）
		华北平原与鲁中东山地暖温带半湿润区（ⅢBTf）
		汾渭平原山地暖温带半湿润区（ⅢBTe-f）
		黄土高原南部暖温带半湿润区（ⅢBTe-d）
	半干旱区（C）	黄土高原东部太行山地暖温带半干旱区（ⅢCTd）
	干旱区（D）	塔里木与东疆盆地暖温带干旱区（ⅢDTe-f）
北亚热带（Ⅳ）	湿润区（A）	大别山与苏北平原北亚热带湿润地区（ⅣATf）
		长江中下游平原与浙北北亚热带湿润区（ⅣATg）
		秦巴山地北亚热带湿润区（ⅣAte-f）
中亚热带（Ⅴ）	湿润区（A）	江南山地中亚热带湿润区（ⅤATg）
		湘鄂西山地中亚热带湿润区（ⅤATf）
		贵州高原山地中亚热带湿润区（ⅤATd-e）
		四川盆地中亚热带湿润区（ⅤATe-f）
		川西南滇北山地中亚热带湿润区（ⅤATb-c）
		滇西山地滇中高原中亚热带湿润区（ⅤATc-d）
南亚热带（Ⅵ）	湿润区（A）	台湾北部山地平原南亚热带湿润区（ⅥATg1）
		闽粤桂低山平原南亚热带湿润区（ⅥATg2）
		滇中南山地南亚热带湿润区（ⅥATd-e）
		滇西南山地南亚热带湿润区（ⅥATc-d）
边缘热带（Ⅶ）	湿润区（A）	台湾南部山地平原边缘热带湿润区（ⅦATg1）
		琼雷低山丘陵边缘热带湿润区（ⅦATg2）
		滇南山地边缘热带湿润区（ⅦATge-f）
中热带（Ⅷ）	湿润区（A）	琼南低地与东、中、西沙诸岛中热带湿润区（ⅧATg）
赤道热带（Ⅸ）	湿润区（A）	南沙群岛珊瑚岛赤道热带湿润区（ⅨATg）

续表

温度带	干湿区	气候区名称
高原亚寒带（HI）	湿润区（A）	若尔盖高原亚寒带湿润区（HIA）
	半湿润区（B）	果洛那曲高山谷地高原亚寒带半湿润区（HIB）
	半干旱区（C）	青南高原亚寒带半干旱区（HIC1）
		羌塘高原湖盆亚寒带半干旱区（HIC2）
	干旱区（D）	昆仑高山高原亚寒带干旱区（HID）
高原温带（HII）	湿润区（A）	横断山脉东、南部高原温带湿润区（HIIA）
	半湿润区（B）	横断山脉中北部高原温带半湿润区（HIIB）
	半干旱区（C）	祁连青东高山盆地高原温带半干旱区（HIIC1）
		藏南高山谷地高原温带半干旱区（HIIC2）
	干旱区（D）	柴达木盆地与昆仑山北翼高原温带干旱区（HIID1）
		阿里山地高原温带干旱区（HIID2）
高原亚热带（HIII）	湿润区（A）	东喜马拉雅南翼高原亚热带山地湿润区（HIIIA）

第三节 《中国气候变化区划（1961—2010年)》中的空间秩序

史培军等人利用1961—2010年气温和降水量的变化趋势值、波动特征值定量识别气候变化，结合中国地形特点，以县级行政区划为单元，完成了《中国气候变化区划（1961—2010年)》，为中国制定适应气候变化区域差异的对策提供了依据。一级区划根据气温和降水量变化趋势值计算结果将中国气候变化（1961—2010年）划分为5个气候变化趋势带，即东北—华北暖干趋势带、华东—华中湿暖趋势带、西南—华南干暖趋势带、藏东南—西南湿暖趋势带以及西北—青藏高原暖湿趋势带；二级区划根据气温和降水量的波动特征，在一级区划基础上将中国划分为14个气候变化波动特征区；并根据二级区划指标分类统计各个波动特征区的特征，将一级区划与二级区划相结合，根据各个区域的地貌特征进行命名，完成中国气候变化区划（1961—2010年）。

第四节　中国"十二五"规划中的空间秩序

中华人民共和国国民经济和社会发展第十二个五年规划纲要（2011—2015年），简称"十二五"规划。根据《中共中央关于制定国民经济和社会发展第十二个五年规划的建议》编制，主要阐明国家战略意图，明确政府工作重点，引导市场主体行为，是未来五年我国经济社会发展的宏伟蓝图，是全国各族人民共同的行动纲领，是政府履行经济调节、市场监管、社会管理和公共服务职责的重要依据。我国在"十二五"规划中提出以下与空间秩序有关的内容：

优化格局。促进区域协调发展和城镇化健康发展，实施区域发展总体战略和主体功能区战略，构筑区域经济优势互补、主体功能定位清晰、国土空间高效利用、人与自然和谐相处的区域发展格局，逐步实现不同区域基本公共服务均等化。坚持走中国特色城镇化道路，科学制定城镇化发展规划，促进城镇化健康发展。

实施区域发展总体战略。坚持把深入实施西部大开发战略放在区域发展总体战略优先位置；加大支持西藏、新疆和其他民族地区发展力度；全面振兴东北地区等老工业基地；大力促进中部地区崛起；积极支持东部地区率先发展。加强和完善跨区域合作机制，消除市场壁垒，促进要素流动，引导产业有序转移。实行地区互助政策，开展多种形式对口支援。加大对革命老区、民族地区、边疆地区、贫困地区扶持力度。更好发挥经济特区、上海浦东新区、天津滨海新区在改革开放中先行先试的重要作用。加快沿边地区开发开放，加强国际通道、边境城市和口岸建设，深入实施兴边富民行动。

实施主体功能区战略。按照全国经济合理布局的要求，规范开发秩序，控制开发强度，形成高效、协调、可持续的国土空间开发格局。对人口密集、开发强度偏高、资源环境负荷过重的部分城市化地区要优化开发。对资源环境承载能力较强、集聚人口和经济条件较好的城市化地区要重点开发。对影响全局生态安全的重点生态功能区要限制大规模、高强度的工业化城镇化开发。对依法设立的各级各类自然文化资源保护区和其他需要特殊保护的区域要禁止开发。基本形成适应主体功能区要求的法律法规、政策和规划体系，完善绩效考核办法和利益补偿机制，引导各地区严格按照主体功能定位推进发展。

第五节 《中国湖泊的数量、面积与空间分布》中的空间秩序

马荣华、杨桂山等在科学认识中国地域宽广、气候各异，阶梯状大地貌特征明显，自然环境区域分异鲜明，湖泊的形成、演化和资源赋存等诸方面都呈现出与自然环境相应的区域特色的基础上，根据湖泊分布、成因、水环境、资源赋存和水文特征，结合中国西高东低的大地貌特征和南湿北干的气候条件，以2005—2006年为调查基期，通过遥感判译、野外考察、室内校正、专家咨询、数据校正、成果确定等技术环节，同时考虑便于统计的中国行政分区，于2011年把中国湖泊划分为青藏高原湖区、蒙新湖区（西北干旱区湖区）、云贵高原湖区、东北平原与山地湖区以及东部平原湖区这5大湖区。该区划为摸清数十年来我国湖泊的变化与现状，以及湖泊资源的合理利用、环境保护与生态修复提供了基础数据支撑，区划系统如表9-5。

表9-5　　　　　　　　　　中国湖泊分布区划方案

湖区	湖区分布
青藏高原湖区	青海和西藏
蒙新湖区或称西北干旱区湖区	内蒙古、新疆、甘肃、宁夏、陕西、山西
云贵高原湖区	云南、贵州、四川、重庆
东北平原与山地湖区	辽宁、吉林、黑龙江
东部平原湖区	江西、湖南、湖北、安徽、河南、江苏、上海、山东、河北、北京、天津、浙江、台湾、香港、澳门、海南、福建、广东、广西

第六节　初中《地理》教材中的空间秩序

中学地理教材中的中国三大地势分区与周廷儒、施雅风、陈述彭等提出的地形区划结果一致。2012年中图版初中《地理》七年级上册第一版次中，中国地势三级阶梯分布示意图出现在第三章第一节正文中，教材侧重于介绍各级阶梯的海拔和西高东低地势的作用。2013年人教版初中《地理》八年级上册第一版次中，中国地势三级阶梯分布示意图出现在第二章第一节正文中。

第七节　《中国地貌区划新论》中的空间秩序

李炳元等以中国1∶400万地貌图等新资料为基础，应用GIS方法，结合中国三大地貌阶梯及其内部地貌格局的特点，通过分析我国各地基本地貌类型组合的差异及其形成原因，于2013年将中国地貌区划分为东部低山平原大区、东南低中山大区、中北中山高原大区、西北高中山盆地大区、西南亚高、中山大区和青藏高原大区6个地貌大区。各大区内部又依据次级基本地貌类型和地貌成因类型及其组合差异进一步分区，全国共划分了38个地貌区，区划系统如表9-6。

表9-6　　　　　　　　　　中国地貌分区方案

地貌大区	地貌区	代码
Ⅰ．东部低山平原	A．完达山三江平原	ⅠA
	B．长白山中低山地	ⅠB
	C．鲁东低山丘陵	ⅠC
	D．小兴安岭中低山	ⅠD
	E．松辽平原	ⅠE
	F．燕山—辽西中低山地	ⅠF
	G．华北华东平原	ⅠG
	H．宁镇平原丘陵	ⅠH

续表

地貌大区	地貌区	代码
Ⅱ. 东南低中山	A. 浙闽低中山	ⅡA
	B. 淮阳低山	ⅡB
	C. 长江中游低山平原	ⅡC
	D. 华南低山平原	ⅡD
	E. 台湾平原山地	ⅡE
Ⅲ. 中北中山高原	A. 大兴安岭低山中山	ⅢA
	B. 山西中山盆地	ⅢB
	C. 内蒙古高原	ⅢC
	D. 鄂尔多斯高原与河套平原	ⅢD
	E. 黄土高原	ⅢE
Ⅳ. 西北高中山盆地	A. 新甘蒙丘陵平原	ⅣA
	B. 阿尔泰亚高山	ⅣB
	C. 准噶尔盆地	ⅣC
	D. 天山高山盆地	ⅣD
	E. 塔里木盆地	ⅣE
Ⅴ. 西南亚高、中山	A. 秦岭大巴亚高山	ⅤA
	B. 鄂黔滇中山	ⅤB
	C. 四川盆地	ⅤC
	D. 川西南、滇中亚高山盆地	ⅤD
	E. 滇西南亚高山	ⅤE
Ⅵ. 青藏高原	A. 阿尔金山祁连山高山	ⅥA
	B. 柴达木—黄湟亚高盆地	ⅥB
	C. 昆仑山极高山高山	ⅥC
	D. 横断山高山峡谷	ⅥD
	E. 江河上游高山谷地	ⅥE
	F. 江河源丘状山原	ⅥF
	G. 羌塘高原湖盆	ⅥG
	H. 喜马拉雅山高山极高山	ⅥH
	I. 喀喇昆仑山极高山	ⅥI

第八节 《中国生态区划研究》中的空间秩序

傅伯杰、欧阳志云、尹澄清和李宝贵等于2013年结合我国生态系统种类繁多、区域差异大的基本情况，以按照气候、植被、土壤、人类影响等因素的差别划分的中国综合生态区划中的57个三级生态区为基本单元，从全国生态环境保护和建设的角度，研究分析所有三级生态区面临的生态环境问题的共性和差异并对其进行归并，为不同区域经济发展和环境保护政策的制定提供科学理论依据，根据各区生态环境问题的共性和特性，对主要生态区域类型进行归并，得到了6个一类生态区域、57个生态区的区划方案。区划系统如表9-7。

表9-7　　　　　　　中国主要生态区域类型划分方案

区域	区
高敏感和脆弱生态区域	$I_{3(6)}$ 黄土高原水土流失敏感生态区
	$I_{4(3)}$ 三峡库区敏感生态区
	$I_{4(10)}$ 黔桂喀斯特脆弱生态区
	$II_{1(3)}$ 内蒙古高原东南缘农牧交错带脆弱生态区
	$II_{2(2)}$ 毛乌素沙地荒漠生态区
	$II_{2(3)}$ 鄂尔多斯高原荒漠草原生态区
	$II_{3(1)}$ 阿拉善高原半荒漠生态区
	$II_{3(2)}$ 河西走廊绿洲农业生态区
	$II_{4(2)}$ 准噶尔盆地荒漠生态区
	$II_{4(4)}$ 塔里木盆地荒漠—戈壁生态区
	$III_{3(1)}$ 柴达木盆地荒漠—盐壳生态区
城镇及城郊农业区域	$I_{3(2)}$ 环渤海城镇及城郊农业生态区
	$I_{4(6)}$ 长江三角洲城镇及城郊农业生态区
	$I_{4(13)}$ 珠江三角洲城镇及城郊农业生态区

续表

区域	区
农业生态区域	$I_{2(2)}$ 三江平原农业湿地生态区
	$I_{2(4)}$ 东北平原农业生态区
	$I_{3(5)}$ 黄淮海平原农业生态区
	$I_{3(7)}$ 汾、渭河谷农业生态区
	$I_{4(2)}$ 成都平原农业生态区
	$I_{4(4)}$ 长江中游平原农业湿地生态区
	$I_{4(8)}$ 湘赣丘陵农业生态区
	$I_{4(12)}$ 粤西南沿海丘陵农业生态区
	$I_{5(1)}$ 雷州半岛热带农业生态区
	$I_{5(2)}$ 海南环岛热带农业生态区
	$II_{2(1)}$ 河套平原灌溉农业生态区
森林生态区域	$I_{1(1)}$ 大兴安岭北部针叶林生态区
	$I_{2(1)}$ 大、小兴安岭针阔混交林生态区
	$I_{2(3)}$ 长白山针阔混交林生态区
	$I_{3(1)}$ 华北山地落叶阔叶林生态区
	$I_{3(3)}$ 胶东半岛落叶阔叶林生态区
	$I_{3(4)}$ 鲁中南山地丘陵落叶阔叶林生态区
	$I_{4(1)}$ 秦巴山地常绿—落叶阔叶林生态区
	$I_{4(5)}$ 大别山、天目山常绿阔叶林生态区
	$I_{4(7)}$ 浙闽山地常绿阔叶林生态区
	$I_{4(9)}$ 湘西及黔鄂山地常绿阔叶林生态区
	$I_{4(11)}$ 岭南山地常绿阔叶林生态区
	$I_{4(14)}$ 台湾岛常绿阔叶林生态区
	$I_{5(3)}$ 海南中部山地雨林、季雨林生态区
	$I_{5(4)}$ 南海诸岛岛屿生态区
	$I_{6(1)}$ 西双版纳热带雨林、季雨林生态区
	$I_{6(2)}$ 喜马拉雅东翼山地热带雨林、季雨林生态区
	$I_{6(3)}$ 云贵高原南部湿润常绿阔叶林生态区
	$I_{6(4)}$ 云贵高原北部半湿润常绿阔叶林生态区
	$I_{6(5)}$ 横断山区常绿阔叶林、暗针叶林生态区
	$III_{1(1)}$ 青藏高原东南部常绿阔叶林—暗针叶林生态区

续表

区域	区
草原生态区域	II$_{1(1)}$ 呼伦贝尔草原生态区
	II$_{1(2)}$ 内蒙古高原典型草原生态区
	II$_{4(1)}$ 阿尔泰山地森林草原生态区
	II$_{4(3)}$ 天山山地草原—针叶林生态区
	III$_{2(2)}$ 青海东部农牧生态区
高寒生态区域	III$_{1(2)}$ 青藏高原东部暗针叶林—高寒草甸生态区
	III$_{2(1)}$ 祁连山针叶林—高寒草甸生态区
	III$_{2(3)}$ 江河源区高寒草甸生态区
	III$_{2(4)}$ 藏南农牧生态区
	III$_{2(5)}$ 羌塘高原高寒草原生态区
	III$_{3(2)}$ 可可西里半荒漠—荒漠生态区
	III$_{3(3)}$ 喀喇昆仑山砾漠生态区

第九节 "一带一路"中的空间秩序

"一带一路"（The Belt and Road，B&R）是"丝绸之路经济带"和"21世纪海上丝绸之路"的简称，2013年9月和10月由中国国家主席习近平分别提出建设"新丝绸之路经济带"和"21世纪海上丝绸之路"的合作倡议。

"一带一路"贯穿亚欧非大陆，一头是活跃的东亚经济圈，一头是发达的欧洲经济圈，中间广大腹地国家经济发展潜力巨大。"一带一路"范围涵盖中国历史上丝绸之路和海上丝绸之路行经的东亚、中亚、北亚、西亚、印度洋沿岸、地中海沿岸、南美洲、大西洋地区的国家。"一带"全称丝绸之路经济带，从中国大陆出发，沿着陆上丝绸之路以欧洲为终点，涵盖中国历史上丝绸之路经过的国家，一是经中亚、俄罗斯到达欧洲；二是新疆经巴基斯坦到印度洋、中亚与西亚到达波斯湾和地中海沿岸各国。"一路"全称21世纪海上丝绸之路，中国大陆由沿海港口过南海到印度洋，延伸至欧洲，或是从中国大陆沿海港口过南海到南太平洋，涵盖中国历史上海上丝绸之路经过的国家，自中国大陆由沿海港口过南海到印度洋，延伸至欧洲，或是从中国大陆沿海港口过南海到南太平洋。

根据"一带一路"走向，陆上依托国际大通道，以沿线中心城市为支撑，以重点经贸产业园区为合作平台，共同打造新亚欧大陆桥、中蒙俄、中国—中亚—西亚、中国—中南半岛等国际经济合作走廊；海上以重点港口为节点，共同建设通畅安全高效的运输大通道。中巴、孟中印缅两个经济走廊与推进"一带一路"建设关联紧密，要进一步推动合作，取得更大进展。

"一带一路"贯通六大国际经济走廊，包括新亚欧大陆桥、中—蒙—俄经济合作走廊、中国—中亚—西亚经济合作走廊、中巴经济合作走廊、孟中印缅经济合作走廊、中国—中南半岛经济合作走廊。

第十节 《中国自然保护综合地理区划》中的空间秩序

1. 概况

综合自然地理区划可以为生物多样性保护和自然保护区体系建设等提供基础资料，为区域生物多样性政策的制定提供科学依据。生物地理区划是自然地理区划的重要研究内容之一，郭子良等依据双向指示种分析方法对中国进行数量化分类，参考植被区划和地貌区划等，于2014年提出了中国自然保护综合地理区划，将我国划分为8个自然保护地理大区、37个自然保护地理地区和117个自然保护地理亚地区。

2. 结果

根据整体性原则和相对一致性原则将面积较小的带状区域并入周边地理区域，并参考进一步的分类结果、地貌区划和植被区划等对各个区域的边界进行调整。而南海诸岛部分由于其具有独特的自然地理特征，因此将其作为独立的一级区。

依据上述的区划原则、区划依据和区划方法将中国划分为8个一级区（自然保护地理大区）、37个二级区（自然保护地理地区）和117个三级区（自然保护地理亚地区）的中国自然保护综合地理区划方案。区划系统如表9-8。

表 9–8　　　　　　　　　中国自然保护综合地理区划

自然保护地理大区	自然保护地理地区	自然保护地理亚地区
东北大区Ⅰ	大兴安岭北部寒温带半湿润地区Ⅰ1	大兴安岭北段山地落叶针叶林亚地区Ⅰ1A
	大兴安岭南部温带半湿润地区Ⅰ2	大兴安岭中段针阔混交林亚地区Ⅰ2A
		大兴安岭南段森林草原亚地区Ⅰ2B
	小兴安岭温带半湿润地区Ⅰ3	小兴安岭北段丘陵针阔混交林亚地区Ⅰ3A
		小兴安岭南段山地针阔混交林亚地区Ⅰ3B
	东北平原温带湿润半湿润地区Ⅰ4	小兴安岭山前台地针阔混交林亚地区Ⅰ4A
		松嫩平原栽培植被与湿地亚地区Ⅰ4B
		大黑山台地针阔混交林亚地区Ⅰ4C
		辽河下游平原栽培植被与湿地亚地区Ⅰ4D
	长白山温带湿润半湿润地区Ⅰ5	三江平原栽培植被、湿地与针阔混交林亚地区Ⅰ5A
		张广才岭山地针阔混交林亚地区Ⅰ5B
		长白山山地针阔混交林亚地区Ⅰ5C
	辽东半岛暖温带半湿润地区Ⅰ6	龙岗山山地针阔混交林亚地区Ⅰ6A
		辽东半岛落叶阔叶林与湿地亚地区Ⅰ6B
华北大区Ⅱ	华北平原暖温带半湿润地区Ⅱ1	辽西冀东山地落叶阔叶林与湿地亚地区Ⅱ1A
		海河平原栽培植被与湿地亚地区Ⅱ1B
		太行山东侧栽培植被与落叶阔叶林亚地区Ⅱ1C
	山西高原暖温带半干旱地区Ⅱ2	冀北山地落叶阔叶林与草原亚地区Ⅱ2A
		晋北中山盆地落叶阔叶林与草原亚地区Ⅱ2B
		晋中山地落叶阔叶林亚地区Ⅱ2C
	陕北和陇中高原暖温带半干旱地区Ⅱ3	陕北高原切割塬落叶阔叶林与草原亚地区Ⅱ3A
		陕中高原南部落叶阔叶林与草原亚地区Ⅱ3B
	太行山南段和秦岭北坡暖温带半湿润地区Ⅱ4	陕南豫西栽培植被与山地落叶阔叶林亚地区Ⅱ4A
		甘南高原山地森林与草甸亚地区Ⅱ4B
		太行山南段山地落叶阔叶林与湿地亚地区Ⅱ4C
	黄淮平原暖温带半湿润地区Ⅱ5	黄淮平原栽培植被与湿地区Ⅱ5A
	山东半岛暖温带半湿润地区Ⅱ6	胶东低山丘陵落叶阔叶林区Ⅱ6A
		胶河平原栽培植被与落叶阔叶林区Ⅱ6B
		鲁中南山地落叶阔叶林区Ⅱ6C

续表

自然保护地理大区	自然保护地理地区	自然保护地理亚地区
东南大区Ⅲ	长江中下游北亚热带湿润地区Ⅲ1	江淮平原栽培植被与湿地亚地区Ⅲ1A
		大别山及周边栽培植被与常绿阔叶林亚地区Ⅲ1B
	长江中下游中亚热带湿润地区Ⅲ2	浙皖山地常绿阔叶林与湿地亚地区Ⅲ2A
		鄱阳湖平原栽培植被与湿地亚地区Ⅲ2B
		罗霄山脉北段山地常绿阔叶林亚地区Ⅲ2C
		湘中平原丘陵栽培植被与常绿阔叶林亚地区Ⅲ2D
		浙闽山地常绿阔叶林与湿地亚地区Ⅲ2E
		赣南山地常绿阔叶林与湿地亚地区Ⅲ2F
	东南南亚热带湿润地区Ⅲ3	戴云及周边山地常绿阔叶林亚地区Ⅲ3A
		南岭东段山地常绿阔叶林亚地区Ⅲ3B
		南岭西段山地常绿阔叶林亚地区Ⅲ3C
		黔桂石灰岩丘陵山地常绿阔叶林亚地区Ⅲ3D
		粤桂丘陵山地常绿阔叶林与湿地亚地区Ⅲ3E
		闽粤沿海山地常绿阔叶林与湿地亚地区Ⅲ3F
	台湾岛热带亚热带湿润地区Ⅲ4	台湾西部平原栽培植被与湿地亚地区Ⅲ4A
		台湾东部山地常绿阔叶林亚地区Ⅲ4B
		台湾地区热带雨林季雨林与湿地亚地区Ⅲ4C
	华南热带湿润地区Ⅲ5	雷州半岛台地栽培植被与湿地亚地区Ⅲ5A
		十万大山热带雨林季雨林与湿地亚地区Ⅲ5B
	海南岛热带湿润地区Ⅲ6	海南岛北部平原栽培植被与湿地亚地区Ⅲ6A
		海南岛南部山地热带雨林季雨林与湿地亚地区Ⅲ6B
中南大区Ⅳ	秦巴山地北亚热带湿润地区Ⅳ1	秦岭东部栽培植被与常绿阔叶林亚地区Ⅳ1A
		大巴山北段常绿阔叶林亚地区Ⅳ1B
		秦岭中段常绿阔叶林亚地区Ⅳ1C
		米仓山北段常绿阔叶林亚地区Ⅳ1D
		岷山常绿阔叶林亚地区Ⅳ1E
	四川盆地及边缘山地北亚热带湿润地区Ⅳ2	大巴山脉南段常绿阔叶林与湿地亚地区Ⅳ2A
		四川盆地栽培植被与湿地亚地区Ⅳ2B
		川西山地常绿阔叶林与高山草甸亚地区Ⅳ2C

续表

自然保护地理大区	自然保护地理地区	自然保护地理亚地区
	贵州高原及边缘山地北亚热带湿润地区Ⅳ3	武陵山常绿阔叶林亚地区Ⅳ3A
		雪峰山常绿阔叶林亚地区Ⅳ3B
		贵州高原常绿阔叶林亚地区与石灰岩溶洞亚地区Ⅳ3C
	横断山北部北亚热带湿润半湿润地区Ⅳ4	怒江澜沧江切割山地常绿阔叶林与高山植被亚地区Ⅳ4A
		金沙江切割山地常绿阔叶林与高山植被亚地区Ⅳ4B
	横断山南部中亚热带湿润地区Ⅳ5	川南山地常绿阔叶林亚地区Ⅳ5A
		云南高原栽培植被与常绿阔叶林亚地区Ⅳ5B
		怒江澜沧江平行峡谷常绿阔叶林亚地区Ⅳ5C
	西南热带亚热带湿润地区Ⅳ6	滇西山原常绿阔叶林亚地区Ⅳ6A
		滇中南亚高山常绿阔叶林亚地区Ⅳ6B
		滇南宽谷热带雨林季雨林亚地区Ⅳ6C
		滇东南低热高原常绿阔叶林与山地季雨林亚地区Ⅳ6D
		桂西南岩溶山原常绿阔叶林与山地季雨林亚地区Ⅳ6E
	喜马拉雅山东缘热带湿润地区Ⅳ7	喜马拉雅山南翼常绿阔叶林与山地季雨林亚地区Ⅳ7A
		喜马拉雅山东端常绿阔叶林与山地季雨林亚地区Ⅳ7B
内蒙古高原大区Ⅴ	西辽河温带半湿润半干旱地区Ⅴ1	西辽河平原及周边山地草原与针阔混交林亚地区Ⅴ1A
	内蒙古东部温带半干旱地区Ⅴ2	呼伦贝尔高原草原与湿地亚地区Ⅴ2A
		内蒙古高原东部草原亚地区Ⅴ2B
	鄂尔多斯高原及周边山地温带半干旱地区Ⅴ3	鄂尔多斯高原草原与荒漠草原亚地区Ⅴ3A
		贺兰山及周边草原与山地落叶阔叶林亚地区Ⅴ3B
		陇中高原北部切割山地草原与落叶阔叶林亚地区Ⅴ3C
西北大区Ⅵ	内蒙古西部温带干旱地区Ⅵ1	乌兰察布高原草原与荒漠草原亚地区Ⅵ1A
		阿拉善高原东部低地草原化荒漠与灌木化荒漠亚地区Ⅵ1B
		阿拉善高原及河西走廊荒漠亚地区Ⅵ1C

续表

自然保护地理大区	自然保护地理地区	自然保护地理亚地区
	北疆温带干旱半干旱地区Ⅵ2	阿尔泰山地草原与针叶林亚地区Ⅵ2A
		准噶尔盆地西部荒漠、山地草原与针叶林亚地区Ⅵ2B
		准噶尔盆地低地荒漠亚地区Ⅵ2C
		准噶尔东部荒漠与荒漠戈壁亚地区Ⅵ2D
		天山东段灌木、半灌木荒漠亚地区Ⅵ2E
		天山西段北麓荒漠、草原与针叶林亚地区Ⅵ2F
	南疆温带暖温带干旱地区Ⅵ3	天山西段南麓山地草原与针叶林亚地区Ⅵ3A
		吐鲁番—哈密盆地及周边荒漠与盆地绿洲亚地区Ⅵ3B
		北山及周边荒漠戈壁与荒漠草原亚地区Ⅵ3C
		塔里木盆地低地荒漠亚地区Ⅵ3D
		西昆仑山地低地荒漠与高山植被亚地区Ⅵ3E
青藏高原大区Ⅶ	昆仑山高寒干旱地区Ⅶ1	昆仑山西段高山高寒荒漠亚地区Ⅶ1A
		昆仑山东段高山高寒荒漠亚地区Ⅶ1B
		阿尔金山高寒植被与荒漠植被亚地区Ⅶ1C
	柴达木、祁连山干旱半干旱地区Ⅶ2	柴达木盆地荒漠亚地区Ⅶ2A
		祁连山西段高山盆地草原与针叶林亚地区Ⅶ2B
		祁连山东段高山草原、湿地与针叶林区亚地区Ⅶ2C
	羌塘高原高寒干旱地区Ⅶ3	中阿里山地高寒荒漠与荒漠草原亚地区Ⅶ3A
		羌塘高原北部高寒草原亚地区Ⅶ3B
		羌塘高原中部高寒草原亚地区Ⅶ3C
		羌塘高原南部高寒草原与干旱湿地亚地区Ⅶ3D
	藏东、青南高寒半湿润半干旱地区Ⅶ4	江河源高寒草原亚地区Ⅶ4A
		祁连山东端草原与山地森林亚地区Ⅶ4B
		青南高原宽谷高寒草原草甸亚地区Ⅶ4C
		川西藏东高寒灌丛与草甸亚地区Ⅶ4D
		澜沧江、金沙江上游切割山地高寒草原亚地区Ⅶ4E
		念青唐古拉山北段灌丛草原与高山植被亚地区Ⅶ4F
	藏南高寒半湿润半干旱地区Ⅶ5	西南阿里山地高寒荒漠与荒漠草原亚地区Ⅶ5A
		喜马拉雅山脉中部山地森林与高山植被亚地区Ⅶ5B
		雅鲁藏布江谷地灌丛与草原亚地区Ⅶ5C
		念青唐古拉山南段草原草甸与高山植被亚地区Ⅶ5D

续表

自然保护地理大区	自然保护地理地区	自然保护地理亚地区
南海诸岛大区Ⅷ	南海诸岛热带湿润地区Ⅷ1	东沙群岛热带珊瑚岛亚地区Ⅷ1A
		中沙群岛热带珊瑚岛亚地区Ⅷ1B
		西沙群岛热带珊瑚岛亚地区Ⅷ1C
		南沙群岛热带珊瑚岛亚地区Ⅷ1D

第十一节 《义务教育区域均衡发展监测、评价与预警》中的空间秩序

1. 概况

潘玉君、罗明东、张谦舵、施红星等于2014年在《义务教育区域均衡发展监测、评价与预警》一书中，在科学认识我国教育的改革与发展以及义务教育区域均衡重要性的基础上，主要从教育学和地理学交叉学科即教育地理学等多学科角度从事义务教育区域均衡——特别是像云南省这样的民族地区义务教育区域均衡问题的研究，主要阐述全国各省区尤其是欠发达地区和云南省各级区域义务教育发展及其均衡的测量、预警等问题；阐述义务教育发展及其均衡的预警、贡献，均包括省域指标体系和市县指标体系。

2. 结果

根据全国义务教育省域均衡发展指标体系和全国各省域义务教育差距的地理环境基础，本书第一卷对1995—2020年全国各省域义务教育发展程度差距、全国各省域义务教育发展预警差距和义务教育发展贡献差距进行评价分析。以2020年研究为例，结果如表9-9、表9-10和表9-11。

表9-9　2020年全国各省域义务教育发展程度差距与评价分析

指数	指数区间	省份
基础设施指数	2.80925—2.21784	广东、河南、山东
	1.66862—1.23170	江苏、四川、安徽、江西、浙江、湖南、河北
	1.13794—0.71641	广西、云南、贵州、山西、黑龙江、湖北、辽宁、甘肃、福建、新疆、陕西、重庆
	0.49875—0.13430	内蒙古、吉林、上海、海南、青海、宁夏、北京、天津、西藏

续表

指数	指数区间	省份
经费指数	2.50107	北京
	2.31885	上海
	1.82290—1.28669	浙江、江苏、四川、广东、山东
	1.15278—0.75581	天津、新疆、重庆、陕西、内蒙古、贵州、河南、河北、湖南、安徽、辽宁、黑龙江、甘肃
	0.69822—0.41463	湖北、吉林、山西、福建、江西、广西、青海、宁夏、云南、西藏、海南
资料指数	2.90422	广东
	2.18464—1.87973	山东、河南、江苏、浙江
	1.63273—1.08742	贵州、河北、湖南、辽宁、四川、江西、陕西、云南
	0.95278—0.14194	安徽、广西、福建、山西、湖北、新疆、甘肃、内蒙古、重庆、上海、黑龙江、北京、吉林、宁夏、海南、青海、天津、西藏
教具指数	3.34187	江苏
	3.31980	广东
	2.49934—1.91827	山东、上海、浙江
	1.40730—0.75481	北京、四川、辽宁、河北、河南、陕西、安徽、云南、湖南、山西
	0.67592—0.05709	新疆、福建、湖北、广西、贵州、黑龙江、江西、重庆、甘肃、吉林、天津、内蒙古、宁夏、青海、海南、西藏
师资指数	3.13976	广东
	2.32240—1.80542	河南、山东、河北、江苏
	1.35350—1.07082	浙江、四川、湖南、安徽、湖北、陕西、广西、云南
	0.92069—0.08200	山西、江西、辽宁、福建、贵州、新疆、吉林、黑龙江、北京、重庆、甘肃、内蒙古、上海、天津、青海、海南、宁夏、西藏
总指数	2.70456—2.04140	广东、山东、江苏
	1.78706—1.39164	河南、浙江、河北、四川
	1.14792—0.78942	上海、湖南、辽宁、安徽、陕西、北京、贵州、云南、江西、广西、湖北、山西、新疆、福建
	0.65100—0.19539	甘肃、黑龙江、重庆、内蒙古、吉林、天津、宁夏、青海、海南、西藏

表 9-10　　　　2020 年全国各省域义务教育发展预警差距

指数	警级	警态值	省份
基础设施指数	Ⅰ类安全区	1.00—0.78	广东、河南、山东
	Ⅱ类轻警区	0.57—0.30	江苏、四川、安徽、江西、浙江、湖南、河北、广西、云南、贵州、山西、黑龙江、湖北、辽宁
	Ⅲ类中警区	0.28—0.22	甘肃、福建、新疆、陕西、重庆
	Ⅳ类重警区	0.14—0.12	内蒙古、吉林
	Ⅴ类巨警区	0.07—0.00	上海、海南、青海、宁夏、北京、天津、西藏
经费指数	Ⅰ类安全区	1.00—0.67	北京、上海、浙江
	Ⅱ类轻警区	0.52—0.30	江苏、四川、广东、山东、天津、新疆、重庆、陕西
	Ⅲ类中警区	0.25—0.20	内蒙古、贵州、河南、河北、湖南、安徽、辽宁
	Ⅳ类重警区	0.17—0.10	黑龙江、甘肃、湖北、吉林、山西、福建、江西、广西
	Ⅴ类巨警区	0.09—0.00	青海、宁夏、云南、西藏、海南
资料指数	Ⅰ类安全区	1.00—0.63	广东、山东、河南、江苏、浙江
	Ⅱ类轻警区	0.54—0.34	贵州、河北、湖南、辽宁、四川、江西、陕西、云南
	Ⅲ类中警区	0.29—0.20	安徽、广西、福建、山西、湖北、新疆
	Ⅳ类重警区	0.17—0.10	甘肃、内蒙古、重庆
	Ⅴ类巨警区	0.09—0.00	上海、黑龙江、北京、吉林、宁夏、海南、青海、天津、西藏
教具指数	Ⅰ类安全区	1.00—0.67	江苏、广东、山东、上海
	Ⅱ类轻警区	0.57—0.30	浙江、北京、四川、辽宁、河北、河南、陕西
	Ⅲ类中警区	0.27—0.21	安徽、云南、湖南、山西
	Ⅳ类重警区	0.19—0.10	新疆、福建、湖北、广西、贵州、黑龙江、江西、重庆、甘肃、吉林、天津
	Ⅴ类巨警区	0.08—0.00	内蒙古、宁夏、青海、海南、西藏
师资指数	Ⅰ类安全区	1.00—0.65	广东、河南、山东、河北
	Ⅱ类轻警区	0.56—0.32	江苏、浙江、四川、湖南、安徽、湖北、陕西、广西、云南
	Ⅲ类中警区	0.27—0.25	山西、江西、辽宁、福建、贵州
	Ⅳ类重警区	0.18—0.13	新疆、吉林、黑龙江、北京、重庆、甘肃、内蒙古、上海
	Ⅴ类巨警区	0.08—0.00	天津、青海、海南、宁夏、西藏

续表

指数	警级	警态值	省份
总指数	Ⅰ类安全区	1.00—0.63	广东、山东、江苏、河南
	Ⅱ类轻警区	0.58—0.30	浙江、河北、四川、上海、湖南、辽宁、安徽、陕西、北京、贵州、云南、江西
	Ⅲ类中警区	0.27—0.24	广西、湖北、山西、新疆、福建
	Ⅳ类重警区	0.18—0.10	甘肃、黑龙江、重庆、内蒙古、吉林、天津
	Ⅴ类巨警区	0.04—0.00	宁夏、青海、海南、西藏

表9-11　2020年全国各省域义务教育发展贡献差距

指数	指数区间	省份
小学贡献指数	3.73152	广东
	3.57125	河南
	2.09336—1.52050	山东、四川、安徽、贵州、云南、江西
	1.17385—0.54753	广西、山西、浙江、河北、湖南、甘肃、江苏、湖北、陕西、新疆、福建、重庆、辽宁
	0.40084—0.11188	黑龙江、内蒙古、吉林、海南、宁夏、青海、北京、上海、西藏、天津
初中贡献指数	3.07995	广东
	2.90443	河南
	2.00279	四川
	1.73480	福建
	1.52125—0.78215	贵州、安徽、江苏、湖北、云南、山东、河北、陕西、广西、山西、甘肃、湖南、江西、新疆、浙江、重庆
	0.57656—0.09191	辽宁、黑龙江、内蒙古、吉林、海南、宁夏、上海、青海、西藏、天津、北京
总指数	3.40573	广东
	3.23784	河南
	1.85590—1.45807	四川、山东、安徽、贵州、云南
	1.20965—0.88920	江苏、江西、福建、广西、山西、湖北、河北、浙江、湖南、甘肃、陕西
	0.75009—0.11002	新疆、重庆、辽宁、黑龙江、内蒙古、吉林、海南、宁夏、青海、上海、北京、西藏、天津

根据区域义务教育指标体系和省域义务教育差距的地理环境基础，本书第二卷对云南省 16 个市州和 129 个县区进行义务教育发展程度、发展预警和发展贡献区域差距监测与评价。以昆明市为例，结果如表 9-12 和表 9-13。

表 9-12　　昆明市各县区义务教育发展程度区域差距监测

指数	极差	类极差	CV
教育机会指数	0.10880	0.08595	0.03447
教育质量指数	0.95669	0.93009	1.34490
办学条件指数	0.86899	0.80392	0.47473
师资指数	0.57256	/	0.18289
多样性指数	3.39473	3.29284	1.25363
总指数	0.97692	0.91756	0.41863

表 9-13　　昆明市各县区义务教育发展预警差距

指数	警级	警态值	县区
教育机会指数	Ⅰ类安全区	0.90—0.60	呈贡县、官渡区、盘龙区、五华区、石林县、禄劝县、安宁市
	Ⅱ类轻警区	0.57—0.43	寻甸县、嵩明县、西山区、富民县、晋宁县、东川区、宜良县
教育质量指数	Ⅰ类安全区	0.99—0.65	官渡区、宜良县、禄劝县、晋宁县、富民县、盘龙区、嵩明县、东川区、安宁市
	Ⅱ类轻警区	0.59—0.32	寻甸县、五华区、石林县、呈贡县、西山区
办学条件指数	Ⅱ类轻警区	0.54—0.33	官渡区、五华区、寻甸县、盘龙区、禄劝县、宜良县、西山区
	Ⅲ类中警区	0.28—0.20	嵩明县、石林县、晋宁县
	Ⅳ类重警区	0.17	东川区
		0.15	安宁市
	Ⅴ类巨警区	0.08	呈贡县
		0.04	富民县

续表

指数	警级	警态值	县区
师资指数	Ⅱ类轻警区	0.33—0.30	官渡区、五华区、寻甸县、西山区
	Ⅲ类中警区	0.26—0.20	禄劝县、盘龙区、宜良县
	Ⅳ类重警区	0.19—0.15	嵩明县、东川区、安宁市、石林县、晋宁县
	Ⅴ类巨警区	0.08	呈贡县、富民县
教育多样性指数	Ⅰ类安全区	0.86	五华区、盘龙区、西山区
	Ⅲ类中警区	0.21	官渡区、宜良县
	Ⅳ类重警区	0.14	石林县、禄劝县、寻甸县
	Ⅴ类巨警区	0.07	东川区、呈贡县、晋宁县、富民县、嵩明县、安宁市
总指数	Ⅰ类安全区	0.64	五华区
		0.61	盘龙区
	Ⅱ类轻警区	0.55	西山区
		0.39	官渡区
	Ⅲ类中警区	0.28—0.27	宜良县、禄劝县、寻甸县
	Ⅳ类重警区	0.17—0.13	崇明县、晋宁县、石林县、东川区、安宁市
	Ⅴ类巨警区	0.09	富民县
		0.05	呈贡县

第十二节 《中国水文地理》中的空间秩序

刘昌明等于2014年从区域水文角度出发，总结了近60年来我国陆地水文水资源考察、观测和研究的成果，在统计分析大量水文气象实测资料的基础上，系统阐述了我国各类地表水体与地下水的分布和时空变化规律、有关水环境和水生态以及水资源的开发利用问题。该区划主要从水文循环的特点出发，一级分区根据宏观地形格局和气候类型两方面进行划分，二级分区主要考虑水热组合特征，以年干燥度为主要指标，参考热量差异和地形、气候、水文等因素进行划分，将全国分为3个一级区和15个二级区区划系统如表9-14。

表 9–14　　　　　　　　　中国水文分区方案

一级区	二级区
Ⅰ 东部季风区	I_1 东北中温冷温带半湿润平水区
	I_2 长白山中温带湿润丰水区
	I_3 华北暖温带半湿润半干旱平水、少水区
	I_4 中部北亚热带半湿润平水区
	I_5 江南亚热带湿润丰水区
	I_6 云贵高原亚热带暖湿多水区
	I_7 岭南南亚热带湿润丰水区
	I_8 热带及南海海岛湿润多水区
Ⅱ 西北内陆干旱区	II_1 内蒙古草原—荒漠草原干旱区
	II_2 内陆沙漠极端干旱区
	II_3 内陆高山冷湿多水区
Ⅲ 青藏高原区	III_1 东部外流冷湿多水区
	III_2 柴达木盆地高原荒漠干旱区
	III_3 西北内陆冷干少水区
	III_4 南部外流温湿多水区

第十三节　《中国民族地理》中的空间秩序

潘玉君等在科学认识中国各民族、各地区差距和特征的基础上，遵循"从定性到定量的综合集成法"的指导方法，选取了区域民族地理相关的若干定性和定量要素在省域尺度上进行分区研究，在一定程度上对区域民族同其他要素组合情况的宏观归纳，有助于客观认识我国民族集中和扩散状况、维系民族关系稳定和维护国家边疆安全。以全国 34 个省级行政区为单位，实际划分中采用相关省域的行政区划界线，于 2014 年对我国民族地理分区进行划分，得到了 6 个民族地理分区的区划方案，即东北民族区、北部民族区、西北民族区、西南民族区、东南民族区和中部民族区。区划系统如表 9–15。

表 9-15　　中国民族地理分区（区划）方案

民族区	所辖省域范围	地理基础	空间结构	区域特征
东北民族区	吉林 辽宁 黑龙江	地处我国东北部，约 118°—135° E、38°—53° N 之间。生态区主要为寒温带湿润、中温带湿润或半湿润地区，耕地、森林、矿产资源丰富，湿地广布并有多年冻土分布，是我国重要的商品粮生产基地	新石器时代中晚期，本区属于北方文化区。民族人口数量分布较多的为满族、朝鲜族、蒙古族、回族和锡伯族；少数民族比重分布较高的为朝鲜族、锡伯族、赫哲族、满族和鄂伦春族	文字使用以汉字为主，兼有朝鲜文、锡伯文；民族区域特点表现为：民族多发源于山林，以从事传统的渔猎活动为主，对气候寒冷、森林茂密、河网密集、动植物资源丰富的自然环境具有较高的适应性；该区经济、社会发展水平略低于全国平均水平
北部民族区	甘肃 宁夏 内蒙古	地处我国北部，约 92°—126° E、32°—53° N 之间。生态区多为中温带和暖温带的干旱、半干旱地区，区内温带草原分布较广，草场资源丰富，是我国重要的畜产品和粮食生产基地	新石器时代中晚期，本区属于黄河上游西部文化区。民族人口数量分布较多的为蒙古族、回族、藏族、东乡族和满族；少数民族比重分布较高的为保安族、撒拉族、裕固族、东乡族和鄂温克族	文字使用以汉字为主，兼有蒙文、藏文；民族区域特点表现为：生产方式以游牧活动为主，同时也存游牧与农耕或渔猎并举的生产方式，民族对广袤草原以及草原—森林、草原—平原过渡的自然环境表现出较高的适应性。该区经济、社会发展水平略低于全国平均水平

续表

民族区	所辖省域范围	地理基础	空间结构	区域特征
西北民族区	青海 新疆 西藏	地处我国北部，约73°—103°E，26°—49°N之间。生态区多为中温带、高原亚寒带、温带的干旱和半干旱地区，区内地貌多表现为高原、山地和盆地，高寒冻土、干旱荒漠广布，区域资源的开发利用极为困难，工业生产与人类活动主要集中分布于绿洲地区	新石器时代中晚期，以本区东部地区为重心形成了八大区域文化之一的黄河上游西部文化区。同时，该区的东北部是民族走廊中"西北走廊"的相关地带，东南部是民族走廊中"藏彝走廊"的相关地带。从少数民族人口数量和各少数民族占该民族总人口比重来看：①区内少数民族人口数量分布较多的依次有维吾尔族、藏族、回族、哈萨克族和蒙古族5个民族；区内少数民族人口数量分布较少的民族依次有德昂族、基诺族、阿昌族、鄂伦春族和布朗族等约17个民族。②区内各少数民族比重分布较高的民族依次为维吾尔族、柯尔克孜族、哈萨克族、乌孜别克族和珞巴族等8个民族；人口比重分布较少的民族依次有哈尼族、傣族、阿昌族、拉祜族和德昂族等20个民族	该区少数民族分布较多，民族使用的文字以汉字为主，兼有维吾尔文、蒙古文、哈萨克文和藏文等其他文字；该区是蒙古族、维吾尔族、哈萨克族、柯尔克孜族、塔吉克族、土族、撒拉族、藏族、门巴族和珞巴族等民族的文化核心区。西北民族区的民族区域特点表现为：生产方式以畜牧和绿洲农业为主，民族对高原、沙漠、戈壁等极端自然环境表现出较高的适应性，民族都有坚定的精神信仰

续表

民族区	所辖省域范围	地理基础	空间结构	区域特征
西南民族区	云南 贵州 广西 四川 重庆	位于我国西南部，约97°—112°E，21°—34°N之间。生态区多为中亚热带、南亚热带、边缘热带的湿润地区，以山地高原地貌为主，喀斯特地貌发育显著。降水丰沛、森林植被广布	新石器时代中晚期，本区内形成了以四川盆地成都平原为重心的长江上游西南文化区。从少数民族人口数量和各少数民族占该民族总人口比重来看：①区内少数民族人口数量分布较多的依次有壮族、彝族、苗族、土家族和布依族5个民族；区内少数民族人口数量分布较少的民族依次有塔吉克族、乌孜别克族、塔塔尔族、鄂伦春族和裕固族5个民族，其人口数量均在百人以下。②区内各少数民族比重分布较高的民族依次有基诺族、普米族、德昂族、哈尼族和纳西族等23个民族；人口比重分布较少的民族依次有塔吉克族、维吾尔族和柯尔克孜族3个民族	该区少数民族分布较多，民族使用的文字以汉字为主，其他为壮文、苗文、彝文、布依文等文字；民族使用的语言类型除汉语外，主要有汉藏语系壮侗语族壮傣语、汉藏语系藏缅语族彝语等其他语言类型，该民族区是我国少数民族语言危险等级最高和濒危语种类最多的地区；该区是藏族、彝族、白族、哈尼族、傣族等27个民族的文化核心区。区域民族以多样性为特点，表现在民族种类、语言文字、生产方式、民居建筑、宗教信仰以及饮食文化等诸多方面。自然环境的整体性、分异性以及人地性规律对本区内各民族的影响最为明显，而区内各民族在长期的生产、生活中也以多样的民族文化与之相适应

续表

民族区	所辖省域范围	地理基础	空间结构	区域特征
东南民族区	湖北 湖南 安徽 江苏 上海 江西 浙江 广东 福建 海南 台湾	东南民族区地处我国东南地区，约108°—124°E、3°—35°N之间。该民族区内的生态区多为热带湿润地区，降水丰富，河网密布，农业、海洋资源丰富	新石器时代中晚期，该区内形成了以两湖平原为重心的长江中游文化区，以太湖地区为重心的长江下游东南文化区和以两广地区为重心的南方文化区三大区域文化区。从少数民族人口数量和各少数民族占该民族总人口比重来看：①区内少数民族人口数量分布较多的依次有土家族、苗族、黎族、壮族、侗族和瑶族6个民族；区内少数民族人口数量分布较少的民族依次有珞巴族、保安族、塔塔尔族和基诺族4个民族。②区内各少数民族比重分布较高的民族依次为畲族、黎族和土家族3个民族；人口比重分布较少的民族依次有维吾尔族、东乡族、藏族、柯尔克孜族	该区的少数民族使用的文字以汉字为主，其他有苗文、黎文、壮文、侗文等文字。东南民族区的区域民族特征表现为：以农业生产活动为主，稻米种植和传统渔业具有代表性；宗教形式原始，建筑风格以较为统一的"干栏式"民居为主；区内民族对热带、亚热带的湿润气候，山地、平原的组合地貌等自然环境的适应性较为明显

续表

民族区	所辖省域范围	地理基础	空间结构	区域特征
中部民族区	陕西 山西 河南 河北 北京 天津 山东	中部民族区地处我国中部地区，约105°—122°E，31°—42°N之间，该民族区内的生态区多为暖温带湿润、半湿润、半干旱地区和北亚热带湿润地区，平原、丘陵、高原兼备，黄土广布，植被以温带落叶阔叶林为主	新石器时代中晚期，该区内形成了以豫西、晋南、关中为重心的黄河中游文化区，以山东为重心的黄河下游东方文化区和以甘青地区为重心的黄河上游西部文化区三个区域文化区。从少数民族人口数量和各少数民族占该民族总人口比重来看：①区内少数民族人口数量分布较多的依次有满族、回族、蒙古族和朝鲜族4个民族，区内少数民族人口数量分布较少的民族依次有珞巴族、保安族、塔塔尔族、基诺族和德昂族5个民族；②区内各少数民族比重分布较高的民族依次为高山族、满族和回族3个民族；人口比重分布较少的民族依次有东乡族、塔塔尔族、维吾尔族、柯尔克孜族和保安族等24个民族	该区少数民族分布较少，民族使用的文字以汉字为主。兼具蒙文等其他文字。该区是汉族和蒙古族的民族文化核心区。中部民族区所具有的民族区域特点为：民族多发源于平原地区，以从事传统的农耕活动为主，民族对宜耕宜居的平原环境具有较高的适应性，民族文化的继承与发展比较完善，具有极强的包容性

第十四节 《教育地理区划研究——云南省义务教育地理区划实证与方案》中的空间秩序

《教育地理区划研究——云南省义务教育地理区划实证与方案》一书由潘玉君等著，并由科学出版社于 2015 年出版，该书涉及的空间秩序如下。

1. 地理区划及义务教育地理区划

区域的研究侧重于地域（或区域）系统和类型系统等研究角度。区域的地域系统研究最重要的工作是在区域分异研究及其所确定分异格局基础上的区划研究，其成果为区划方案。区划有很多类型，根据研究对象，区划可以包括自然地理区划、人文地理区划和综合地理区划。其中，人文地理区划包括人文地理要素区划和综合人文地理区划。在人文地理要素区划中包括教育区划、民族区划、文化区划以及政治区划等人文地理要素区划。教育地理区划是教育地理学和区域教育地理的重要研究内容。在教育地理区划中，根据教育类型可以划分为义务教育地理区划、高等教育地理区划、职业教育地理区划以及特殊教育地理区划等多种类型教育地理区划。这些区划在理论、方法和实践上都是富有挑战性的前沿领域，尚缺少系统研究，更鲜见系统成果。

义务教育地理区划根据区域尺度——区域范围尺度和区域解析尺度划分为：①以国家为范围尺度的义务教育地理区划，诸如国家省域义务教育地理区划、国家市域义务教育地理区划、国家县域义务教育地理区划；②以省域为范围尺度的义务教育地理区划，诸如省域市域义务教育地理区划、省域县域义务教育地理区划、省域乡域义务教育地理区划、省域村域义务教育地理区划；③以市域为范围尺度的义务教育地理区划，诸如市域县域义务教育地理区划、市域乡域义务教育地理区划和市域村域义务教育地理区划；④以县域为范围尺度的义务教育地理区划，诸如县域乡域义务教育地理区划和县域村域义务教育地理区划。义务教育地理区划根据客体——义务教育综合体、义务教育承载综合体和义务教育地域综合体划分为：义务教育综合体区划、义务教育承载综合体区划和义务教育地域综合体区划。义务教育地理区划根据区域尺度和客体种类，可以有更系统的划分。本书所研究和阐述的是以省域为区域范围尺度，以县域为区域解析尺度，以义务教育综合体为客体（包括分指数和综合指数）的义务教育地理区划及其方案。

2. 云南省义务教育区划基本方案

在科学认识云南省义务教育县域背景、县域特征和县域差距的基础上，本书根据均质性原则、完整性原则、综合—主导性原则，运用"自下而上的区域合并"的方法，对云南省进行了义务教育区的划分，得到"云南省义务教育区划基本方案"，大体上有以下几个方面：第一，云南省划分为 8 个义务教育大区；第二，在某一个"义务教育大区"中划分为若干个"义务教育区"；第三，在某一个"义务教育区"中包含若干个县（市、区）。结果如表 9 – 16。

表 9 – 16　　　　　　云南省义务教育区划基本方案简表

符号	义务教育大区	符号	义务教育区	所辖县（市、区）
Ⅰ	昆玉义务教育大区	Ⅰa	昆明义务教育区	五华区、盘龙区、西山区、官渡区、呈贡县
		Ⅰb	玉溪义务教育区	红塔区
		Ⅰc	安晋义务教育区	安宁市、晋宁县
Ⅱ	保普义务教育大区	Ⅱa	孟西义务教育区	西盟县、孟连县
		Ⅱb	瑞禄义务教育区	瑞丽市、潞西市、梁河县、盈江县、陇川县、墨江县、景东县、景谷县、昌宁县、镇沅县、临翔区、云县、镇康县、双江县、耿马县、沧源县、双柏县、易门县、峨山县、新平县、施甸县、龙陵县、禄丰县
		Ⅱc	思普义务教育区	思茅区、宁洱县、澜沧县
		Ⅱd	腾隆义务教育区	隆阳区、腾冲县
		Ⅱe	楚雄义务教育区	楚雄市

续表

符号	义务教育大区	符号	义务教育区	所辖县（市、区）
Ⅲ	麒蒙义务教育大区	Ⅲa	红元义务教育区	红河县、元阳县、元江县
		Ⅲb	马建义务教育区	马龙县、师宗县、陆良县、宜良县、石林县、江川县、澄江县、通海县、华宁县、石屏县、泸西县、建水县
		Ⅲc	个弥义务教育区	个旧市、蒙自县、弥勒县、开远市
		Ⅲd	麒富义务教育区	麒麟区、罗平县、富源县
Ⅳ	宣富义务教育大区	Ⅳa	东会义务教育区	东川区、会泽县
		Ⅳb	宣嵩义务教育区	宣威市、沾益县、富民县、寻甸县、嵩明县
Ⅴ	勐广义务教育大区	Ⅴa	红河义务教育区	江城县、绿春县、金平县、屏边县、河口县
		Ⅴb	文山义务教育区	文山县、砚山县、西畴县、麻栗坡县、马关县、广南县、富宁县、丘北县
		Ⅴc	版纳义务教育区	景洪市、勐海县、勐腊县
Ⅵ	楚大义务教育大区	Ⅵa	洱川义务教育区	洱源县、云龙县、剑川县、鹤庆县、宾川县
		Ⅵb	永禄义务教育区	永平县、漾濞县、弥渡县、南涧县、巍山县、牟定县、南华县、姚安县、大姚县、永仁县、元谋县、武定县、凤庆县、永德县、禄劝县
		Ⅵc	大理义务教育区	大理市、祥云县
Ⅶ	昭通义务教育大区	Ⅶa	镇彝义务教育区	镇雄县、大关县、威信县、彝良县
		Ⅶb	鲁巧义务教育区	鲁甸县、巧家县
		Ⅶc	永水义务教育区	永善县、盐津县、绥江县、水富县
		Ⅶd	昭阳义务教育区	昭阳区
Ⅷ	迪怒义务教育大区	Ⅷa	怒江义务教育区	德钦县、维西县、泸水县、福贡县、贡山县
		Ⅷb	永华义务教育区	永胜县、宁蒗县、华坪县
		Ⅷc	古香义务教育区	古城区、玉龙县、香格里拉县、兰坪县

第十五节 《中国新型城镇化综合区划》中的空间秩序

2015年，中国学者方创琳等从新型城镇化主体区、粮食主产区、农林牧地区、连片扶贫地区、民族自治地区和国家重点生态功能区六大空间类型区域入手，结合国家主体功能区规划、中国生态区划、中国综合农业区划和中国城市群发展格局等方案，从定性与定量相结合的角度将全国新型城镇化区域划分为城市群地区城镇化发展区、粮食主产区城镇化发展区、农林牧地区城镇化发展区、连片扶贫区城镇化发展区、民族自治区城镇化发展区共5大类型区、47个亚区，其分区统计指标计算如表9-17。

表9-17 中国新型城镇化发展的综合区划统计指标计算表（2013）

大区（亚区）名称	面积比重（%）	人口比重（%）	人口密度（人/km²）	城镇人口比重（%）	城镇化水平（%）	GDP比重（%）	经济密度（万元/km²）
城市群地区城镇化发展区	25.82	62.83	340	78.42	45.43	80.57	1420.50
京津冀城市群	1.90	6.30	463	10.11	60.48	9.06	2169.77
长江三角洲城市群	1.14	6.33	772	11.28	66.50	16.17	6430.00
珠江三角洲城市群	0.58	2.25	546	4.71	71.83	8.62	6819.93
长江中游城市群	2.94	8.44	402	8.35	36.33	7.32	1135.07
成渝城市群	2.50	8.07	450	10.32	43.86	5.31	965.17
哈长城市群	2.92	3.46	166	4.23	41.84	3.74	583.97
辽中南城市群	1.22	2.77	318	4.11	52.85	4.49	1674.91
山东半岛城市群	1.17	4.68	556	5.31	46.29	7.47	2896.22
中原城市群	0.61	3.39	773	3.00	30.29	3.06	2273.18
关中城市群	0.93	2.19	330	2.05	32.02	1.58	773.44
江淮城市群	0.74	2.27	427	2.73	41.25	2.02	1242.69
海峡西岸城市群	0.87	3.90	625	3.50	39.52	4.10	2144.65
广西北部湾城市群	0.76	1.69	312	0.91	38.37	0.98	587.25
天山北坡城市群	0.62	0.31	70	0.70	76.60	0.56	410.48
呼包鄂榆城市群	3.08	1.11	50	1.25	38.52	2.35	347.61
晋中城市群	0.93	1.48	222	1.73	40.16	1.27	622.67
宁夏沿黄城市群	0.54	0.37	94	0.50	46.89	0.33	279.51
兰西城市群	0.79	1.04	185	0.92	30.46	0.57	328.48

续表

大区（亚区）名称	面积比重（%）	人口比重（%）	人口密度（人/km²）	城镇人口比重（%）	城镇化水平（%）	GDP比重（%）	经济密度（万元/km²）
黔中城市群	0.57	1.23	299	1.36	38.03	0.58	461.00
滇中城市群	1.00	1.54	215	1.35	36.62	0.98	444.59
粮食主产区城镇化发展区	20.80	18.97	121	10.02	30.43	13.02	284.91
东北粮食主产区	7.30	2.08	40	1.75	35.33	3.91	243.73
内蒙古粮食主产区	4.81	0.12	4	0.13	34.61	0.85	80.07
黄淮海粮食主产区	3.12	11.35	508	5.1	27.49	4.17	608.22
长江中下游粮食主产区	2.15	4.41	221	2.32	36.86	3.52	742.83
西南粮食主产区	3.42	1.01	41	0.72	31.19	0.59	77.90
农林牧地区城镇化发展区	6.21	6.77	133	4.73	27.16	4.12	298.53
东南丘陵农林牧地区	1.35	1.96	181	1.35	26.31	1.15	387.67
南岭农林牧地区	0.84	1.85	306	1.45	26.86	0.99	533.13
海南及南海诸岛农林牧地区	0.52	0.95	172	0.63	33.20	0.82	715.10
黄土高原农林牧地区	1.12	1.70	174	1.05	25.84	0.70	283.79
河西走廊农林牧地区	2.44	0.32	18	0.25	27.13	0.45	84.71
连片扶贫区城镇化发展区	18.25	8.82	67	4.04	21.91	1.13	28.18
大兴安岭南麓山区	0.84	0.27	45	0.19	23.64	0.13	69.12
燕山—太行山区	0.92	0.53	80	0.25	24.89	0.11	53.83
大别山区	0.66	1.74	370	0.54	22.49	0.09	64.71
六盘山区	0.73	0.62	119	0.36	19.82	0.10	59.80

续表

大区（亚区）名称	面积比重（%）	人口比重（%）	人口密度（人/km²）	城镇人口比重（%）	城镇化水平（%）	GDP比重（%）	经济密度（万元/km²）
秦巴山区	1.01	0.82	114	0.32	21.55	0.11	49.44
武陵山区	0.39	0.44	155	0.31	24.07	0.10	112.28
滇桂黔石漠化区	1.91	1.59	116	0.74	20.30	0.05	12.34
乌蒙山区	0.34	0.57	234	0.34	20.47	0.11	148.84
滇西边境山区	2.51	1.53	85	0.66	23.72	0.06	10.76
四省藏区	4.45	0.23	7	0.12	18.59	0.15	14.91
新疆南疆三地州	4.50	0.50	16	0.21	19.76	0.13	13.31
民族自治区城镇化发展区	28.92	2.61	13	2.79	36.60	1.16	18.26
西藏藏族自治地区	12.52	0.22	3	0.15	22.67	0.16	5.78
新疆维吾尔自治地区	11.59	0.65	8	0.75	39.24	0.36	14.07
广西壮族自治地区	0.81	1.31	226	1.26	32.85	0.24	133.45
延边朝鲜族自治地区	0.45	0.17	52	0.35	70.35	0.18	185.78
海西蒙古族藏族自治地区	3.14	0.04	2	0.07	70.08	0.13	18.95
湘西土家族苗族自治地区	0.41	0.22	73	0.21	33.67	0.09	100.24
全国	100.00	100.00	139.68	100.00	34.61	100.00	455.25

第十六节 中国"十三五"规划中的空间秩序

中华人民共和国国民经济和社会发展第十三个五年规划纲要，简称"十三五"规划（2016—2020），规划纲要依据《中共中央关于制定国民经济和社会发展第十三个五年规划的建议》编制，主要阐明国家战略意图，明确政府工作重点，引导市场主体行为，是2016—2020年中国经济社会发展的宏伟蓝图，是各族人民共同的行动纲领，是政府履行经济调节、市场监管、社会管理和公共服务职责的重要依据。我国在"十三五"规划中提出以下与空间秩序有关的内容：

优化城镇化布局和形态：加快构建以陆桥通道、沿长江通道为横轴，以沿海、京哈京广、包昆通道为纵轴，大中小城市和小城镇合理分布、协调发展的"两横三纵"城市化战略格局。

增强中心城市辐射带动功能：发展一批中心城市，强化区域服务功能。超大城市和特大城市要加快提高国际化水平，适当疏解中心城区非核心功能，强化与周边城镇高效通勤和一体化发展，促进形成都市圈。大中城市要加快产业转型升级，延伸面向腹地的产业和服务链，形成带动区域发展的增长节点。科学划定中心城区开发边界，推动城市发展由外延扩张式向内涵提升式转变。

加快发展中小城市和特色镇：以提升质量、增加数量为方向，加快发展中小城市。引导产业项目在中小城市和县城布局，完善市政基础设施和公共服务设施，推动优质教育、医疗等公共服务资源向中小城市和小城镇配置。加快拓展特大镇功能，赋予镇区人口10万以上的特大镇部分县级管理权限，完善设市设区标准，符合条件的县和特大镇可有序改市。因地制宜发展特色鲜明、产城融合、充满魅力的小城镇。提升边境口岸城镇功能。

推动区域协调发展：以区域发展总体战略为基础，以"一带一路"建设、京津冀协同发展、长江经济带发展为引领，形成沿海沿江沿线经济带为主的纵向横向经济轴带，塑造要素有序自由流动、主体功能约束有效、基本公共服务均等、资源环境可承载的区域协调发展新格局。

第十七节　世界陆地哺乳动物地区划分中的空间秩序

2016年，墨西哥国立自治大学科学院 TANIA ESCALANTE 采用8°纬度—经度和4°纬度—经度两种不同空间尺度的地方化分析,得到了世界陆地哺乳动物的地方化面积。研究结果可用于提出次生空间同源性的假说,并对生物群的历史进行更好的推论。

第十八节 《长江经济带发展规划纲要》中的空间秩序

2016年,中共中央政治局召开会议,审议通过《长江经济带发展规划纲要》(以下简称《纲要》)。《纲要》围绕"生态优先、绿色发展"的基本思路,确立了长江经济带"一轴、两翼、三极、多点"的发展新格局。纲要从规划背景、总体要求、大力保护长江生态环境、加快构建综合立体交通走廊、创新驱动产业转型升级、积极推进新型城镇化、努力构建全方位开放新格局、创新区域协调发展体制机制、保障措施等方面描绘了长江经济带发展的宏伟蓝图,是推动长江经济带发展重大国家战略的纲领性文件。根据《纲要》,确立了长江经济带"一轴、两翼、三极、多点"的发展新格局。具体划分结果如表9–18。

表9–18　　　　　长江经济带发展新格局划分系统

发展格局	范围	功能
一轴	以长江黄金水道为依托,发挥上海、武汉、重庆的核心作用,以沿江主要城镇为节点,构建沿江绿色发展轴	突出生态环境保护,统筹推进综合立体交通走廊建设、产业和城镇布局优化、对内对外开放合作,引导人口经济要素向资源环境承载能力较强的地区集聚,推动经济由沿海溯江而上梯度发展,实现上中下游协调发展
两翼	发挥长江主轴线的辐射带动作用,向南北两侧腹地延伸拓展,提升南北两翼支撑力	南翼以沪瑞运输通道为依托,北翼以沪蓉运输通道为依托,促进交通互联互通,加强长江重要支流保护,增强省会城市、重要节点城市人口和产业集聚能力,夯实长江经济带的发展基础

续表

发展格局	范围	功能
三极	以长江三角洲城市群、长江中游城市群、成渝城市群为主体，发挥辐射带动作用，打造长江经济带三大增长极	充分发挥上海国际大都市龙头作用，提升南京、杭州、合肥都市区国际化水平，以建设世界级城市群为目标，在科技进步、制度创新、产业升级、绿色发展等方面发挥引领作用，加快形成国际竞争新优势。长江中游城市群，增强武汉、长沙、南昌中心城市功能，促进三大城市组团之间的资源优势互补、产业分工协作、城市互动合作，加强湖泊、湿地和耕地保护，提升城市群综合竞争力和对外开放水平。成渝城市群，提升重庆、成都中心城市功能和国际化水平，发挥双引擎带动和支撑作用，推进资源整合与一体发展，推进经济发展与生态环境相协调
多点	三大城市群以外地级城市	发挥三大城市群以外地级城市的支撑作用，以资源环境承载力为基础，不断完善城市功能，发展优势产业，建设特色城市，加强与中心城市的经济联系与互动，带动地区经济发展

第十九节 "美丽中国"中的空间秩序

1. 概况

2018年6月24日，《关于全面加强生态环境保护坚决打好污染防治攻坚战的意见》提出"三线一单"即生态保护红线、环境质量底线、资源利用上线和环境准入负面清单，"三线一单"以社会主义生态文明观为指导，坚持绿色发展理念，以改善环境质量为核心，以生态保护红线、环境质量底线、资源利用上线为基础，将行政区域划分为若干环境管控单元，在一张图上落实生态保护、环境质量目标管理、资源利用管控要求，按照环境管控单元编制环境准入负面清单，构建环境分区管控体系。"三线一单"积累的技术、数据和成果将成为编制国土综合规划不可或缺的基础，并借此成为国土开发与保护制度的重要组成部分，是更加适应

"放管服"改革和市场经济特点的新型环境空间管制模式,也是生态环境保护参与国土空间精细化管理的重要手段。

2. 结果

目前全国所有省份、地市两级"三线一单"成果均完成发布,划定了4万多个环境管控单元,单元精度总体达到乡镇尺度,基本建立了覆盖全国的生态环境分区管控体系。

表9–19　　　　　　　　美丽中国区划方案

生态环境管控单元	释义
优先保护单元	指具有一定生态功能、以生态环境保护为主的区域
重点管控单元	指人口密集、资源开发强度较大、污染物排放强度相对较高的区域
一般管控单元	指除优先保护单元、重点管控单元以外的其他区域

第二十节　哈巴边区地表水区划中的空间秩序

1. 概况

2019年,张凯文等人通过梳理哈巴边区水文地理相关知识,对哈巴边区地表水进行区划,并分别从流域角度、行政区划角度对地表水区划进行分析。对哈巴边区水文地理进行研究可为黑龙江流域研究提供参考。

2. 结果

哈巴边区流域可分为大型河流流域、小型河流流域及内流区3种流域类型,分别标号为Ⅰ、Ⅱ、Ⅲ。其中大型河流流域按地理方位分为哈巴边区东北部大型河流流域、哈巴边区西部大型河流流域以及哈巴边区南部大型河流流域三个流域类型;小型河流流域按位置可分为东北部、中部和东南部3种沿海诸河水系流域。地表水区划自北向南以阿拉伯数字依次编号,共划分为18个地表水区划。

第二十一节　鲁教版高中《地理》(2019)教材中的空间秩序

2019年,鲁教版高中《地理》选择性必修一中,中国三大自然区示意图出现在第五单元第二节正文中，在讲环境特征一致性时展示出中国三大自然区分布示意图，与赵松乔的中国自然地理区划结果一致，也将我国划分为东部季风区、西北干旱半干旱区和青藏高寒区 3 大自然区。

第二十二节　湘教版高中《地理》（2019）教材中的空间秩序

2019 年湘教版高中《地理》选择性必修二中，中国三大自然区分布示意图出现在第一章第一节"探究"中，教材中侧重于 3 大自然区差异的主要表现，将全国分为东部季风区、西北干旱区和青藏高寒区。

第二十三节　《世界昆虫分布格局的聚类分析及地理区划》中的空间秩序

为了制定世界昆虫地理区划方案，按地形、气候等生态条件将世界陆地划分为 67 个基础地理单元，汇总世界 31 目 1208 科 104344 属昆虫在各地理单元的分布，用新提出的相似性通用公式和多元相似性聚类分析法进行定量分析，得到层次分明、结构合理的聚类实验：在相似性水平为 0.300 时，67 个基础地理单元聚成 20 个小单元群；在 0.200 时，聚成 7 个大单元群。2020 年，申效诚依此结果制定了 7 界、20 亚界的世界首个昆虫的地理区划方案，并分析了各界、各亚界的昆虫区系特征，提出了昆虫与动物、植物、微生物分布格局的同质性及建立世界生物地理区划方案的可能性。区划系统如表 9-20。

表 9-20　　　　　　　　世界昆虫地理区划方案

界	亚界
A. 西古北界	a. 欧洲亚界
	b. 地中海亚界
	c. 中亚亚界

续表

界	亚界
B. 东古北界	d. 西伯利亚亚界
	e. 东北亚亚界
	f. 中国亚界
C. 印度—太平洋界	g. 南亚亚界
	h. 印度尼西亚亚界
	i. 太平洋亚界
D. 非洲界	j. 中非亚界
	k. 南非亚界
	l. 马达加斯加亚界
E. 澳大利亚界	m. 西澳大利亚亚界
	n. 东澳大利亚亚界
	o. 新西兰亚界
F. 新北界	p. 北美亚界
	q. 中美亚界
G. 新热带界	r. 亚马孙亚界
	s. 阿根廷亚界
	t. 智利亚界

第二十四节 "国土空间规划"中的空间秩序

国土空间规划是国家空间发展的指南、可持续发展的空间蓝图，是各类开发保护建设活动的基本依据。建立国土空间规划体系并监督实施，将主体功能区规划、土地利用规划、城乡规划等空间规划融合为统一的国土空间规划，实现"多规合一"，强化国土空间规划对各专项规划的指导约束作用，是党中央、国务院作出的重大部署。2019年颁布的《中共中央 国务院关于建立国土空间规划体系并监督实施的若干意见》，正式提出我国将按照"自上而下、上下联动、压茬推进"的原则，启动编制全国、省级、市县和乡镇国土空间规划（规划至2035年，展望至2050年）。

各级各类空间规划在支撑城镇化快速发展、促进国土空间合理利用和有效保护方面发挥了积极作用，但也存在规划类型过多、内容重叠冲突，审批流程复杂、周期过长，地方规划朝令夕改等问题。建立全国统一、权责清晰、科学高效的国土空间规划体系，整体谋划新时代国土空间开发保护格局，综合考虑人口分布、经济布局、国土利用、生态环境保护等因素，科学布局生产空间、生活空间、生态空间，是加快形成绿色生产方式和生活方式、推进生态文明建设、建设美丽中国的关键举措，是坚持以人民为中心，实现高质量发展和高品质生活、建设美好家园的重要手段，是保障国家战略有效实施、促进国家治理体系和治理能力现代化、实现"两个一百年"奋斗目标和中华民族伟大复兴中国梦的必然要求。

其指导思想为：以习近平新时代中国特色社会主义思想为指导，全面贯彻党的十九大和十九届二中、三中全会精神，紧紧围绕统筹推进"五位一体"总体布局和协调推进"四个全面"战略布局，坚持新发展理念，坚持以人民为中心，坚持一切从实际出发，按照高质量发展要求，做好国土空间规划顶层设计，发挥国土空间规划在国家规划体系中的基础性作用，为国家发展规划落地实施提供空间保障。健全国土空间开发保护制度，体现战略性，提高科学性，强化权威性、加强协调性、注重操作性，实现国土空间开发保护更高质量、更有效率、更加公平、更可持续。

主要目标为：到2020年，基本建立国土空间规划体系，逐步建立"多规合一"的规划编制审批体系、实施监督体系、法规政策体系和技术标准体系；基本完成市县以上各级国土空间总体规划编制，初步形成全国国土空间开发保护"一张图"。到2025年，健全国土空间规划法规政策和技术标准体系；全面实施国土空间监测预警和绩效考核机制；形成以国土空间规划为基础，以统一用途管制为手段的国土空间开发保护制度。到2035年，全面提升国土空间治理体系和治理能力现代化水平，基本形成生产空间集约高效、生活空间宜居适度、生态空间山清水秀，安全和谐、富有竞争力和可持续发展的国土空间格局。

总体框架如下:

(1)分级分类建立国土空间规划。国土空间规划是对一定区域国土空间开发保护在空间和时间上作出的安排,包括总体规划、详细规划和相关专项规划。国家、省、市、县编制国土空间总体规划,各地结合实际编制乡镇国土空间规划。

表9-21　　　　　　　　　　国土空间规划类型

国土空间规划类型	内容
国土空间总体规划	是详细规划的依据、相关专项规划的基础
国土空间相关专项规划	是指在特定区域(流域)、特定领域,为体现特定功能,对空间开发保护利用作出的专门安排,是涉及空间利用的专项规划
国土空间详细规划	是对具体地块用途和开发建设强度等作出的实施性安排,是开展国土空间开发保护活动,包括实施国土空间用途管制、核发城乡建设项目规划许可,进行各项建设的法定依据

表9-22　　　　　　　　国土空间规划分级及编制重点

国土空间规划分级	编制重点	编制和审批部门
全国国土空间规划	是对全国国土空间作出的全局安排,是全国国土空间保护、开发、利用、修复的政策和总纲,侧重战略性	由自然资源部会同相关部门组织编制,由党中央、国务院审定后印发
省级国土空间规划	是对全国国土空间规划的落实,指导市县国土空间规划编制,侧重协调性	由省级政府组织编制,经同级人大常委会审议后报国务院审批
市级国土空间规划	是本级政府对上级国土空间规划要求的细化落实,是对本行政区域开发保护作出的具体安排,侧重实施性	需报国务院审批的城市国土空间总体规划,由市政府组织编制,经同级人大常委会审议后,由省级政府报国务院审批;其他市县及乡镇国土空间规划由省级政府根据当地实际,明确规划编制审批内容和程序要求
县级国土空间规划		
乡镇国土空间规划		

（2）强化对专项规划的指导约束作用。海岸带、自然保护地等专项规划及跨行政区域或流域的国土空间规划，由所在区域或上一级自然资源主管部门牵头组织编制，报同级政府审批；涉及空间利用的某一领域专项规划，如交通、能源、水利、农业、信息、市政等基础设施，公共服务设施，军事设施，以及生态环境保护、文物保护、林业草原等专项规划，由相关主管部门组织编制。相关专项规划可在国家、省和市县层级编制，不同层级、不同地区的专项规划可结合实际选择编制的类型和精度。

（3）在市县及以下编制详细规划。详细规划是对具体地块用途和开发建设强度等作出的实施性安排，是开展国土空间开发保护活动、实施国土空间用途管制、核发城乡建设项目规划许可、进行各项建设等的法定依据。在城镇开发边界内的详细规划，由市县自然资源主管部门组织编制，报同级政府审批；在城镇开发边界外的乡村地区，以一个或几个行政村为单元，由乡镇政府组织编制"多规合一"的实用性村庄规划，作为详细规划，报上一级政府审批。

国土空间规划报批审查的要点：按照"管什么就批什么"的原则，对省级和市县国土空间规划，侧重控制性审查，重点审查目标定位、底线约束、控制性指标、相邻关系等，并对规划程序和报批成果形式做合规性审查，其中省级国土空间规划审查要点包括：①国土空间开发保护目标；②国土空间开发强度、建设用地规模，生态保护红线控制面积、自然岸线保有率，耕地保有量及永久基本农田保护面积，用水总量和强度控制等指标的分解下达；③主体功能区划分，城镇开发边界、生态保护红线、永久基本农田的协调落实情况；④城镇体系布局，城市群、都市圈等区域协调重点地区的空间结构；⑤生态屏障、生态廊道和生态系统保护格局，重大基础设施网络布局，城乡公共服务设施配置要求；⑥体现地方特色的自然保护地体系和历史文化保护体系；⑦乡村空间布局，促进乡村振兴的原则和要求；⑧保障规划实施的政策措施；⑨对市县级规划的指导和约束要求等。

国务院审批的市级国土空间总体规划审查要点，除对省级国土空间规划审查要点的深化细化外，还包括：①市域国土空间规划分区和用途管制规则；②重大交通枢纽、重要线性工程网络、城市安全与综合防灾体系、地下空间、邻避设施等设施布局，城镇政策性住房和教育、卫生、养老、文化体育等城乡公共服务设施布局原则和标准；③城镇开发边界内，城市结构性绿地、水体等开敞空间的控制范围和均衡分布要求，各类历史文化遗存的保护范围和要求，通风廊道的格局和控制要求；城镇开发强度分区及容积率、密度等控制指标，高度、风貌等空间形态控制要求；④中心城区城市功能布局和用地结构等。

同时，在国土空间规划编制过程中，统一采用第三次全国国土调查数据作为规划现状底数和底图基础，统一采用2000国家大地坐标系和1985国家高程基准作为空间定位基础，各地应按此要求形成现状底数和底图基础。

第二十五节 《国土空间规划背景下的新疆国土空间综合发展区划》中的空间秩序

2020年，王向东等面向和服务于国土空间规划，遵循地域综合分区的基本原则和在GIS技术辅助下，采用定性和定量相结合的混合方法，开展新疆国土空间综合发展区划研究。构建由3个维度、7个因素和21个指标所构成的"3+7+21"综合发展评价指标体系，提出由2个地域、8个地带、35个片区所组成的"2+8+35"新疆国土空间综合发展区划框架，从多个角度对新疆各区域单元的综合发展定位进行概要阐述。

根据该方案，全疆包括北疆、南疆2个地域，北疆地域进一步分为天山北坡、伊犁河谷、北疆北部、北疆东部4个地带，南疆地域进一步分为天山南坡、南疆西南部、南疆中南部、南疆东部4个地带，北疆4个地区和南疆4个地区又可分别进一步分为17和18个片区。

表 9-23　国土空间规划背景下的新疆国土空间综合发展区划方案

地域	地带	片区
A. 北疆	a. 天山北坡	（1）博尔塔拉
		（2）克奎乌
		（3）石河子
		（4）乌鲁木齐
		（5）古城
		（6）吐鲁番
	b. 伊犁河谷	（7）伊犁河谷
		（8）巩喀河谷
		（9）昭特
	c. 北疆北部	（10）布哈吉
		（11）阿北福
		（12）塔额
		（13）和布克赛尔
		（14）富青
		（15）裕托
	d. 北疆东部	（16）巴伊
		（17）哈密
B. 南疆	e. 天山南坡	（18）乌柯阿
		（19）阿克苏
		（20）龟兹
		（21）库尔勒
		（22）焉耆
		（23）轮蔚
	f. 南疆西南	（24）阿乌
		（25）喀什
		（26）伽岳
		（27）巴图
		（28）阿英
		（29）叶尔羌
		（30）塔什库尔

续表

地域	地带	片区
B. 南疆	g. 南疆中南部	（31）皮山
		（32）和田
		（33）策于民
		（34）且末
	h. 南疆东部	（35）若羌

第二十六节 中国"十四五"规划中的空间秩序

依据《中华人民共和国国民经济和社会发展第十四个五年规划和2035年远景目标纲要》（简称"十四五"规划），"十四五"时期经济社会发展主要目标：经济发展取得新成效、改革开放迈出新步伐、社会文明程度得到新提高、生态文明建设实现新进步、民生福祉达到新水平、国家治理效能得到新提升。我国在"十四五"规划中提出以下与空间秩序有关的内容。

完善城镇化空间布局。发展壮大城市群和都市圈，分类引导大中小城市发展方向和建设重点，形成疏密有致、功能完善的城镇化空间格局。

推动城市群一体化发展。以促进城市群发展为抓手，全面形成"两横三纵"城镇化战略格局。优化城市群内部空间结构，构筑生态和安全屏障，形成多中心、多层级、多节点的网络型城市群。

建设现代化都市圈。依托辐射带动能力较强的中心城市，提高1小时通勤圈协同发展水平，培育发展一批同城化程度高的现代化都市圈。

优化提升超大特大城市中心城区功能。统筹兼顾经济、生活、生态、安全等多元需要。坚持产城融合，完善郊区新城功能，实现多中心、组团式发展。

优化国土空间开发保护格局。立足资源环境承载能力，发挥各地区比较优势，促进各类要素合理流动和高效集聚，推动形成主体功能明显、优势互补、高质量发展的国土空间开发保护新格局。

完善和落实主体功能区制度。顺应空间结构变化趋势，优化重大基础设施、重大生产力和公共资源布局，推动农业生产向粮食生产功能区、重要农产品生产保护区和特色农产品优势区集聚，优化生态安全屏障体系，逐步形成城市化地区、农产品主产区、生态功能区三大空间格局。细化主体功能区划分，按照主体功能定位划分政策单元，对重点开发地区、生态脆弱地区、能源资源富集地区等制定差异化政策，分类精准施策。加强空间发展统筹协调，保障国家重大发展战略落地实施。

提升重要功能性区域的保障能力。以农产品主产区、重点生态功能区、能源资源富集地区和边境地区等承担战略功能的区域为支撑，切实维护国家粮食安全、生态安全、能源安全和边疆安全，与动力源地区共同打造高质量发展的动力系统。

区域协调发展战略：深入推进西部大开发、东北全面振兴、中部地区崛起、东部率先发展，支持特殊类型地区加快发展，在发展中促进相对平衡。

第二十七节　中国陆域综合功能及其划分方案中的空间秩序

1. 概况

2022年，中国学者樊杰等围绕综合地理区划研究的理论难点，对中国陆域综合功能区的识别原理和划分方法开展创新性探索和研究，该研究以主体功能区划为基础，针对不同区域履行生态安全、粮食生产、城市化等综合地域功能的分异特征，运用功能指向的系统分类原理和结合空间规划的组织原理，按照不同层级区划目标不同但相互衔接、自上而下"分解"与自下而上"聚合"相结合的区划方法，并适应区划边界柔性化和区划方案动态化的客观要求，形成面向2035年和2050年的两套三级中国陆域综合功能区域的区划方案。该方案中一级区为4个单元，综合表征在自然环境分异的主导作用下，中国国土空间开发保护格局的相对稳定态势；二级区为12个单元，综合表征基于相对独立完整的自然承载体，构建中国创新链—产业链—供应链相匹配的新发展格局的总体布局方案；三级区为 80 个单元，综合表征省级可持续发展功能分区格局。该方案在探索人与自然系统相互作用的空间分异格局和可持续发展的区域模式方面，具有综合性强和政策应用性强的特征，可为优化国土空间开发保护格局提供科学依据。

2. 结果

①一级区划：东部北方区（Ⅰ）、东部南方区（Ⅱ）、西北内陆区（Ⅲ）和青藏高原区（Ⅳ）4 个分区单元，主要表征在自然环境分异的主导作用下、中国国土空间开发保护格局的相对稳定态势，如表 9-24。

②二级区划（共 12 个）：根据区域经济发展方向的一致性和区域经济一体化的前景，同时兼顾自然地理单元的相似性，内蒙古自治区、陕西省、山西省、甘肃省、安徽省、河南省、四川省等打破了省级行政界线，分属不同的二级区。总体看，Ⅰ、Ⅱ、Ⅲ、Ⅳ一级区分别包括 3 个、6 个、2 个、1 个二级区，如表 9-25。

③三级区划（共 80 个）：Ⅰ、Ⅱ、Ⅲ、Ⅳ一级区分别有 22 个、38 个、10 个、10 个三级区。分别以城市、农业、生态三类功能区面积占比降序排列，按照其累计面积占全国对应功能区面积 60% 时的比重作为阈值，即城市、农业、生态地区阈值分别为 34.00%、39.26%、76.00%，再综合分析其他两类功能区占比结构，将三级区分为 7 种类型，如表 9-26。

表 9-24　　陆域综合功能区划（2035）一级区主要属性特征

名称	代码	范围	地理单元构成
东部北方区	Ⅰ	秦岭、淮河以北及大兴安岭、乌鞘岭、六盘山以东	东北平原、华北平原、黄土高原
东部南方区	Ⅱ	秦岭—淮河线以南及横断山脉以东	长江中下游平原、江南丘陵、东南丘陵、云贵高原、四川盆地
西北内陆区	Ⅲ	昆仑山、阿尔金山、祁连山以北及大兴安岭、乌鞘岭、六盘山以西	内蒙古高原、塔里木盆地、天山山脉、准噶尔盆地、帕米尔高原
青藏高原区	Ⅳ	青藏高原	藏南谷地、藏北高原、柴达木盆地、青海高原、川藏高山峡谷区

表9-25　陆域综合功能区划（2035）二级综合功能区属性特征

名称	代码	城市群	地域文化
东北综合功能区	Ⅰ-1	哈长城市群、辽中南城市群	关东文化
京津冀综合功能区	Ⅰ-2	京津冀城市群	燕赵文化
黄河下游综合功能区	Ⅰ-3	关中平原城市群、晋中城市群、中原城市群、山东半岛城市群	黄土高原文化、中原文化、齐鲁文化
长江三角洲综合功能区	Ⅱ-1	长江三角洲城市群	吴越文化
长江中游综合功能区	Ⅱ-2	长江中游城市群	荆湘文化、鄱阳湖文化
海峡两岸综合功能区	Ⅱ-3	粤闽浙沿海城市群	台湾海峡两岸文化
粤港澳综合功能区	Ⅱ-4	粤港澳大湾区	岭南文化
川渝综合功能区	Ⅱ-5	成渝城市群	巴蜀文化
滇桂黔综合功能区	Ⅱ-6	滇中城市群、黔中城市群、北部湾城市群	西南少数民族农业文化
黄河几字弯综合功能区	Ⅲ-1	兰西城市群、宁夏沿黄城市群、呼包鄂榆城市群	黄土高原文化、内蒙古文化
西北综合功能区	Ⅲ-2	天山南北坡城市群、喀什都市圈	新疆文化、内蒙古文化
青藏高原综合功能区	Ⅳ-1	拉萨都市圈	青藏高原游牧文化

表9-26　陆域综合功能区划（2035）三级综合功能区属性特征

类型	名称	代码
城市型	辽中南	Ⅰ-1-6
	京津冀	Ⅰ-2-2
	长三角	Ⅱ-1-5
	闽东	Ⅱ-3-1
	闽东南	Ⅱ-3-2
	珠三角	Ⅱ-4-2
	宁北	Ⅲ-1-4
	西宁—海东	Ⅳ-1-8

续表

类型	名称	代码
农业型	吉林西部松嫩平原	I-1-5
	黄淮平原中部	I-3-2
	皖北平原	II-1-3
	鄂中江汉平原	II-2-3
	粤西平原	II-4-4
生态型	大小兴安岭森林	I-1-1
	辽东长白山森林	I-1-7
	长白山森林	I-1-9
	坝上燕山防风固沙	I-2-1
	黄土高原水土保持	I-3-4
	秦巴山地生物多样性	I-3-7
	汉江上游水土保持	II-2-6
	武陵山生物多样性及水土保持	II-2-9
	滇西北森林及生物多样性	II-6-2
	滇东南森林及生物多样性	II-6-4
	宁南山地水源涵养和水土流失防治	III-1-5
	北疆阿尔泰山水源涵养	III-2-3
	南疆山地盆地沙漠防治	III-2-4
	蒙西沙漠防治	III-2-5
	祁连山冰川与水源涵养	III-2-6
	藏东高原水源涵养	IV-1-2
	藏北羌塘高原荒漠	IV-1-3
	藏西南高原山地土地沙化	IV-1-4
	藏东南森林	IV-1-5
	川西森林及生物多样性	IV-1-6
	陇南水源涵养	IV-1-7
	青南高原水源涵养	IV-1-10
城市—农业复合型	黑龙江中部	I-1-2
	吉林中部	I-1-4
	冀中南	I-2-3
	豫中	I-3-1

续表

类型	名称	代码
城市—农业复合型	胶东半岛	Ⅰ-3-8
	苏北	Ⅱ-1-1
	皖中皖江	Ⅱ-1-2
	鄂东南	Ⅱ-2-2
	长株潭	Ⅱ-2-7
	环海南岛	Ⅱ-4-5
	川东	Ⅱ-5-1
	滇中	Ⅱ-6-1
	北部湾	Ⅱ-6-6
	黔中北	Ⅱ-6-9
生态—城市复合型	浙东南	Ⅱ-1-6
	川南	Ⅱ-5-2
	呼包鄂榆	Ⅲ-1-1
	柴达木盆地	Ⅳ-1-9
生态—农业复合型	西辽河	Ⅰ-1-8
	大别山	Ⅱ-2-1
	南岭	Ⅱ-4-1
	琼西南	Ⅱ-4-6
	滇西南沿边	Ⅱ-6-3
	蒙东高原	Ⅲ-1-3
城市—农业—生态复合型	黑龙江东部	Ⅰ-1-3
	太行山麓	Ⅰ-2-4
	黄淮平原北部	Ⅰ-3-3
	晋中	Ⅰ-3-5
	渭汾谷地	Ⅰ-3-6
	鲁南	Ⅰ-3-9
	皖南	Ⅱ-1-4
	浙赣	Ⅱ-1-7
	环鄱阳湖	Ⅱ-2-4
	赣中河谷阶地丘陵	Ⅱ-2-5
	湘南	Ⅱ-2-8

续表

类型	名称	代码
城市—农业—生态复合型	武夷山	II-3-3
	粤东	II-4-3
	重庆	II-5-3
	滇东北	II-6-5
	桂东北	II-6-7
	桂西	II-6-8
	黔西南	II-6-10
	陇中	III-1-2
	天山	III-2-1
	藏中部沿江	IV-1-1

着眼 2050 年，预估在城镇化、农业发展和生态安全三大格局形成稳定后局部地区可能产生的空间组织变化情景，对一级区、二级区的区划方案相应地做出了调整。一方面，受全球气候变暖的影响，黄河中游的气温和降水将明显增强，根据气温波动增强区和降水量波动增强区在黄土高原、内蒙古高原的叠加特征，结合黄河"几"字弯区域经济发展前景和区域相互依赖关系的变动，在面向 2050 年的一级区划方案中，将黄河"几"字弯区域从西北内陆区划入东部北方区。另一方面，随着生产要素的流动性日益增强，京津冀城市群、粤港澳大湾区等国家级城市群的辐射带动作用将明显提升，局部地区的流域上下游、河流左右岸、山地和平原、陆地和海洋关系将发生重构，二级区范围也将发生相应的变化。辽宁省、山东省将全面融入京津冀城市群，共同构成环渤海综合功能区，同时东北综合功能区的范围相应缩小，黄河下游综合功能区缩小为陕晋豫综合功能区；随着广西全面对接粤港澳大湾区的深入推进，北部湾城市群将成为粤港澳综合功能区的组成部分，同时滇桂黔综合功能区范围相应缩小；东南沿海与台湾的经济联系进一步加强，广东的潮州、汕头、揭阳、梅州以及浙江的台州、温州全面融入海峡两岸综合功能区域。

第二十八节 《中国地理纲要》的空间秩序

《中国地理纲要》由王静爱、苏筠主编，并由北京师范大学出版社在2022年出版发行，是"十二五"国家重点图书出版规划项目，也是"中国省市区地理丛书"的组成部分，该书对全面认识中国的地理时空格局，对认识中国地理的区域规律和区域发展战略都具有重要的学术价值，对加深理解中国的国情也有着极为重要的现实意义。书中涉及的空间秩序有：

1. 气候带类型区

中国幅员辽阔，不同的水热条件组合形成了复杂多样的气候类型。东部广大地区一年中盛行风向的季节转换明显，属季风气候，冬季干燥寒冷，夏季湿热雨量集中，是世界上季风发达的区域之一；西北部深处内陆，水汽循环很不活跃，降水稀少，属于典型的干旱气候；青藏高原大部分地区年均温低于0℃，属于高寒气候。

中国气候带划分为14个水平气候带类型区和7个垂直气候带类型区，具体区划结果如表9-27。

表9-27　　　　　　　中国气候带类型区

水平气候带类型区	垂直气候带类型区
1. 寒温带季风性针叶林气候	1. 温带落叶阔叶林气候
2. 中温带季风性针叶林、阔叶混交林气候	2. 温带森林草原气候
3. 中温带季风性森林草原气候	3. 温带草原气候
4. 中温带大陆性草原气候	4. 温带荒漠气候
5. 中温带大陆性荒漠草原气候	5. 亚寒带草原气候
6. 中温带大陆性荒漠气候	6. 寒带草原气候
7. 暖温带季风性落叶阔叶林气候	7. 寒带荒漠气候

续表

水平气候带类型区	垂直气候带类型区
8. 暖温带季风性森林草原气候 9. 暖温带大陆性荒漠草原气候 10. 暖温带大陆性荒漠气候 11. 北亚热带季风性落叶阔叶、常绿落叶阔叶林气候 12. 中亚热带季风性常绿阔叶林气候 13. 南亚热带季风雨林气候 14. 热带雨林、季风热带雨林气候	

2. 土地退化的区域分布

中国土地退化地区分布广，但不同的土地退化类型的分布区域不同。综合各种土地退化类型的分布区域，可进行土地退化的区域划分。同时可以看到，中国的东、中、西部，存在土地退化成因的差异，东部地区和中部地区主要受人为因素的影响，如水土流失、土地污染、土地盐渍化等；西部地区同时还受到自然因素的影响，如冻融侵蚀、沙漠化等。具体划分结果如表9－28。

表9－28　　　　　中国主要的土地退化类型分区

一级分区	二级分区的主要土地退化类型
Ⅰ：西部（自然—人为影响）土地退化区	Ⅰ1：沙漠化、盐渍化、草地退化
	Ⅰ2：冻融侵蚀、草地退化、盐渍化
Ⅱ：中部（人为加速）土地退化严重区	Ⅱ1：沙漠化、草地退化、水土流失、盐渍化
	Ⅱ2：水土流失、沙漠化、草地退化
	Ⅱ3：水土流失、石漠化、潜育化、土地污染
Ⅲ：东部（人为加速）土地退化区	Ⅲ1：水土流失、土地污染、沙漠化、冻融侵蚀
	Ⅲ2：盐渍化、沙漠化、土地污染、水土流失
	Ⅲ3：水土流失、潜育化、土地污染
Ⅳ：沿海（人为影响）土地退化区	Ⅳ1：盐渍化、土地污染、沙漠化
	Ⅳ2：水土流失、土地污染、潜育化

3. 生物多样性保护区域分布

2010年，联合国大会把2011—2020年确定为"联合国生物多样性十年"，国务院成立了"2010国际生物多样性年中国国家委员会"，召开会议审议通过了《国际生物多样性年中国行动方案》和《中国生物多样性保护战略与行动计划（2011—2030）》。《中国生物多样性保护战略与行动计划（2011—2030）》划定了35个生物多样性保护优先区域，包括大兴安岭区、三江平原区、祁连山区、秦岭区等32个内陆陆地和水域生物多样性保护优先区域，以及黄渤海保护区域、东海及台湾海峡保护区域和南海保护区3个海洋与海岸生物多样性保护优先区域。具体结果如表9-29。

表9-29　　　　　　　　　　生物多样性保护区域分布表

一级	二级	三级
内陆陆地和水域生物多样性保护优先区域（32）	东北山地平原区（6）	大兴安岭区、小兴安岭区、呼伦贝尔区、三江平原区、长白山区、松嫩平原区
	蒙新高原荒漠区（7）	阿尔泰山区、天山—准噶尔盆地西南缘区、塔里木河流域区、祁连山区、库姆塔格区、西鄂尔多斯—贺兰山—阴山区、锡林郭勒草原区
	华北平原黄土高原区（2）	六盘山—子午岭区、太行山区
	青藏高原高寒区（2）	三江源—羌塘区、喜马拉雅山东南区
	西南高山峡谷区（2）	横断山南段区、岷山—横断山北段区
	中南西部山地丘陵区（4）	秦岭区、武陵山区、大巴山区、桂林黔南石灰岩区
	华东华中丘陵平原区（6）	黄山—怀玉山区、大别山区、武夷山区、南岭区、洞庭湖区、鄱阳湖区
	华南低山丘陵区（3）	海南岛中南部区、西双版纳区、桂西南山地区
海洋与海岸生物多样性保护优先区域（3）	黄渤海保护区域、东海及台湾海峡保护区域、南海保护区域	

4. 全国生态环境建设区

1998年的《全国生态环境建设规划》提出，要用50年左右的时间基本实现中华大地山川秀美。在近期（1998—2010年）要控制住人为因素产生新的水土流失，遏制荒漠化的发展，对生态环境特别恶劣的黄河、长江的中上游水土流失重点地区及严重荒漠化地区的治理初见成效；中期（2011—2030年）在遏制生态环境恶化的势头之后，使全国生态环境明显改观，重点治理区的生态环境开始走上良性循环的轨道；远期（2031—2050年）实现在全国建立起基本适应可持续发展的良性生态系统的目标。

此规划将全国生态环境建设划分为8个类型区域：黄河中上游地区、长江中上游地区、"三北"风沙综合防治区、南方丘陵红壤区、北方土石山区、东北黑土漫岗区、青藏高原冻融区、草原区。其中黄河中上游地区、长江中上游地区、风沙区和草原区为近期全国生态环境建设的重点地区。黄河中上游地区重点防治水土流失，坚持草灌（木）先行，减少进入黄河的泥沙，发展节水灌溉和旱作农业；长江中上游地区主要防治泥沙流失，保障江河安全，开展林果和水土流失综合治理工程；风沙区以土地荒漠化最为严重的半干旱农牧交错地带为治理重点，以增加沙区林草植被为主，生物措施、工程措施和农艺措施综合配套，建设"三北"防护林工程；草原区则主要防治"三化"（沙化、碱化、草地退化），提高草地载畜能力。

在此基础上，2000年的《全国生态环境保护纲要》提出建立生态功能保护区，认为江河源头区、重要水源涵养区、水土保持的重点预防保护区和监督区、江河洪水调蓄区、防风固沙区和重要渔业水域，在保持流域、区域生态平衡，减轻自然灾害，确保国家和地区生态环境安全方面具有重要作用。国家要加强对水、土地、森林、草原、海洋、矿产等重要自然资源的环境管理，严格资源开发利用中的生态环境保护工作，并在物种丰富区，特别是横断山区、新青藏接壤高原山地、湘黔川鄂边境山地、浙闽赣交界山地、秦巴山地、滇南西双版纳、海南岛和东北大小兴安岭、三江平原等地区，建设一批新的自然保护区。

2008年颁布的《全国生态功能区划》根据不同地区的区域特点，完成了生态功能区的划分。全国初步被划分为216个生态功能区，其中具有生态调节功能的生态功能区148个，占国土面积的78%，涵盖了水源涵养、水土保持、防风固沙、生物多样性保护、洪水调蓄等重点生态调节功能，为不同地区生态保护与建设、自然资源有序开发和产业结构合理布局指明了方向，推动中国经济社会与生态保护协调、健康发展。

2010年的《全国主体功能区规划》将319个国家级自然保护区列为禁止开发区域，作为中国保护自然文化资源的重要区域、珍稀动植物基因资源保护地；划分了25个国家重点生态功能区，作为保障国家生态安全的重要区域，以及人与自然和谐相处的示范区。国家重点生态功能区共分为水源涵养型、水土保持型、防风固沙型和生物多样性维护型四种类型，面积约$386 \times 10^4 km^2$，占全国陆地国土面积的40.2%。同时还提出要构建以"两屏三带"为主体的生态安全战略格局，即以青藏高原生态屏障、黄土高原—川滇生态屏障、东北森林带、北方防沙带和南方丘陵山地带以及大江大河重要水系为骨架，以其他国家重点生态功能区为重要支撑，以点状分布的国家禁止开发区域为重要组成的生态安全战略格局。

2014年，《全国生态保护与建设规划（2013—2020年）》对1998年《全国生态环境建设规划》的区划布局进行了调整，增加了海洋区，将全国生态环境建设区域范围扩展为全国陆域、内水、领海及管辖海域，并将与其他区域存在重叠的草原区分别纳入其他区域中，将平原区单独列出，同时将国家生态安全屏障优化为"两屏三带一区多点"的格局，即补充近岸近海生态区等集中连片区域和其他点块状分布的重要生态区域为国家建设的重点，涵盖了国家全部25个重点生态功能区。

5. 中国主要少数民族语言区分布

汉语和汉字是中国文化的主要符号。中国的官方语言是汉语，官方文字是汉字。此外，还有多民族语言和多民族文字。少数民族语言和文字主要分属于汉藏语系、印欧语系、阿尔泰语系、南岛语系、南亚语系。具体结果如表9–30。

表9-30　　　　　　　　中国主要少数民族语言区分布

语种		主要分布区
汉藏语系	藏缅语族 壮侗语族 苗瑶语族	青海、西藏、甘肃、云南、贵州、四川、广西、湖南、湖北、广东的部分地区
印欧语系	斯拉夫语族 印度—伊朗语族	新疆
阿尔泰语系	蒙古语族 突厥语族 满—通古斯语族	内蒙古、新疆、黑龙江、吉林、辽宁、青海、甘肃的部分地区
南岛语系	高山族语言	台湾
南亚语系	孟—高棉语族	云南南部

6. 中国现代汉语方言区

随着现代化教育的发展，越来越多的少数民族在运用民族语言和文字的同时，也可以用汉语和汉字交流。与此同时，随着社会流动的频繁发生，地方方言也在流动和传播。这些变化都使中国境内语言文字的分布既有地方传统，也呈现彼此交错的状态。具体结果如表9-31。

表9-31　　　　　　　　中国现代汉语方言区分布

方言类型		分布地区
北方方言	北方官话	河北、河南、山东、安徽北部、东北地区、内蒙古部分地区
	西北官话	山西、陕西、甘肃、青海、宁夏、内蒙古西部部分地区
	西南官话	湖北、四川、云南、贵州、广西西北部、湖南西北部
	下江官话	安徽中部、苏北地区、南京一带
吴方言		江苏南部、浙江大部
赣方言		江西北部和中部
湘方言		湖南多数地区
粤方言		广东、广西东部
闽方言		福建、广东东部、海南、雷州半岛、台湾大部
客家方言		江西南部、广东北部、福建西部、台湾部分地区

7. 经济区划

中华人民共和国成立以来，中国政府根据经济发展状态及需求的变化，不断地进行经济区划的调整。从实践来看，真正被长时间采纳并对中国区域经济发展产生重大影响的主要有三种方案：二分法（内地与沿海），三分法（东中西经济带），四分法（东部、中部、西部地区和东北地区）。

内地与沿海。中华人民共和国成立初期，中央政府将全国划分为东北、华北、西北、华东、中南、西南六大行政区，同时也是经济区。在"一五"（1953—1957年）初期中央政府决定撤销各大区，实行对各省的直接领导，与此同时，将全国划分为沿海和内地。由于中华人民共和国成立初期内地发展水平比沿海落后，中央政府决定通过非均衡投入方式，加大对内地的投资，以达到地区均衡发展的目的。在沿海和内地的二分方案中，沿海地区包括：辽宁、河北、北京、天津、山东、江苏、上海、浙江、福建、广东（包括海南）和广西11个省（区、市）；内地地区包括：黑龙江、吉林、内蒙古、山西、河南、湖北、湖南、安徽、江西、宁夏、陕西、甘肃、青海、新疆、西藏、四川（包括重庆）、云南和贵州18个省（区）。"一五"到"四五"期间，国家对内地的基本建设投资超过了全国总投资的60%。

东中西经济带。自"四五"以后，中国的区域发展主导政策逐步由对内地倾斜转向对沿海地区倾斜。"七五"时期（1986—1990年），国家提出了东中西三大经济地带的构想，指出在地域经济发展次序上，由沿海逐步向内地和边区扩展。到"八五"时期（1991—1995年）明确划分了东部、中部、西部三大经济地带，其划分是根据"梯度推移论"对生产力进行布局，国家实行非均衡的梯度发展战略：东部优先发展，带动中、西部发展。东部地区包括辽宁、河北、北京、天津、山东、江苏、上海、浙江、福建、广东、广西和海南12个省（区、市），这一地带经济发展水平及效益、经营管理水平在中国最高，也是中国科学、技术、教育事业发展较快，居民文化水平较高的地区，在中国的经济发展和对外开放中发挥着主导和龙头的作用。中部地区包括黑龙江、吉林、内蒙古、山西、河南、湖北、湖南、江西和安徽9个省（区），具有一定的工农业基础，矿产资源（尤其是能源资源）丰富，交通便利，在中国生产力布局中处于"承东启西"的战略地位。西部地区包括宁夏、陕西、甘肃、青海、新疆、西藏、四川（包括重庆）、云南和贵州9个省（区），这一地区经济发展、基础设施建设相对落后，交通不便，但矿产资源和水能资源丰富，开发潜力大。

东部、中部、西部地区和东北地区。2000年，国家正式实施"西部大开发"战略，对个别省份的地区归属进行了调整，广西（原属东部）和内蒙古（原属中部）划分到了西部。这样，西部地区由原10个省（区、市）增加到12个省（区、市），东部地区由原来的12个省（区、市）减少为11个省（市），中部地区由原来的9个省（区）减少为8个省。随着区域经济发展策略的变化，中国在2003年、2006年相继提出了振兴东北老工业基地、中部地区崛起的发展战略：黑龙江和吉林（原属中部地区）、辽宁（原属东部地区）划归为一个独立的经济区，东部地区由原来的11个省（市）减为10个省（市），而中部地区由原来的8个省减少为6个省。至此，中国经济区域的划分由"三分法"转变为"四分法"，四大经济地区分别是东部地区，以京津冀城市群、山东半岛城市群、长江三角洲城市群、海峡西岸城市群、珠江三角洲城市群等为经济核心区；中部地区，以中原城市群、长江中游城市群等为经济核心区；西部地区，以关中城市群、成渝城市群、北部湾城市群等为经济核心区；东北地区，以哈长城市群、辽中南城市群等为经济核心区。

8. 人文综合区划

2017年，方创琳等人首次完成了中国的人文地理综合区划。该方案以自然、经济、人口、文化、民族、农业、交通、城镇化、聚落景观和行政区划十大要素为基础划分依据，构建了包括12个可量化指标的中国人文地理综合区划指标体系：海拔、干燥度、≥10℃积温、常住人口、人口密度、人均GDP、经济密度、非农产业结构比率、平均受教育年限、少数民族人口比重、路网密度指数、城镇化率。通过要素加权叠置法、空间聚类分析法、专家经验判断与区划对比分析法，得到了人文地理综合区划结果。

该方案将中国人文地理划分为东北人文地理大区、华北人文地理大区、华东人文地理大区、华中人文地理大区、华南人文地理大区、西北人文地理大区、西南人文地理大区和青藏人文地理大区，共8个人文地理大区和66个人文地理区。具体结果如表9-32。

表9-32　　　　　　　　　　人文地理区划

大区	区
Ⅰ 东北人文地理大区	Ⅰ1 大兴安岭人文地理区
	Ⅰ2 松嫩平原人文地理区
	Ⅰ3 三江平原人文地理区
	Ⅰ4 呼伦贝尔草原人文地理区
	Ⅰ5 辽西关东人文地理区
	Ⅰ6 辽中南都市人文地理区
	Ⅰ7 辽东丘陵人文地理区
	Ⅰ8 长白山人文地理区
	Ⅰ9 内蒙古高原东部人文地理区
Ⅱ 华北人文地理大区	Ⅱ1 京津都市人文地理区
	Ⅱ2 冀东北山地人文地理区
	Ⅱ3 京西燕山人文地理区
	Ⅱ4 内蒙古高原中部人文地理区
	Ⅱ5 华北平原燕赵人文地理区
	Ⅱ6 山东半岛齐鲁人文地理区
	Ⅱ7 黄土高原晋商秦晋人文地理区
Ⅲ 华东人文地理大区	Ⅲ1 长江三角洲都市人文地理区
	Ⅲ2 苏中人文地理区
	Ⅲ3 江淮徽商人文地理区
	Ⅲ4 浙南吴越人文地理区
	Ⅲ5 苏鲁皖豫交界人文地理区

续表

大区	区
Ⅳ 华中人文地理大区	Ⅳ1 江汉平原荆楚人文地理区 Ⅳ2 中原人文地理区 Ⅳ3 环鄱阳湖人文地理区 Ⅳ4 湖湘人文地理区 Ⅳ5 井冈山人文地理区 Ⅳ6 湘鄂渝黔北人文地理区
Ⅴ 华南人文地理大区	Ⅴ1 珠江三角洲都市人文地理区 Ⅴ2 海峡两岸闽台人文地理区 Ⅴ3 潮汕人文地理区 Ⅴ4 北部湾人文地理区 Ⅴ5 岭南人文地理区 Ⅴ6 南岭人文地理区 Ⅴ7 粤东客家人文地理区 Ⅴ8 武夷山人文地理区 Ⅴ9 雷州半岛人文地理区 Ⅴ10 海南旅游岛人文地理区 Ⅴ11 台湾宝岛人文地理区 Ⅴ12 南海诸岛人文地理区
Ⅵ 西北人文地理大区	Ⅵ1 关中平原人文地理区 Ⅵ2 汉中谷地人文地理区 Ⅵ3 陕甘黄土高原人文地理区 Ⅵ4 鄂尔多斯高原人文地理区 Ⅵ5 银川平原人文地理区 Ⅵ6 宁夏南部人文地理区 Ⅵ7 河西走廊人文地理区 Ⅵ8 湟水谷地人文地理区 Ⅵ9 阿拉善高原人文地理区 Ⅵ10 吐鲁番盆地人文地理区 Ⅵ11 北疆丝路人文地理区 Ⅵ12 南疆西域人文地理区 Ⅵ13 伊犁河谷人文地理区

续表

大区	区
Ⅶ 西南人文地理大区	Ⅶ1 四川盆地巴蜀人文地理区 Ⅶ2 秦巴山地人文地理区 Ⅶ3 滇中人文地理区 Ⅶ4 大小凉山人文地理区 Ⅶ5 滇西北人文地理区 Ⅶ6 滇西深山河谷人文地理区 Ⅶ7 滇南人文地理区 Ⅶ8 滇东桂西人文地理区 Ⅶ9 滇东北人文地理区 Ⅶ10 黔南人文地理区
Ⅷ 青藏人文地理大区	Ⅷ1 青藏高原人文地理区 Ⅷ2 柴达木盆地人文地理区 Ⅷ3 藏南河谷人文地理区 Ⅷ4 川西山地人文地理区

9. 中国生态区划

（1）概况

目前，傅伯杰等人提出的中国生态区划方案较具代表性。该方案充分考虑了中国生态地域、生态系统服务功能、生态资产、生态敏感性及人类活动对生态环境的胁迫等要素，有利于中国对生态环境的管理。该方案采用自上而下逐级划分、专家集成与模型定量相结合的方法进行划分。该方案采用 3 级分区，根据中国的气候、地势、地貌、生态系统特点及人类活动规律等特征，分为：1 级生态大区、2 级生态地区和 3 级生态区，在不同级别的区划中分别选取不同的定性和定量指标。

（2）结果

中国生态区划方案中 1 级生态大区分为 3 个区，即东部湿润、半湿润生态大区，西北干旱、半干旱生态大区和青藏高原高寒生态大区。在此基础上，划分出 13 个 2 级生态地区。东部湿润、半湿润生态大区包括 6 个生态地区，即寒温带湿润针叶林生态地区，温带湿润针阔混交林生态地区，暖温带湿润半湿润落叶阔叶林生态地区，亚热带湿润常绿阔叶林生态地区，热带湿润雨林、季雨林生态地区，南亚季风湿润、半湿润常绿阔叶林生态地区；西北干旱、半干旱生态大区包括4个生态地区，即半干旱草原生态地区，半干旱荒漠草原生态地区，干旱半荒漠生态地区，干旱荒漠生态地区；青藏高原高寒生态大区包括3个生态地区，即青藏高原森林、高寒草甸生态地区，青藏高原高山草原、高寒草甸生态地区，青藏高原高寒荒漠、半荒漠生态地区。在生态地区的基础上又进一步划分出57个3级生态区（东部35个，西部12个，青藏高原10个）。

　　10. 中国地理分区

　　根据地理分区的原则、中国地理的特点和地域分异规律，参考前人所做的相应工作，同时考虑到中国地理教学的需要，我们提出中国地理分区初步方案。具体划分结果如表9-33。

表9-33　　　　　　　　　中国地理分区

地带	区
Ⅰ 海洋地带	Ⅰ1 渤海区
	Ⅰ2 黄海区
	Ⅰ3 台湾岛与东海区
	Ⅰ4 海南岛与南海区
Ⅱ 东部地带	Ⅱ1 辽吉黑地区
	Ⅱ2 京津冀鲁豫地区
	Ⅱ3 沪苏浙皖湘鄂赣地区
	Ⅱ4 粤桂闽港澳地区
Ⅲ 中部地带	Ⅲ1 内蒙古地区
	Ⅲ2 晋陕甘宁地区
	Ⅲ3 川渝地区
	Ⅲ4 云贵地区
Ⅳ 西部地带	Ⅳ1 新疆地区
	Ⅳ2 青藏地区

11. 中国学者提出的经济区划方案

1985年，刘再兴提出了六大经济区方案：东北区、黄河中下游区、长江中下游区、东南沿海区、西南区、西北区，该方案打破了内蒙古的行政区界限，把长江中下游7省市合并为一个经济区，提出了新的区划原则。

1986年，陈栋生将中国划分为六大经济区，分别为东北区、黄河流域区、长江流域区、南方区、新疆区、西藏区，该方案从横向经济联合角度进行划分，标志着对经济地带的划分进入区域经济研究的时代。

1990年，杨树珍将中国划分为九大经济区，分别为东北区、华北区、华中区、华南区、西南区、西北区、内蒙古区、新疆区和西藏区，该方案考虑了中国地区差异、人口、民族等因素，中心城市及其经济吸引范围，以及沿海港口城市、内陆边贸中心在地区经济协作中的作用。

1991年，顾朝林将中国划分为九大城市经济区，分别为东北沈阳城市经济区、华北京津城市经济区、西北西安城市经济区、华东上海城市经济区、华中武汉城市经济区、西南重庆城市经济区、东南沿海广州城市经济区、西北乌鲁木齐城市经济区和青藏高原拉萨城市经济区，该方案根据全国城市综合实力和地位的特点进行划分。

1992年，徐逢贤将中国划分为七大流域经济区，分别为长江流域经济区、黄河流域经济区、西北五省经济联合开发区、珠江三角洲经济发展区、闽南三角地带经济区、东北经济区、澜沧江流域经济区，该方案打破省区界限，按流域来划分。

1992年，杨吾扬从动态的角度进行划分，将中国划分为十大经济区：东北区、京津区、山东区、上海区、中南区、四川区、东南区、西南区、大西区、晋陕区。

1996年，王建将中国划分为九大都市圈：京津冀都市圈、吉黑都市圈、沈大都市圈、济青都市圈、湘鄂赣都市圈、成渝都市圈、珠江三角洲都市圈、长江中下游都市圈、上海都市圈，该方案考虑了全国工业化和城市化进程，以大城市为中心。2003年，李善同、侯永志将中国划分为八大社会经济区域：东北地区、北部沿海地区、东部沿海地区、南部沿海地区、黄河中游地区、长江中游地区、西南地区和大西北地区，该方案依据空间上相互毗邻、自然条件和资源禀赋结构相近等原则划分。

2009 年，马庆林将中国划分为五大经济区域：北方经济区、长江流域经济区、东南经济区、西南经济区和西北经济区，该方案根据区域内部、区域之间协调发展的要求，采用外部扰动一致性标准划分经济区域。

第二十九节 《黄河流域生态保护和高质量发展规划纲要》中的空间秩序

2021 年 10 月 8 日，中共中央、国务院印发的《黄河流域生态保护和高质量发展规划纲要》发布，这是指导当前和今后一个时期黄河流域生态保护和高质量发展的纲领性文件。其涉及的空间秩序如下：

1. 概况

黄河流域西接昆仑、北抵阴山、南倚秦岭、东临渤海，横跨东中西部，是我国重要的生态安全屏障，也是人口活动和经济发展的重要区域，在国家发展大局和社会主义现代化建设全局中具有举足轻重的战略地位。为深入贯彻习近平总书记重要讲话和重要指示批示精神，编制《黄河流域生态保护和高质量发展规划纲要》。规划范围为黄河干支流流经的青海、四川、甘肃、宁夏、内蒙古、山西、陕西、河南、山东 9 省区相关县级行政区，国土面积约 130 万平方千米，2019 年年末总人口约 1.6 亿。为保持重要生态系统的完整性、资源配置的合理性、文化保护传承弘扬的关联性，在谋划实施生态、经济、文化等领域举措时，根据实际情况可延伸兼顾联系紧密的区域。《黄河流域生态保护和高质量发展规划纲要》是指导当前和今后一个时期黄河流域生态保护和高质量发展的纲领性文件，是制定实施相关规划方案、政策措施和建设相关工程项目的重要依据。规划期至 2030 年，中期展望至 2035 年，远期展望至 21 世纪中叶。本规划坚持生态优先、绿色发展，坚持量水而行、节水优先，坚持因地制宜、分类施策，坚持统筹谋划、协同推进这四个基本原则，以打造大江大河治理的重要标杆、国家生态安全的重要屏障、高质量发展的重要实验区、中华文化保护传承弘扬的重要承载区为战略目标，对黄河流域进行生态保护和高质量发展规划。

2. 结果

根据以上原则和方法，将黄河流域进行了生态保护空间格局、发展动力格局和文化彰显区域的划分，具体区划结果如下：

构建黄河流域生态保护"一带五区多点"空间布局。"一带"，是指以黄河干流和主要河湖为骨架，连通青藏高原、黄土高原、北方防沙带和黄河口海岸带的沿黄河生态带。"五区"，是指以三江源、秦岭、祁连山、六盘山、若尔盖等重点生态功能区为主的水源涵养区，以内蒙古高原南缘、宁夏中部等为主的荒漠化防治区，以青海东部、陇中陇东、陕北、晋西北、宁夏南部黄土高原为主的水土保持区，以渭河、汾河、涑水河、乌梁素海为主的重点河湖水污染防治区，以黄河三角洲湿地为主的河口生态保护区。"多点"，是指藏羚羊、雪豹、野牦牛、土著鱼类、鸟类等重要野生动物栖息地和珍稀植物分布区。

构建形成黄河流域"一轴两区五极"的发展动力格局，促进地区间要素合理流动和高效集聚。"一轴"，是指依托新亚欧大陆桥国际大通道，串联上中下游和新型城市群，以先进制造业为主导，以创新为主要动能的现代化经济廊道，是黄河流域参与全国及国际经济分工的主体。"两区"，是指以黄淮海平原、汾渭平原、河套平原为主要载体的粮食主产区和以山西、鄂尔多斯盆地为主的能源富集区，加快农业、能源现代化发展。"五极"，是指山东半岛城市群、中原城市群、关中平原城市群、黄河"几"字弯都市圈和兰州—西宁城市群等，是区域经济发展增长极和黄河流域人口、生产力布局的主要载体。

构建多元纷呈、和谐相容的黄河文化彰显区。河湟—藏羌文化区，主要包括上游大通河、湟水河流域和甘南、若尔盖、红原、石渠等地区，是农耕文化与游牧文化交汇相融的过渡地带，民族文化特色鲜明。关中文化区，主要包括中游渭河流域和陕西、甘肃黄土高原地区，以西安为代表的关中地区传统文化底蕴深厚，历史文化遗产富集。河洛—三晋文化区，主要包括中游伊洛河、汾河等流域，是中华民族重要的发祥地，分布有大量文化遗存。儒家文化区，主要包括下游的山东曲阜、泰安等地区，以孔孟为代表的传统文化源远流长。红色文化区，主要包括陕甘宁等革命根据地和红军长征雪山草地、西路军西征路线等地区，是全国革命遗址规模最大、数量最多的地区之一。

第三十节 《全国重要生态系统保护和修复重大工程总体规划（2021—2035年)》中的空间秩序

贯彻落实主体功能区战略，以国家生态安全战略格局为基础，以国土空间规划确定的国家重点生态功能区、生态保护红线、国家级自然保护地等为重点，突出对京津冀协同发展、长江经济带发展、粤港澳大湾区建设、海南全面深化改革开放、长三角一体化发展、黄河流域生态保护和高质量发展等国家重大战略的生态支撑，在统筹考虑生态系统的完整性、地理单元的连续性和经济社会发展的可持续性，并与相关生态保护与修复规划衔接的基础上，将全国重要生态系统保护和修复重大工程规划布局在青藏高原生态屏障区、黄河重点生态区（含黄土高原生态屏障）、长江重点生态区（含川滇生态屏障）、东北森林带、北方防沙带、南方丘陵山地带、海岸带等重点区域。根据上述划分原则与方法，划分为青藏高原生态屏障区、黄河重点生态区（含黄土高原生态屏障）、长江重点生态区（含川滇生态屏障）、东北森林带、北方防沙带、南方丘陵山地带、海岸带等7个重点区域。

1. 青藏高原生态屏障区生态保护和修复重大工程

（1）概况

大力实施草原保护修复、河湖和湿地保护恢复、天然林保护、防沙治沙、水土保持等工程。若尔盖草原湿地、阿尔金草原荒漠等严格落实草原禁牧和草畜平衡，通过补播改良、人工种草等措施加大退化草原治理力度；加强河湖、湿地保护修复，稳步提高高原湿地、江河源头水源涵养能力；加强森林资源管护和中幼林抚育，在河滩谷地开展水源涵养林和水土保持林等防护林体系建设；加强沙化土地封禁保护，采用乔灌草结合的生物措施及沙障等工程措施促进防沙固沙及水土保持；加强对冰川、雪山的保护和监测，减少人为扰动；加强野生动植物栖息地生境保护恢复，连通物种迁徙扩散生态廊道；加快推进历史遗留矿山生态修复。

（2）结果

根据上述划分原则与方法，将青藏高原生态屏障区划分为三江源生态保护和修复、祁连山生态保护和修复、若尔盖草原湿地—甘南黄河重要水源补给生态保护和修复、藏西北羌塘高原—阿尔金草原荒漠生态保护和修复、藏东南高原生态保护和修复、西藏"两江四河"造林绿化与综合整治、青藏高原矿山生态修复7个生态保护和修复重点工程。

2. 黄河重点生态区（含黄土高原生态屏障）生态保护和修复重大工程

（1）概况

大力开展水土保持和土地综合整治、天然林保护、三北等防护林体系建设、草原保护修复、沙化土地治理、河湖与湿地保护修复、矿山生态修复等工程。完善黄河流域水沙调控、水土流失综合防治、防沙治沙、水资源合理配置和高效利用等措施，开展小流域综合治理，建设以梯田和淤地坝为主的拦沙减沙体系，持续实施治沟造地，推进塬区固沟保塬、坡面退耕还林、沟道治沟造地、沙区固沙还灌草，提升水土保持功能，有效遏制水土流失和土地沙化；大力开展封育保护，加强原生林草植被和生物多样性保护，禁止开垦利用荒山荒坡，开展封山禁牧和育林育草，提升水源涵养能力；推进水蚀风蚀交错区综合治理，积极培育林草资源，选择适生的乡土植物，营造多树种、多层次的区域性防护林体系，统筹推进退耕还林还草和退牧还草，加大退化草原治理，开展林草有害生物防治，提升林草生态系统质量；开展重点河湖、黄河三角洲等湿地保护与恢复，保证生态流量，实施地下水超采综合治理，开展滩区土地综合整治；加快历史遗留矿山生态修复。

（2）结果

根据上述划分原则与方法，将黄河重点生态区（含黄土高原生态屏障）划分为黄土高原水土流失综合治理、秦岭生态保护和修复、贺兰山生态保护和修复、黄河下游生态保护和修复、黄河重点生态区矿山生态修复5个生态保护和修复重点工程。

3. 长江重点生态区（含川滇生态屏障）生态保护和修复重大工程

（1）概况

大力实施河湖和湿地保护修复、天然林保护、退耕还林还草、防护林体系建设、退田（圩）还湖还湿、草原保护修复、水土流失和石漠化综合治理、土地综合整治、矿山生态修复等工程。保护修复洞庭湖、鄱阳湖等长江沿线重要湖泊和湿地，加强洱海、草海等重要高原湖泊保护修复，推动长江岸线生态恢复，改善河湖连通性；开展长江上游天然林公益林建设，加强长江两岸造林绿化，全面完成宜林荒山造林，加强森林质量精准提升，推进国家储备林建设，打造长江绿色生态廊道；实施生物措施与工程措施相结合的综合治理，全面改善严重石漠化地区生态状况；大力开展矿山生态修复，解决重点区域历史遗留矿山生态破坏问题；保护珍稀濒危水生生物，强化极小种群、珍稀濒危野生动植物栖息地和候鸟迁徙路线保护，严防有害生物危害。

（2）结果

根据上述划分原则与方法，将长江重点生态区（含川滇生态屏障）分为横断山区水源涵养与生物多样性保护、长江上中游岩溶地区石漠化综合治理、大巴山区生物多样性保护与生态修复、三峡库区生态综合治理、洞庭湖、鄱阳湖等河湖、湿地保护和恢复、大别山区水土保持与生态修复、武陵山区生物多样性保护、长江重点生态区矿山生态修复8个生态保护和修复重大工程。

4. 东北森林带生态保护和修复重大工程

（1）概况

大力实施天然林保护、退耕还林还草还湿、森林质量精准提升、草原保护修复、湿地保护恢复、小流域水土流失防控与土地综合整治等工程。持续推进天然林保护和后备资源培育，逐步开展被占林地森林恢复，实施退化林修复，加强森林经营和战略木材储备，通过近自然经营促进森林正向演替，逐步恢复顶级森林群落；加强林草过渡带生态治理，防治土地沙化；加强候鸟迁徙沿线重点湿地保护，开展退化河湖、湿地修复，提高河湖连通性；加强东北虎、东北豹等旗舰物种生境保护恢复，连通物种迁徙扩散生态廊道。

（2）结果

根据上述划分原则与方法，将东北森林带分为大小兴安岭森林生态保育、长白山森林生态保育、松嫩平原等重要湿地保护恢复、东北地区矿山生态修复4个生态保护和修复重大工程。

5. 北方防沙带生态保护和修复重大工程

（1）概况

大力实施三北防护林体系建设、天然林保护、退耕还林还草、草原保护修复、水土流失综合治理、防沙治沙、河湖和湿地保护恢复、地下水超采综合治理、矿山生态修复和土地综合整治等工程。坚持以水定绿、乔灌草相结合，开展大规模国土绿化，大力实施退化林修复；加强沙化土地封禁保护，加快建设锁边防风固沙体系和防风防沙生态林带，强化禁垦（樵、牧、采）、封沙育林育草、网格固沙障等建设，控制沙漠南移；落实草原禁牧休牧轮牧和草畜平衡，实施退牧还草和种草补播，统筹开展退化草原、农牧交错带已垦草原修复；保护修复永定河、白洋淀等重要河湖、湿地，保障重要河流生态流量及湖泊、湿地面积；加强有害生物防治，减少灾害损失；加快推进历史遗留矿山生态修复，解决重点区域历史遗留矿山环境破坏问题。

（2）结果

根据上述划分原则与方法，将北方防沙带分为京津冀协同发展生态保护和修复、内蒙古高原生态保护和修复、河西走廊生态保护和修复、塔里木河流域生态修复、天山和阿尔泰山森林草原保护、三北地区矿山生态修复6个生态保护和修复重大工程。

参考文献

一　图书

（汉）班固：《汉书（点校本）》，中华书局1962年版。

曹婉如等：《中国古代地图集（清代）》，文物出版社1997年版。

曹婉如、郑锡煌、黄盛璋等：《中国古代地图集（战国—元）》，文物出版社1990年版。

陈才：《区域经济地理学的学科理论与实践：陈才教授著文集》，科学出版社2010年版。

陈百明：《中国土地利用与生态特征区划》，气象出版社2003年版。

陈国阶等：《中国山区发展报告——中国山区聚落研究》，商务印书馆2007年版。

陈镐基：《中国新舆图（第一版次）》，上海商务印书1917年版。

成一农：《广舆图（史话）》，国家图书馆出版社2017年版。

褚绍唐：《新中国地理》，大中国图书局1952年版。

邓辉编著：《世界文化地理》，北京大学出版社2010年版。

邓静中等著：《中国农业区划方法论研究》，科学出版社1960年版。

[美]段义孚：《恋地情结》，志丞、刘苏译，商务印书馆2018年版。

房玄龄等：《晋书（点校本）》，中华书局1974年版。

傅角今：《地理学通论》，商务印书馆1934年版。

傅角今：《重划中国省区论》，商务印书馆1948年版。

傅林祥、林涓、任玉雪、王卫东著，周振鹤主编：《中国行政区划通史 清代卷（修订本）》，复旦大学出版社2017年版。

傅伯杰、刘国华、欧阳志云等：《中国生态区划研究》，科学出版社2013年版。

（清）顾祖禹：《读史方舆纪要》，中华书局 2005 年版。

国家林业局编：《中国荒漠化和沙化土地图集》（第 1 版），科学出版社 2009 年版。

葛全胜、邹铭、郑景云等：《中国自然灾害风险综合评估初步研究》，科学出版社 2008 年版。

郭利民：《中国古代史地图集》，星球地图出版社 2017 年版。

国家地震局：《中国地震烈度区划图》，地震出版社 1991 年版。

国家林业局编：《全国林业生态建设与治理模式》，中国林业出版社 2003 年版。

华林甫、赖青寿、薛亚玲：《隋书地理志汇释》，安徽教育出版社 2019 年版。

侯光良、李继由、张谊光：《中国农业气候资源》，中国人民大学出版社 1993 年版。

胡兆量、阿尔斯朗、琼达等：《中国文化地理概述》（第三版），北京大学出版社 2009 年版。

[德] 黑格尔：《历史哲学》，王造时译，上海书店出版社 2001 年版。

景高了、揭毅、景才瑞主编：《中国地学通鉴·地貌卷》，陕西师范大学出版总社 2018 年版。

姜德华、张耀光、杨柳等：《中国的贫困地区类型及开发》，旅游教育出版社 1989 年版。

极地测绘科学国家测绘局重点实验室：《南北极地图集》，中国地图出版社 2009 年版。

科技部国家计委国家经贸委灾害综合研究组编：《中国重大自然灾害与社会图集》，广东科技出版社 2004 年版。

李学勤：《殷代地理简论》，科学出版社 1959 年版。

李晓杰：《体国经野——历代行政区划》，长春出版社 2004 年版。

[英] 李约瑟：《中国科学技术史：第二卷 科学思想史》，科学出版社 2018 年版。

李旭旦著，汪永泽整理：《世界自然地理通论》，江苏教育出版社 1990 年版。

林则徐著，张曼评注：《四洲志》，华夏出版社 2002 年版。

刘昌明等：《中国水文地理》，科学出版社 2014 年版。

刘卫东、樊杰、周成虎等：《中国西部开发重点区域规划前期研究》，商务印书馆 2003 年版。

刘君德、靳润成、周克瑜：《中国政区地理》，科学出版社 2007 年版。

刘君德：《中国行政区划的理论与实践》，华东师范大学出版社 1996 年版。

刘德生：《世界自然地理》，高等教育出版社 1986 年版。

刘明光：《中国自然地理图集》，中国地图出版社 1998 年版。

罗洪先：《广舆图（嘉靖初刻本）》，国家图书馆出版社 2012 年版。

罗开富：《中国自然地理区划草案》，科学出版社 1954 年版。

陆大道、樊杰、刘卫东等：《中国地域空间、功能及其发展》，中国大地出版社 2011 年版。

陆大道：《中国区域发展的理论与实践》，科学出版社 2003 年版。

罗明东、潘玉君等：《义务教育均衡发展监测、评价与预警（第 1 卷）》，北京大学出版社 2014 年版。

马左书：《俄国自然科学史》，商务印书馆 2020 年版。

庞乃明：《〈明史·地理志〉疑误考正》，社会科学文献出版社 2012 年版。

潘玉君、罗明东等：《区域教育发展及其差距实证研究》，北京大学出版社 2007 年版。

潘玉君、伊继东、孙俊等：《中国民族地理》，科学出版社 2014 年版。

潘玉君等：《教育地理区划研究——云南省义务教育地理区划实证与方案》，科学出版社 2015 年版。

浦善新等：《中国行政区划概论》，知识出版社 1995 年版。

全国农业资源区划办公室等：《中国农村经济区划：中国农村经济区域发展研究》（第 1 版），科学出版社 1999 年版。

全国生活用水水质与水性疾病调查协作组、中国科学院、国家计委地理研究所：《中国生活饮用水地图集》，中国地图出版社 1990 年版。

任美锷、包浩生：《中国自然区域及开发整治》，科学出版社 1992 年版。

任美锷、杨纫章、包浩生：《中国自然地理纲要》，商务印书馆 1979 年版。

任美锷等：《中国自然地理纲要》（修订版），商务印书馆 1982 年版。

（西汉）司马迁：《史记（点校本）》，中华书局 1959 年版。

（明）宋濂等：《元史》，中华书局 1976 年版。

苏秉琦：《苏秉琦文集》（二），文物出版社 2009 年版。

苏秉琦著，赵汀阳、王星编：《满天星斗：苏秉琦论远古中国》，中信出版集团 2016 年版。

石玉林：《中国土地资源图集》，中国大地出版社 2006 年版。

史培军：《中国自然灾害系统地图集》，科学出版社 2003 年版。

水利部长江水利委员会：《长江防洪地图集》，科学出版社 2001 年版。

孙鸿烈：《中国生态系统》，科学出版社 2005 年版。

谭其骧：《简明中国历史地图集》，中国地图出版社 1991 年版。

唐涛、吴晓：《海洋科学辞典》，远方出版社 2007 年版。

童世亨著，陈镐基校：《中国形势一览图》，商务印书馆 1933 年版。

王恩涌等：《政治地理学》，高等教育出版社 1998 年版。

（明）王士性著，周振鹤点校：《五岳游草 广志绎》，中华书局 2006 年版。

王静爱、苏筠：《中国地理纲要》，北京师范大学出版社 2022 年版。

王静爱：《中国地理教程》，高等教育出版社 2007 年版。

（唐）魏征等：《隋书（点校本）》，中华书局 2020 年版。

吴传钧：《中国粮食地理（第 1 版）》，商务印书馆 1943 年版。

吴传钧：《人地关系与经济布局》，学苑出版社 2008 年版。

吴传钧、郭焕成：《中国土地利用》，科学出版社 1994 年版。

许正文：《中国历代政区划分与管理沿革》，陕西师范大学出版社 1990 年版。

全国农业区划委员会、《中国自然区划概要》编写组：《中国自然区划概要》，科学出版社 1984 年版。

辛树帜、蒋德麒：《中国水土保持概论》，农业出版社 1982 年版。

熊怡：《中国水文区划》，科学出版社1995年版。

杨改河：《农业资源与区划》，中国农业出版社2007年版。

叶粟如、刘象天：《中国自然地理总论》，商务印书馆1959版。

云南植被编写组：《云南植被》，科学出版社1987年版。

张其昀编，竺可桢校：《本国地理（上）》，商务印书馆1930年版。

张其昀：《中国人地关系概论》，大东书局1947年版。

［美］张光直：《古代中国考古学》，生活·读书·新知三联书店2013年版。

张荣祖：《中国动物地理》，科学出版社1999年版。

张同铸：《世界农业地理总论》，商务印书馆2000年版。

赵善伦等：《山东植物区系地理》，山东省地图出版社1997年版。

周振鹤、李晓杰：《中国行政区划通史·总论 先秦卷（第二版）》，复旦大学出版社2017年版。

国家林业局：《全国林业生态建设与治理模式》，中国林业出版社2003年版。

中国自然资源学会：《中国资源科学学科史》，中国科学技术出版社2017年版。

中国地质学会徐霞客研究分会、江阴市人民政府：《徐霞客研究（第24辑）》，地质出版社2012年版。

［葡］曾德昭：《大中国志》，何高济译，商务印书馆2012年版。

中国大百科全书总编辑委员会《地理学》编辑委员会：《中国大百科全书·地理学》，中国大百科全书出版社1990年版。

中国科学院地理研究所经济地理研究室：《中国农业地理总论》，科学出版社1980年版。

中国科学院青藏高原综合科学考察队：《西藏农业地理》，科学出版社1984年版。

中国科学院青藏高原综合科学考察队：《西藏植被》，科学出版社1988年版。

中国科学院青藏高原综合科学考察队：《西藏自然地理》，科学出版社

1982 年版。

中国科学院长春地理研究所：《中国自然保护地图集》，科学出版社 1989 年版。

中国科学院自然区划工作委员会：《中国植被区划（初稿）》，科学出版社 1960 年版。

中国科学院自然区划工作委员会：《中国土壤区划（初稿）》，科学出版社 1959 年版。

中国科学院自然区划工作委员会：《中国地貌区划（初稿）》，科学出版社 1959 年版。

中国科学院自然区划工作委员会：《中国水文区划（初稿）》，科学出版社 1959 年版。

中国大百科全书：《中国大百科全书·世界地理》，中国大百科全书出版社 1990 年版。

中国植被编辑委员会：《中国植被》，科学出版社 1980 年版。

郑度等：《中国生态地理区域系统研究》，商务印书馆 2008 年版。

翟礼生等：《中国省域村镇建筑综合自然区划与建筑体系研究——江苏、贵州和河北三省的理论与实践》，地质出版社 2008 年版。

二　期刊

[苏联] Е. Н. 伊万诺娃、П. А. 列图诺夫、Н. Н. 罗佐夫、В. М. 弗利特朗、С. А. 舒瓦洛夫、陈恩健：《苏联土壤地理区划新方案》，《土壤》1962 年第 1 期。

察钦根、别良耶娃、得米特里耶娃、萨夫钦柯、切尔克索夫、张佃民：《苏联天然草原区划》，《干旱区研究》1984 年第 1 期。

陈满祥：《对我国年径流地区分布规律的认识》，《水文》1988 年第 2 期。

陈咸吉：《中国气候区划新探》，《气象学报》1982 年第 1 期。

Т. М. 卡拉什尼柯娃、杨郁华、辛嘉瑞：《苏联经济区划理论的发展历程》，《地理译报》1991 年第 3 期。

范春永：《苏联生产力布局和区域规划》，《经济地理》1989 年第 4 期。

傅伯杰、刘国华、陈利顶、马克明、李俊然：《中国生态区划方案》，《生态学报》2001 年第 1 期。

龚缨晏、邹银兰：《T－O 地图中的东方》，《地图》2003 年第 3 期。

龚缨晏、邹银兰：《现存最大的欧洲中世纪 T－O 地图：赫里福德地图》，《地图》2004 年第 4 期。

郭绪印，胡海英：《孙中山〈实业计划〉的首创性和超前性》，《上海师范大学学报》（哲学社会科学版）2009 年第 4 期。

郭子良、崔国发：《中国自然保护综合地理区划》，《生态学报》2014 年第 5 期。

高孟潭：《新的国家地震区划图》，《地震学报》2003 年第 6 期。

高密来：《中国生态环境区划初探》，《生态学杂志》1995 年第 2 期。

葛全胜、赵名茶、郑景云、方修琦：《中国陆地表层系统分区初探》，《地理学报》2002 年第 5 期。

胡焕庸：《中国人口之分布——附统计表与密度图》，《地理学报》1935 年第 2 期。

侯学煜、姜恕、陈昌笃、胡式之：《对于中国各自然区的农、林、牧、副、渔业发展方向的意见》，《科学通报》1963 年第 9 期。

侯学煜：《论中国植被分区的原则、依据和系统单位》，《植物生态学与地植物学丛刊》1964 年第 2 期。

黄秉维：《论中国综合自然区划》，《新建设》1965 年第 3 期。

黄秉维：《中国综合自然区划的初步草案》，《地理学报》1958 年第 4 期。

姜安：《毛泽东"三个世界划分"理论的政治考量与时代价值》，《中国社会科学》2012 年第 1 期。

解焱、李典谟、John MacKinnon：《中国生物地理区划研究》，《生态学报》2002 年第 10 期。

金凤君：《科学透视我国区域发展问题——〈中国区域发展报告〉综述》，《中国科学院院刊》2003 年第 4 期。

李宪堂：《九州、五岳与五服——战国人关于天下秩序的规划与设想》，《齐鲁学刊》2013 年第 5 期。

李炳元、潘保田、程维明、韩嘉福、齐德利、朱澈：《中国地貌区划新论》，《地理学报》2013年第3期。

李世奎：《中国农业气候区划》，《自然资源学报》1987年第1期。

刘维荣、士心：《档案与农业区划研究——中国科学院院士、经济地理学家周立三访谈录》，《档案与建设》1994年第8期。

刘道平、欧阳志云、张玉钧等：《中国自然保护地建设：机遇与挑战》，《自然保护地》2021年第1期。

罗开富：《对发展我国水文科学的意见》，《科学通报》1956年第4期。

陆大道：《国土开发与经济布局的"T"字型构架与长江经济带可持续发展》，《宏观经济管理》2018年第11期。

吕品：《试论农业经济区划及其重要意义》，《农业经济》1981年第2期。

马晓乐：《浅析〈汉书·地理志〉中区域划分的依据》，《科技创新导报》2011年第23期。

马荣华、杨桂山、段洪涛等：《中国湖泊的数量、面积与空间分布》，《中国科学：地球科学》2011年第3期。

苗鸿、王效科、欧阳志云：《中国生态环境胁迫过程区划研究》，《生态学报》2001年第1期。

倪健、陈仲新、董鸣等：《中国生物多样性的生态地理区划》，《植物学报》1998年第4期。

欧阳志云、王效科、苗鸿：《中国生态环境敏感性及其区域差异规律研究》，《生态学报》2000年第1期。

任美锷、杨纫章：《中国自然区划问题》，《地理学报》1961年第27期。

施雅风：《中国自然地理分区讨论总结》，《地理学报》1954年第4期。

沈玉昌、苏时雨、尹泽生：《中国地貌分类、区划与制图研究工作的回顾与展望》，《地理科学》1982年第2期。

苏秉琦、殷玮璋：《关于考古学文化的区系类型问题》，《文物》1981年第5期。

苏秉琦：《谈我国东南沿海地区的新石器时代考古——在长江下游新石器时代文化考古学术讨论会上的一次发言提纲》，《文物》1978年第

3 期。

申效诚、路纪琪、任应党等：《世界昆虫分布格局的聚类分析及地理区划》，《科技导报》2020 年第 13 期。

史培军、孙劭、汪明等：《中国气候变化区划（1961—2010 年）》，《中国科学：地球科学》2014 年第 10 期。

孙世洲：《关于中国国家自然地图集中的中国植被区划图》，《植物生态学报》1998 年第 6 期。

唐良弼：《世界大洋划分的变迁》，《理论导报》1999 年第 2 期。

涂长望、卢鋈：《中国气候区域》，《气象杂志》1936 年第 9 期。

唐永銮：《我国热带界线的探讨》，《植物生态学与地植物学丛刊》1964 年第 1 期。

亓来福：《国外农业气候区划的研究》，《气象》1979 年第 6 期。

丘宝剑：《全国农业综合自然区划的一个方案》，《河南大学学报》（自然科学版）1986 年第 1 期。

王阳、孙然好：《区域气候背景对城市热岛效应的影响规律》，《生态学报》2021 年第 11 期。

吴征镒：《论中国植物区系的分区问题》，《云南植物研究》1979 年第 1 期。

王平、史培军：《中国农业自然灾害综合区划方案》，《自然灾害学报》2000 年第 4 期。

王向东、王康龙、单娜娜等：《国土空间规划背景下的新疆国土空间综合发展区划》，《经济地理》2020 年第 11 期。

吴绍洪、刘卫东：《陆地表层综合地域系统划分的探讨——以青藏高原为例》，《地理研究》2005 年第 2 期。

辛奎德、任奇甲：《中国东北地区多年冻土的分布》，《地质知识》1956 年第 10 期。

席承藩、张俊民：《中国土壤区划的依据与分区》，《土壤学报》1982 年第 2 期。

[苏联] Г. Т. 谢尼诺夫、丘宝剑：《苏联农业气候区划》，《地理科学进

展》1958年第2期。

杨文衡：《论王士性的地理学成就》，《自然科学史研究》1990年第1期。

严文明：《中国史前文化的统一性与多样性》，《文物》1987年第3期。

应星、荣思恒：《中共革命及其组织的地理学视角（1921—1945）》，《中共党史研究》2020年第3期。

张杰：《西学东渐视域下邹衍大九州学说的评价、诠释与改造》，《山东理工大学学报》（社会科学版）2022年第3期。

张雷：《葛德石与中国近代地理学》，《地理学报》2009年第10期。

张继良：《开放条件下中国经济区域划分的演变》，《南京财经大学学报》2007年第3期。

张凯文、戴长雷、韩心宇、赵佚鑫、王思聪：《俄远东哈巴边区地表水区划与分析》，《水利科学与寒区工程》2019年第2期。

翟卿、张静、李伟、董石飞、杨应明、薛国喜、孙浩：《中国动物地理区划研究现状及展望》，《信阳师范学院学报》（自然科学版）2017年第4期。

赵佛晓：《远东、中东和近东的概念》，《中学政史地·初中地理》2006年第4期。

赵松乔：《中国综合自然地理区划的一个新方案》，《地理学报》1983年第1期。

郑锡煌：《北宋石刻"九域守令图"》，《自然科学史研究》1982年第2期。

郑景云、尹云鹤、李炳元：《中国气候区划新方案》，《地理学报》2010年第1期。

《中国自然地理分区讨论意见》，《地理学报》1954年第4期。

邹振环：《舆地智环：近代中国最早编译的百科全书〈四洲志〉》，《中国出版史研究》2020年第1期。

周淑贞：《世界气候分类刍议》，《上海师范大学学报》（自然科学版）1980年第3期。

周振鹤：《王士性的地理学思想及其影响》，《地理学报》1993年第1期。

竺可桢:《中国的亚热带》,《科学通报》1958 年第 17 期。

Fang, Chuanglin, Yu, Danlin. *China's New Urbanization: Developmental Paths, Blueprints and Patterns*. Beijing: Science Press & Springer Press, 2016.

J. S. Lee, D. Sc. *The Geology of China*. London: Thomas Murby and Co., 1939.

Skinner, G. William. *The City in Late Imperial China*. Stanford University Press, 1977.

Songqiao Zhao. *Geography of China—Population, Resourse, Environment and Development*. Wiley & Sons, 1994.

Songqiao Zhao. *Physical Geography of China*. Science Press, 1986.

Andreas V. Political Philosophy, Political Theory, and the Analytic-Continental Divide. *International Journal of Philosophical Studies*, 2022, 30 (1).

Escalante, Tania. A Natural Regionalization of the World Based on Primary Biogeographic Homology of Terrestrial Mammals. *Biological Journal of the Linnean Society*, 2017 (2).

Fang Chuanglin, Ma Haitao, Wang Jing. A Regional Categorization for "New-Type Urbanization" in China. *Plos One*, 2015, 10 (8).

Moti M., Mike D. The Analytic-continental Divide in Philosophical Practice: An Empirical Study. *Metaphilosophy*, 2021, 52 (5).

Olson, David, M., et al. Terrestrial Ecoregions of the World: A New Map of Life on Earth. *BioScience*, 2001, 51 (11).

Yaoling N. Progress and Applications of the Plate Tectonics Theory. *Science Bulletin*, 2023, 68 (13).

Zhao Songqiao. Geographic Regions of China: Their Component Factors and Chief Characteristics. 1948.